KB068722

서울대학교 아시아태평양법 총서 ❶

Japanese Constitution and Constitutional Adjudication

일본 헌법과 헌법소송

姜光文

박영사

머리말

이 책은 필자가 서울대학교 법학전문대학원에서 담당하고 있는 「일본법」 강의 내용을 정리한 것이다. 일본 헌법을 배우고자 하는 학부생이나 법학전문대학원생 및 일본법에 관심을 가진 일반 독자들에게 도움이 될 수 있는 입문서를 만드는 것이 이 책의 주요 목표이다.

헌법을 포함한 근대 일본의 법학 나아가 사회과학은 서양학문에 대한 전면적인 수용과 계수의 토대 위에 만들어졌다. 19세기 중반 이후 일본은 기타 아시아 국가와 달리 구미열강의 식민지로 전락하지 않고 근대화 국가로 빠르게 발전하였고 그에 상응한 법률제도와 법학체계를 구축할 수 있었다. 법학 용어에 한해서 보더라도, 당시 일본의 지식인들은 홍수처럼 밀려오는 서양의 개념들에 대해 기존의 한자에 새로운 의미를 부여하거나 새로 조합하여 신조어新造語를 만들어 내는 방식으로 능동적으로 대처하였다. 한국의 근대 법학은 이러한 일본을 통해, 일본 법학의 영향 하에서 형성된 측면이 크다. 물론 1945년 이후 한국은 더 이상 일본을 거치지 않고 서구의 이른바 선진학문을 직접적으로 수용할 수 있게 되었고, 특히 1980년대 이후는 헌법재판제도의 운영 등 영역에서 일본에 앞서 있다고 평가받고 있다. 그럼에도 불구하고 오늘날 일본법과 법학을 요해하는 것은 무의미하지 않을 것이다.

책은 이러한 점을 유념하면서, 일본의 헌법제도에 대하여 '일본국헌법원론'과 '판례로 본 일본국헌법' 두 부분으로 나누어 서술하였다. 제1부

원론 부분에서는 일본 헌법의 역사, 현행 일본 헌법의 기본원리 및 일본의 헌법소송제도를 중점적으로 소개하였다. 특히 각종 근대 헌법제도와 개념의 형성 및 일본에서의 수용과정에 방점을 두었다. 제2부는 몇몇 대표적인 판례를 중심으로 일본 헌법의 주요 내용, 관련 헌법학 논의를 간단히 살펴보았다. 이 책은 어디까지나 일본의 헌법제도를 소개하는 입문서인 만큼, 일본 헌법에 대하여 체계적으로 논의하거나 일본 헌법학의 각종 논점을 망라하지는 못하였다. 일본 헌법에 관해 보다 깊은 지식을 얻고자 하는 독자는 이 책에서 언급된 기타 일본법 관련 저서를 참조하길 바란다.

이 책은 또한 서울대학교 아시아태평양법연구소에서 기획·발간하고 있는 「서울대학교 아시아태평양법 총서」 시리즈의 첫 성과물이기도 하다. 서울대학교 아시아태평양법연구소는 2012년에 설립된 국내 최초의 아시아태평양법학 전문 연구소이다. 연구소는 현재 아시아태평양 지역 국가들과의 법적 교류, 국내외 학술대회의 개최 및 각종 연구서, 논문 등의 발간을 통해 아시아태평양법 연구의 허브로 발돋움하고자 노력하고 있다. 이 책의 출간은 아시아태평양법연구소의 전폭적인 지원 아래에 이루어졌다. 고학수 원장님을 비롯한 연구소 소속 여러 교수님들께 감사의 말씀을 드린다.

그 외 책의 교정 단계에서 도움을 주신 서울대 법학대학원 박사과정 재학 중인 이경호 변호사님, 석사과정 재학 중인 이상우 씨께도 감사드린다.

끝으로 부족한 원고임도 불구하고 책 출간을 흔쾌히 맡아주신 박영사 관계자분들 특히 조성호 이사님, 책임 편집자이신 이승현 선생님께 감사의 말씀을 드리고 싶다.

2020년 3월

강 광 문

차 례

제 1 부 일본국헌법 원론

제 1 장 일본 헌법의 역사

제 2 장 일본국헌법의 기본원리

제 3 장 일본의 정치체제와 사법제도

제 4 장 일본의 헌법소송제도

제 5 장 일본에서 헌법소송의 유형

제 6 장 일본에서 헌법판단의 방법과 기준

제 7 장 일본에서 헌법소송의 효과

제 2 부 판례로 본 일본국헌법

제 1 장 기본적 인권과 그 한계

제 2 장 포괄적 기본권과 법 앞의 평등

제 3 장 자유권: 정신적 자유권과 경제적 자유권

제 4 장 참정권, 국무청구권 및 사회권

제 5 장 통치기구(1): 국회와 내각

제 6 장 통치기구(2): 재판소와 사법권

부 록

제1부

일본국헌법 원론

제1장
일본 헌법의 역사

제1절 메이지헌법의 제정과 특징

1. 메이지헌법의 제정

일본에는 지금까지 두 개의 성문헌법전, 즉 1889년의 대일본제국헌법大日本帝國憲法[1]과 1946년의 일본국헌법日本國憲法이 존재한다. 일본 및 아시아의 첫 근대 헌법전인 대일본제국헌법은 흔히 메이지헌법明治憲法이라고도 한다. 메이지헌법이 성립한 배경에는 당시 메이지유신明治維新※을 통해 설립된 일본정부가 직면하고 있던 대외적 및 대내적 과제가 존재한다. 대외적으로는 도쿠가와 막부가 체결한 불평등 조약을 수정, 폐기하여 구미 열강과 어깨를 나란히 하는 문명국으로 변신을 꾀하는 한편으로, 대내적으로는 자유민권운동自由民權運動으로 상징되는 반정부운동을 진정시켜 유신정부維新政府의 기반을 굳혀야 했던 것이다. 이를 위해서는 근대적 헌

1) 이 책에서의 한자병기는 원칙적으로 한국식 한자를 사용하였으나 인명, 인용문헌 및 한국에서 사용되지 않은 한자의 경우에는 일본식 한자를 그대로 두었다.

법의 제정과 입헌주의 체제의 정비가 필요하였다.

다만, 서양 각국의 헌법 체제 중에서 어느 나라의 헌법과 헌법체제를 모델로 할 것인가에 대해서는 정부 안에서도 의견이 통일되지 않으며, 특히 영국식 의원내각제를 주장하는 사람들과 독일식 입헌군주제를 주장하는 세력이 대립하였다. 1881년의 이른바 메이지14년정변十四年政變을 계기로 전자를 주장하는 자들이 실각하여 정부에서 배제됨으로써, 메이지 정부는 이토 히로부미(伊藤博文, 1841~1909년) 등의 주도하에 독일식 입헌군주제를 기반으로 헌법을 제정하고 헌법체제를 갖추도록 방향을 정하였다.

그 후 일련의 준비를 거쳐 1889년에 대일본제국헌법이 공포되었고 이어서 황실전범皇室典範이 제정되었으며 귀족원과 중의원에 관한 법률도 통과되었다. 그 다음 해에 제국의회가 처음으로 개회하였고 메이지헌법이 정식으로 시행되게 되었다. 이와 같이 헌법전을 핵심으로 하여 근대 일본의 국가제도를 구축하는 과정에서 주요한 모델 국가로서 채택된 것은 독일이다. 일반적으로 메이지헌법이 '해외 각국의 성문법'을 널리 참작하여 제정되었다고 하지만 실제로는 독일 헌법과 헌법이론에 주로 의거하여 제정되었던 것이다[樋口·憲法 p.49-51].

※ 참고 지식: 메이지 유신이란?

메이지유신明治維新은 구미열강의 동아시아 진출에 위기감이 짙어지던 1868년 무렵에 일본에서 시작된 일련의 개혁운동이다. 메이지유신의 성공을 통해 일본은 기타 아시아 국가와 달리 서구의 식민지로 전락하지 않고 근대화 국가로 빠르게 발전할 수 있었다.

헌법학적으로 보자면, 메이지유신은 일본을 중앙집권국가, 입헌국가, 국민국가 및 주권국가로 탈바꿈하게 만드는 기반을 제공하였다. 당시 개혁의 주요 내용으로는 ① 대정봉환大政奉還과 왕정복고王政復古를 통한 막부통치幕府統治의 종결과 천황의 통치권 확립(중앙집권국가화), ② 판적봉환版籍奉還을 통한 지방의 번藩제도의 폐지와 현의 설치(중앙집권국가화) ③

계급제도의 폐지를 통한 평등한 국민개념 창설(국민국가화), ④ 공의사상公議思想의 확립을 통해 헌법제정, 국회창설을 위한 준비(입헌국가화) 등을 들 수 있다.

또한 이러한 개혁의 성공은 일본으로 하여금 서구열강과 어깨를 나란히 하도록 하여 독립국가로 존속할 수 있게 하였다고 할 것이다(주권국가화)[宮沢·憲法 p.18-22].

2. 메이지헌법의 특징

독일식 입헌군주제를 모델로 하여 제정된 메이지헌법은 일단은 자유주의적, 입헌주의적 요소와 반자유주의적, 절대주의적 요소를 함께 가지고 있다고 할 수 있다. 그러나 역시 그 특색을 꼽자면 독일 헌법, 즉 프로이센 헌법에 비해 군주인 천황의 권력을 한층 강화하고 의회의 권한을 약화하였고 국민의 권리에 대해 많은 제한을 두었다는 점을 들 수 있다. 메이지헌법의 보수적인 면에는 구체적으로 아래와 같은 점이 포함된다.

① 천황주권원칙: 주권은 천황에 있으며 헌법은 신격을 지닌 천황이 제정하여 신민臣民들에게 공포한 법령이다. 천황은 그 주권을 선조로부터 대대로 계승한 것이며 천황과 황실의 존엄 및 정당성은 영원하다(메이지헌법 전문). 이는 일종의 왕권신수설 사상으로서, 메이지헌법의 제정은 흠정헌법의 형식을 취하고 있다고 할 수 있다.

② 천황중심주의: 천황은 국가 통치권의 총람자總覽者이고 기타 국가기관의 권한은 천황으로부터 부여받는다. 예컨대 입법권 행사에 있어서 제국의회는 천황을 협찬協贊하는데 불과한 한편으로, 사법권은 재판소[2]가 천황의 명의 하에 행사하며 국무대신은 천황을 보필하여 행정권을 각각 시행하는 것이다(메이지헌법 제4조, 제5조, 제57조, 제55조).

---

2) 이 책에서는 통상적인 사법기관을 칭할 때는 법원(法院)이 아닌 재판소(裁判所)로 통일한다.

③ 황실자율주의 또는 황실규정의 예외: 헌법 이외에 황실전범을 제정함으로써 천황과 황실에 관련된 사항은 헌법과 기타 법률규정의 제약으로부터 따라서 제국의회의 제약으로부터 벗어나게 하였다. 즉 메이지정부는 헌법체제를 수립함에 있어서 헌법과 황실규범의 이원구조를 취한 셈이다(제74조).

④ 군 통수권의 독립: 군에 대한 통수권은 천황이 독점하고 육해공군에 관한 권한, 전쟁선포의 권한 등도 천황이 독자적으로 행사한다(제11조~제13조). 이로써 군과 무력행사의 권한 역시 의회와 내각의 통제에서 벗어나 있다. 이는 훗날 군부의 독주를 초래하여 결과적으로 일본이 군국주의의 길을 걷게 되는 제도적 원인을 제공하였다.

그 외에도 천황에게는 긴급 시에 의회의 통제 없이 법률과 예산을 대체하는 명령을 내리거나 국민의 권리의무규정을 일시적으로 정지시키는 천황대권天皇大權을 시행하는 등 광범위한 권한이 부여되었다. 이로써 정부에 대한 의회의 통제는 한층 약화되었다[宮沢·憲法 p.27-35].

3. 메이지헌법의 운용

메이지헌법은 1890년에 시행된 이후 한 번도 개정되지 않은 채 1945년 일본의 패전에 이르게 된다. 그 사이에 메이지헌법이 전개되는 과정을 보면, 크게 정당정치와 의회정치가 시도되고 국민의 권리운동이 활발히 전개되던 이른바 '다이쇼 데모크라시大正デモクラシー'로 상징되는 입헌정치가 정착, 발전되는 시기(1890~1930년대 중반)와 군부의 대두로 인해 의회정치와 정당정치가 쇠퇴한 입헌정치의 종말시기(1930년대 중반~1945년)로 나눌 수 있다.

메이지헌법의 보수성에도 불구하고 1930년대까지 일본에서는 입헌주의체제가 정착되는 듯하였다. 각종 정당이 설립되고 내각은 국회의 신임을 기반으로 정국을 주도하기도 하였다. 특히 1925년에 시행된 「보편선거법普遍選擧法」은 서양 각국보다도 앞서 처음으로 모든 성인남성에게 선거권을 보장하였다.

그러나 이러한 입헌체제는 지속되지 못하였다. 1931년 만주사변, 1937년 중일전쟁, 1938년 「국가총동원법國家總動員法」의 제정 등의 사건을 거치면서 군부가 득세하게 되면서 정당정치와 의회정치는 더 이상 작동하지 않게 된 것이다. 그 후 1941년 태평양전쟁에 돌입한 일본은 미국을 선두로 하는 연합국에 패함으로써 메이지헌법체제는 외부의 힘에 의해 붕괴하게 된다. 총평하자면 1945년까지 일본은 끝내 입헌정치를 정착시키지 못하였으며 메이지헌법도 그 입헌적 일면을 발휘하지 못한 채 패전에 의한 종말을 맞이하게 된다.

제2절 일본국헌법의 성립

1. 일본국헌법의 제정[3]

1945년에 일본은 「포츠담선언」을 수락하고 연합국에 무조건 항복하면서 제2차 세계대전에서 패하였다. 그 후 미군을 주축으로 한 연합국 군대가 일본을 점령함으로써 일본의 모든 권력은 연합국최고사령부(GHQ, 미국 태평양 육군 최고사령관인 맥아더가 연합국 최고사령관 겸임)에 복속하게 된다. 일본의 군국주의를 청산하고 일본 사회의 민주화를 실현하기 위해, GHQ와 맥아더는 일본에서 새로이 헌법을 제정할 필요가 있다고 주

3) 이하 일본국헌법의 제정과정에 대한 서술은 이미 발표된 필자의 논문 「일본국헌법 제9조의 성립과 해석에 관한 일고찰」의 관련 부분을 토대로 구성한 것임. 이에 대한 세부 정보는 참고문헌 참조.

장했다.

일본국헌법의 제정 경위를 간단하게 살펴보면, 우선 연합국사령부의 지시에 따라 일본 정부는 1945년에 헌법조사위원회를 설치하고 헌법개정 작업에 착수하게 된다. 당시 일본 정부의 입장은 기존의 메이지헌법의 기본적인 틀을 유지하는 것으로, 일부 조항만을 개정하여 국회의 권한을 한층 강화하고 국민의 자유와 권리의 보장을 보다 강화하는 내용이었다. 1946년 2월 일본의 한 일간지에 의해 공개된 일본 정부의 헌법개정초안에 따르면 그 주요한 원리나 내용은 메이지헌법과 크게 다를 바 없었다. 이에 실망한 맥아더는 GHQ 산하 민정국에 헌법안을 직접 기초하도록 지시하면서 헌법안에 반드시 포함되어야 할 몇 가지 내용을 제시하였다. 이른바 '맥아더 3원칙' 또는 '맥아더 노트'※이다.

맥아더의 지시에 따라 GHQ는 자체적으로 마련한 헌법 개정안을 일본 정부에 송부하였다. 이 헌법안을 넘겨받은 일본 정부는 그 내용에 놀라 총사령부에 재고를 요청했지만 거부되었으며 결국 그 안을 기초로 일본국헌법을 만들 수밖에 없었다. 일본 정부가 최종 정리한 「헌법개정초안」은 메이지헌법 제73조에서 규정하는 개정절차에 의거하여 처리되었다. 초안은 제국의회 중의원과 귀족원에 제출되어 심의 끝에 약간의 문구수정을 거친 후 통과되고 추밀원의 심의, 천황의 재가를 거침으로써 「일본국헌법」으로 공포되었다. 이 새로운 헌법은 1947년 5월부터 시행에 들어갔다.

이처럼 일본국헌법의 제정은 일본의 패전에 따른 연합국의 점령, 통치를 그 배경으로 하여 이루어졌다. 특히 맥아더를 중심으로 한 연합국최고사령부가 새로운 헌법의 초안을 작성하였으며, 통과 과정에서도 중요한 역할을 하였다. 즉, 메이지헌법과 근본적으로 다른 일본국헌법이 제정될 수 있었던 가장 큰 원인은 당시 점령군인 연합군사령부의 강한 지시 등 외부로부터의 압력이 있었기 때문이다. 다만, 형식상으로는 일본 정부가 헌법초안을 작성하였으며, 헌법초안은 헌법제정이 아닌 메이지헌법이 규정한 개정절차에 따라 통과되고 공포되었다. 그 결과 이와 같이 제정된 일본국헌법을 둘러싸고 몇 가지 문제점이 제기될 수밖에 없었다.

※ 참고 지식: 맥아더 3원칙

맥아더 3원칙은 일본국헌법의 제정에 즈음하여 맥아더가 미국 측 책임자인 민정국장 Courtney Whitney에 지시한 내용을 말한다. 일본국헌법 작성 시 반드시 지켜야 할 원칙으로서, 일본의 천황 문제, 전쟁과 무장력 보유 및 봉건제도의 타파에 관련한 내용을 포함하고 있다.

① 천황은 국가 원수의 지위에 위치한다. 황위는 세습된다. 천황의 직무 및 권능은 헌법에 따라 행사되고 헌법에 표명된 국민의 기본적인 의사에 부합하여야 한다.

② 국권의 발동發動으로서의 전쟁은 폐지廢止한다. 일본은 분쟁해결을 위한 수단으로서의 전쟁 나아가 자기의 안전을 보장하는 수단으로서의 전쟁을 포기한다. 일본은 자신의 방위와 보호를 현재 세계를 움직이고 있는 숭고한 이상에 맡긴다. 일본이 육해공군을 가지는 권한은 미래에도 부여되지 않고, 교전권交戰權은 일본군에게 부여되지 아니한다.

③ 일본의 봉건제도는 폐지된다. 귀족의 권리는 황족을 제외하고는 현재 생존하고 있는 한 세대 이상으로 미치지 아니한다. 화족華族의 지위는 향후 어떠한 국민적인 또는 시민적인 정치 권리를 동반하지 못한다. 예산의 형식은 영국의 제도를 따른다[野中·憲法Ⅰ p.58].

2. 일본국헌법 성립의 법리

1) 헌법개정의 한계와 '8월혁명설'

위에서 보다시피 새 헌법은 형식상 메이지헌법에서 정한 헌법개정절차에 좇아 성립하였다. 그런데 새 헌법의 내용을 살펴보면 국민주권 등 메이지헌법과 근본적으로 다른 기본원리, 규범을 담고 있다. 여기서 다음과 같은 문제가 떠오른다. 메이지헌법의 개정절차를 통해 성립된 일본국헌법은 메이지헌법의 개정에 해당하는가? 아니면 이는 새로운 헌법의 제정인가? 만약 이러한 헌법개정이 불가능하다면 새로운 헌법의 성립을 법적으로 어떻게 구성할 것인가?

헌법개정의 한계문제에 대하여 헌법학의 주류는 헌법개정한계설을 취하고 있다. 즉 헌법은 스스로 정한 헌법개정절차에 따라 개정될 수는 있겠으나 이러한 헌법개정에는 일정한 한계가 뒤따른다. 비록 헌법개정절차에 따라 이루어진 헌법개정이라고 할지라도 그 한계를 벗어나는 경우에는, 예컨대 어떤 헌법 스스로의 기본원리를 부정, 폐지하는 개정은 그 헌법의 근본적인 기둥을 제거하는 일종의 자살 행위로 간주되므로 법적으로 불가능하다는 것이다. 만일 이러한 개정이 이루어진다면 이는 헌법의 개정이 아니라 새로운 헌법의 제정일 수밖에 없다.

따라서 국민주권을 기본원리로 하는 일본국헌법은 메이지헌법 제73조에 정해진 개정절차에 따라 성립하였지만 실상 일본국헌법은 메이지헌법과 근본적으로 다른, 새로운 헌법이라고 봐야 한다. 그렇다면 메이지헌법의 개정절차에 따른 일본국헌법의 성립을 법적으로 어떻게 설명해야 하는가?

이 이론적 모순을 해결하고 일본국헌법의 성립을 법적으로 설명하기 위해 제기된 이론이 미야자와 도시요시(宮沢俊義, 1899~1976년) 교수가 주창한 '8월혁명설8月革命説'이다.

'8월혁명설'의 요점은 다음과 같다. 우선 헌법개정에는 일정한 한계가 있기에 일본국헌법은 메이지헌법을 개정한 헌법이 아니라 완전히 새로운 헌법이고 흠정헌법인 메이지헌법과 달리 일본국 국민이 스스로가 제정한 민정헌법이다. 메이지헌법 제73조의 절차에 따라 메이지헌법의 기본원리인 천황주권주의와 정면으로 대립하는 국민주권원리를 도입하는 것은 법적으로 불가능하다. 하지만 「포츠담선언」은 국민주권주의를 취할 것을 요구하고 있었기 때문에 이 선언을 수락하는 단계에서 메이지헌법의 천황주권은 부정되는 동시에 국민주권이 성립하고 일본의 정치체제의 근본원리가 되었다는 것이다.

즉 「포츠담선언」의 수락에 의해 주권의 소재가 변경되어 법학적 의미에서의 혁명이 이루어졌다. 그 결과 메이지헌법은 그 개정조항을 포함하여 포츠담선언의 취지와 모순되는 범위 내에서 실효했다. 새로운 헌법이 메이지헌법 제73조의 절차에 따라 제정된 것은 형식적인 연속성을 가지기 위함, 즉 편의조치를 취한 것에 지나지 않는다. 다시 말해, 일본국헌법은 실제로는 새로이 제정된 헌법이고 국민이 스스로 제정한 헌법이며, 일본국헌법은 혁명적 조치, 즉 일본의 무조건 항복, 「포츠담선언」의 수락 등에 의해 법적으로 메이지헌법과는 단절된 것이다[日比野·現行憲法成立の法理].

2) '강요당한 헌법'론

그 밖에도 일본국헌법의 성립에 관하여 새 헌법은 외부로부터 '강요당한 헌법押し付けられた憲法'이라는 비판이 오랜 기간 제기되어 온 바 있다. 일본에는 일부 보수 세력을 중심으로 하여 일본국헌법은 미국 등 외부의 힘에 의해 제정된 것으로서 일본 국민의 뜻에 따라, 즉 일본 국민의 헌법제정권의 행사에 의해 제정된 것이 아니라는 인식이 존재해 왔다. 당시 일본은 연합국의 점령 하에 있었기에 일본 국민은 주체적으로 헌법을 제정할 수 없었으며, 일본이 주권을 회복한 지금 일본 국민의 의사에 의해 따라 새롭게 헌법을 제정 또는 개정해야 한다는 것이다. 이는 전후 일본에서 헌법개정을 주장하는 개헌론자들이 동원하는 주된 논거 중 하나이다.

위에서 보다시피 맥아더를 중심으로 한 연합국의 압력이 새 헌법의 성립과정에서 큰 역할을 한 측면을 부정하기는 힘들다. 다만 당시 연합국의 초안을 기초로 일본 정부가 헌법개정안을 공표했을 때 헌법 학자를 포함한 일본의 대다수 지식인 및 국민들은 이 헌법개정안에 대해 환영하고 지지하는 태도를 보였다고 한다. 또한 헌법초안은 엄연히 국민이 선출한 의회에서의 심의와 논의, 천황의 재가 등 법적 절차를 거쳐 통과되었다. 이는 당시 일본 국민들이 이 헌법안에서 규정하고 있는 국민주권 원리, 평화주의 등에 대하여 큰 틀에서 인정하고 반대하지 않았다는 것을 의미한다. 일본국헌법은 '강요당한 헌법'이라는 주장이 반드시 설득력이 있다고 할 수 없는 대목이다[樋口·憲法 p.64].

제3절 일본의 헌법학

1. 1945년 이전[4)]

헌법학을 포함한 근대일본의 법학체계는 서양법학에 대한 전면적인 수용과 계수의 토대 위에서 만들어졌다. 메이지정부가 헌법을 중심으로 한 국가체제의 정립에 있어서 독일을 주요한 모델국가로 삼았듯이 일본 법학의 형성, 발전에 있어서도 독일의 영향은 절대적이다. 예컨대 1945년 이전 일본의 대표적인 헌법학자들은 거의 모두 독일 유학파 출신이다. 그 외 독일 법률과 법학문헌의 번역과 소개, 독일 법학자의 초청 등도 활발히 이루어졌다. 메이지헌법 체제하의 일본 헌법학은 크게 호즈미 야쓰카(穗積八束, 1860~1912년)를 대표로 하는 이른바 정통학파正統學派와 미노베 다쓰키치(美濃部達吉, 1873~1948년)를 대표로 하는 입헌학파立憲學派로 구분된다.

호즈미 야쓰카는 근대 일본헌법학의 창시자 또는 일본에서 헌법이론을

4) 이하 호즈미의 헌법이론 및 독일과의 관계에 대한 서술은 이미 발표된 필자의 논문 「일본에서 독일 헌법이론의 수용에 관한 연구」의 관련 부분을 토대로 구성한 것임. 이에 대한 세부 정보는 참고문헌 참조.

처음으로 체계화한 헌법학자로서 1945년 이전 일본 정통헌법학의 대표주자로 알려져 있다. 호즈미는 동경제국대학에서 연구생 재학시절 메이지정부의 명을 받고 독일에 유학을 하게 된다. 근 5년간의 유학기간 중 호즈미는 차례로 독일의 하이델베르크대학, 베를린대학, 슈트라스부르크대학에서 법학을 공부하였는데 그중 마지막인 슈트라스부르크대학에서 가장 많은 시간을 보냈다. 당시 이 대학에 재직하고 있던 독일 실증주의 국법학자 라반트(Paul Laband, 1838~1918년)는 호즈미에게 큰 영향을 미쳤다고 한다.

라반트가 대표하는 이른바 독일의 실증주의국법학 또는 국법학의 실증주의(staatsrechtlicher Positivismus)는 법학으로서의 국법학의 독자성을 강조하는바, 법학적 방법에 근거하여 국법현상에 대한 체계적인 분석을 진행하고 국법학에서 법학 이외의 요소를 배제해야 한다고 주장한다. 국가의 개념 및 국가와 군주의 관계에 대해 실증주의 국법학은 국가법인설에 근거하여 국가를 하나의 법인격으로 간주하고 국가에 권리주체자격을 부여함으로써 국가권력의 주체로서 인정하였다. 그에 반해 군주는 법인인 국가의 최고기관에 해당하고 의회 역시 국민의 대표가 아닌 국가기관의 하나에 불과하다. 따라서 국회의원과 선거인 간의 법적관계는 존재하지 않고 선거는 일종의 임명방식에 불과하다.

호즈미는 이러한 라반트의 이론을 토대로 메이지헌법에 대한 해석을 시도하였으나 독일 실증주의에 비해 한층 보수적인 헌법학을 전개하였다. 특히 라반트와 달리 그는 '천황주권설天皇主權說'을 역설하고 '천황이 곧 국가天皇即ち國家'라고 주장하면서 천황의 절대적인 권력을 강조하였다. 비록 국가법인설을 부정하지는 않았지만 호즈미는 메이지헌법의 규정에 따르면 천황은 통치권의 총람자이고 국가 최고 주권의 담지자라고 설명하였다. 주권자로서의 천황의 의사意思가 법이고 신민은 그러한 주권의 객체이다. 국가기관으로서의 의회는 통치의 주체도 아니고 국민의 대표도 아니며 천황의 통치권 행사를 돕는 기관에 지나지 않는다.

위와 같은 호즈미의 보수적인 헌법해석을 비판하고 독일 실증주의 이론에 보다 충실히 의거하여 메이지헌법을 해석한 대표적인 헌법학자가 미노베이다. 미노베 역시 독일 유학 경험을 가지고 있고 귀국 후 오랫동안 동경제국대학 법학부에서 헌법교수로 재직하였다. 미노베는 독일 실증주의 법학자 중 특히 옐리네크(Georg Jellinek, 1851~1911년)의 영향을 받았다고 알려져 있다. 미노베 헌법론의 핵심은 국가법인설을 철저히 하고 천황을 어디까지나 법인인 국가의 한 기관으로서 인정하는 '천황기관설天皇機關說'에 있다. 즉 법학적으로 국가는 통치권을 지닌 단체, 법인이고 국가기관은 각종 통치권을 구체적으로 행사하는 조직이다. 메이지헌법은 천황을 주권자로 정하고 있지만 이는 천황이 국가정치에서 주도적인 역할을 행사하는 지위에 있다는 취지에 불과하고, 국가가 아닌 자연인인 천황이 국가통치권의 주체가 되는 것은 법적으로 불가능하다는 것이다. 군주제 국가에 있어서 천황은 최고의 국가기관에 해당하기는 하지만 국민의 대표자인 의회 역시 직접적인 국가기관이며, 의회의 역할에 따라 입헌주의의 실현 여부가 결정된다.

1930년대에 들어서 군국주의가 창궐함에 따라 미노베의 천황기관설은 보수주의 세력에 의해 비난받기 시작하였다. 1935년 당시 귀족원 의원이었던 미노베는 의회에서 천황폐하를 기관차와 같은 기관으로 모독하였다고 공격당하였으며 결국 불경죄로 검찰의 조사를 받고 그의 헌법서적은 발행금지처분을 당하게 된다. 이것이 이른바 '천황기관설사건天皇機關說事件'이다. 같은 해 미노베는 귀족원 의원직을 사퇴하고 그 이듬해에는 우익 폭도에게 총격당해 부상을 입게 이른다.

2. 1945년 이후

메이지헌법체제의 붕괴와 새로운 헌법의 제정은 일본 헌법학에도 많은 변화를 초래하였다. 독일 이론에 일방적으로 경도되었던 전전戰前의 헌법학에 비해 영미권의 학설, 이론이 보다 광범하게 소개되기 시작하였으며 특히 사법부에 의한 위헌심사제도를 수립하기 위해서는 미국의 헌법이론을 도입하는 것이 필요불가결 하였다. 다만 독일 학설의 영향은 여전히 강하게 남아 있었다.

1945년 이후 일본을 대표하는 헌법학자로는 우선 위의 미야자와 교수를 꼽을 수 있다. 미노베의 제자이며 동경대학 법학부 헌법교수인 미야자와는 이미 1945년 전부터 활약하였으나 그의 헌법학설은 주로 전후에 일본의 헌법학계에 큰 영향력을 미치게 된다. 일본국헌법의 성립을 법적으로 설명한 '8월혁명설' 외에도 미야자와의 각종 헌법이론은 오랫동안 일본 학계의 주류 학설로 여겨졌다. 이하에서는 국민대표에 관한 그의 논의를 소개함으로써 미야자와 헌법학의 한 단면, 나아가 전후 일본 헌법학의 방법론적 특징을 엿볼 수 있도록 한다.

미야자와에 따르면 법학은 크게 법의 해석과 법의 인식 또는 과학으로 구분되고 양자는 서로 성격이 다른 정신활동에 속한다. 법해석의 목적은 법을 인식하는 데 그치지 않고 궁극적으로 새로운 법을 발견하고 창설하는 데 있다. 이는 결국 가치판단을 동반하는 실천적 당위의 영역에 속한다. 그에 반해 법의 과학은 실천적 당위가 아닌 이론적 인식 영역에 속하고 주관적인 가치판단은 엄격히 배제되어야 한다. 그러나 실제로는 '인간의 주관적 희망, 욕구가 객관적인 과학이론의 가면을 쓴' 각종 이데올로기가 생성되므로, 진리만을 탐구해야 하는 과학으로서의 법학은 '각종 개념에 내재된 이데올로기적인 성격을 지적하고 실제 현실과의 불일치를 폭로하는 것'을 주된 과제로 삼아야 한다.

근대헌법체제하에서 의회와 국민의 관계를 표현하는 '국민대표'는 현실을 은폐하는 이러한 이데올로기에 해당하는 법학 개념이다. 의원에 대한 선거권자의 명령적 위임이 부정되고 선거구가 아닌 전 국민의 대표로 인식되는 근대 이후의 국민대표는 실제로 국민과는 실증법적인 관계를 가지고 있지 않다. 그럼에도 불구하고 국민대표라고 칭하는 것은 그러한 실증법적 관계의 부재를 은폐하기 위함이다. 나아가 실제로 존재하지 않는 법적 현실을 의제擬制함으로써 실제 그 이상의 민주적인 특징을 부여하게 되는바, 이는 당시 사회 지배층의 이익 — 국민주권을 고취하지만 인민의 직접적인 통치에는 부정적인 태도 — 에 부합하기 때문이다[宮沢·国民代表の概念].

이데올로기 비판을 핵심으로 한 미야자와의 이러한 법학방법론에는 켈젠(Hans Kelsen, 1881~1973년)이 전개한 순수법학의 그림자가 깊게 드리워져 있다. 자연법과 같은 당위의 법이 아닌 오로지 실증법에 대한 규명을 목적으로 하는 켈젠의 순수법학은 법이 어떠한 모습이어야 하는가가 아닌 법이 무엇인가라는 질문에만 답한다. 순수법학은 오직 법의 인식만을 보장하고 법학에서 이외의 이질적인 모든 요소를 도려내고자 한다.

> 순수법학은, 올바른 법에 대해 묻는 것이 아니라 현실적이고 가능한 법에 대해 물을 뿐이다. 이와 같은 의미에서 순수법학은 철저히 현실적인 법이론이다. 순수법학은 실정법을 평가하는 것을 거부한다. 순수법학은 학문으로서 오로지 실정법의 본질을 이해하고 실정법의 구조에 대한 분석을 통하여 실정법을 이해하고자 노력할 뿐이다. 때문에 순수법학은 특히, 그 어떠한 정치적인 이해관계에 봉사하는 것을 거부하고 그들에게 현존하는 사회적인 질서를 정당화하거나 배제하는 이데올로기를 조달해주는 것을 거부한다. 이를 통해 순수법학은 — 의식적이거나 무의식적으로, 보다 더 또는 보다 적게 — 이데올로기적인 성격을 가지고 있는 전통 법학과의 첨예한 대립관계에 서게 된다. 참된

법학으로서의 순수법학은 그것의 반 이데올로기적인 경향을 통해서 진정한 법학임을 입증한다[켈젠·순수법학 p.34].

법과 정의, 법의 실제와 법의 당위를 엄격히 구분하려는 실증주의 법학의 이원론적 태도는 미야자와는 물론 전후 일본 헌법학계 전반에 커다란 영향을 미치게 된다.

미야자와의 제자인 동경대학 법학부 교수 아시베 노부요시(芦部信喜, 1923~1999년)는 미야자와 다음 세대의 대표적인 헌법학자이다. 아시베는 일본국헌법을 메이지헌법과 근본적으로 다른, 근대 자유주의원리에 기초한 입헌주의 헌법으로 상정하고 일본국헌법의 3대 기본원리를 국민주권, 기본적 인권의 존중, 평화주의로 개괄하였다. 메이지헌법과 달리 일본국헌법이 보장하고 있는 인권은 궁극적으로 '인간의 존엄성'에 기초하고 있으므로, 고유성, 불가침성 및 보편성을 그 특징으로 한다. 헌법해석은 언제나 이러한 근대 입헌주의의 보편적인 원리, 가치를 출발점으로 삼아야 한다. 이로써 법실증주의를 특징으로 하는 독일 헌법학에 경도되었던 일본 헌법학계에 새로운 사상, 이론이 주입된다. 1992년에 처음으로 출간된 아시베 교수의 『憲法』(현재 제6판)은 일본에서 가장 많이 사용되는 헌법교과서로 알려져 있고 오랜 기간 동안 일본의 사법시험, 공무원 시험 준비생들의 필독서로 자리 잡고 있다. 이 책에서 전개된 헌법해석과 이론을 일본에서는 보통 '아시베헌법芦部憲法'이라고 부른다.

또한 기타 헌법학자들과 달리 아시베는 독일이 아닌 미국에서 유학하였고 귀국 후 미국의 위헌심사제도 관련 이론과 판례를 일본에 본격적으로 소개하였다. 미국의 이론을 토대로 헌법소송에 관해 저술한 『憲法訴訟の理論』(1973), 『憲法訴訟の現代的展開』(1981) 등의 연구서는 한때 일본에서 헌법소송 연구의 붐을 일으키고 학계뿐만 아니라 일본 각급 재판소의 헌법소송이론의 수준을 한층 높였다는 평가를 받고 있다.

제2장
일본국헌법의 기본원리

제1절 | 국민주권의 원리

천황주권설을 규정하고 흠정헌법의 형식을 취하고 있는 메이지헌법에 비하여 일본국헌법은 국민주권원리를 기반으로 국민이 스스로 헌법제정권을 행사하여 만든 입헌주의 헌법으로서 알려져 있다. "일본 국민은 정당하게 선출된 국회의 대표자를 통하여 행동하고, 우리와 우리의 자손을 위하여 세계 모든 국민과 평화적 협력에 의한 성과와 우리나라 전 영토에 걸쳐서 자유가 가져오는 혜택을 확보하며, 정부의 행위에 의해서 또 다시 전쟁의 참화가 일어나지 않도록 결의하고, 이에 주권이 국민에게 존재하는 것을 선언하며, 이 헌법을 확정한다. 무릇 국정이란 국민의 엄숙한 신탁에 의한 것으로서 그 권위는 국민으로부터 유래하고, 그 권력은 국민의 대표자가 행사하며, 그 복리는 국민이 향유한다"(일본국헌법 전문).

일반적으로 국민주권의 원리는 절대주의 시대에 군주의 독재 지배에 대항하여 국민이야말로 정치의 주역이라고 하는 이론을 기반으로 한 관념으로, 근대 시민혁명 이후 국가통치의 근본 원리로서 근대 입헌주의 헌법에 널리 수용되어 있다. 다만 국민주권원리의 내용을 어떻게 이해하는지 및 헌법규정의 해석에 있어서 구체적으로 어떻게 운용해야 하는지에 대해서는 의견이 갈리기도 한다.

1. 이론적인 검토: 국민주권과 인민주권[5)]

'주권'이나 '국민' 나아가서 '국민주권' 등은 중세 유럽의 정치질서가 붕괴되고 근대 정치체제가 수립되는 과정에서 형성된 개념들이다. 이러한 과정은 특히 프랑스 헌정사와 밀접하게 연관되어 있다. 프랑스 헌법학 연구에 따르면 국민주권 원리의 기본 특징은 대체로 다음과 같이 개괄할 수 있다. 우선, 국가의 최고권력 또는 주권은 개별적인 시민의 총체인 인민(peuple)과 구별되는 추상적인 국민(nation)에 귀속된다. 주권은 단일, 불가분하고 양도할 수 없으며 국민은 이러한 주권을 직접 행사할 수 없다. 주권의 행사를 위해서는 반드시 자연인으로 구성된 대표가 필요하고 이로써 국민주권은 대의제 또는 국민대표제와 필연적으로 결합된다. 이러한 대의제하에서 국민의 대표인 대의원들은 특정 선거구의 이익을 대변하거나 선거권자의 명령적 위임의 구속을 받지 않고, 국가 또는 국민 전체의 이익을 위해 독립적으로 권리를 행사한다. 여기서 의원 및 의회는 정치적으로는 국민의 대표로 불리지만 자신을 선출한 선가권자와는 법적인 위임관계를 가지고 있지 않고, 그들은 어디까지나 입법권 등의 권한을 행사하는 국가기관에 불과하다. 따라서 선거는 일종의 임명방식이다. 한마디로 국민주권이란 주권의 주체 또는 국가의 모든 권력의 근원이라는 지위를 국민에게 인정하는 한편, 그들이 직접 주권을 행사하지

5) 이하 주권론에 대한 서술은 이미 발표된 필자의 논문 「중국 현행 헌법의 계보에 관한 일고찰」의 관련 부분을 토대로 구성한 것임. 이에 대한 세부 정보는 참고문헌 참조.

못하도록 하는 제도이다. 국민주권 및 그와 밀접히 연관되어 있는 대의제원리는 영국에서 점차 형성되어 온 제도인데, 이를 프랑스의 몽테스키외 등이 이론화하였고 결국 프랑스 1791년 헌법에 반영되었다.

이처럼 국민주권과 대의제원리 하에서 국민은 모든 권력의 정당성의 근원이지만 그러한 권력을 직접 행사할 수 없고 국민의회와 같은 대표기관에 위임할 수밖에 없다. 또한 국민은 자신의 '대표'인 의원을 선거하는 데 그치고 의원에 대해서는 소환 등의 방식을 통해 직접적으로는 통제할 수 없다. 이로써 통치자와 피치자被治者는 분리될 수밖에 없고 '국민의 자기통치'원리는 일정 부분 수정될 수밖에 없다. 통치자와 피치자의 일치를 민주주의의 근본으로 여기는 입장에서 본다면 이러한 국민주권 및 대의제원리는 민주주의의 실현이 아니라 민주주의에서의 이탈 또는 민주주의에 대한 왜곡이다. 진정한 민주주의, 진정한 '국민의 자기통치'를 실현하기 위해서는 위와 같은 국민주권원리를 지양, 극복해야 한다. 루소(Jean-Jacques Rousseau, 1712~1778년)가 고취한 이른바 인민주권이 바로 이러한 방향에 놓여 있고, 이와 관련된 그의 사상은 1791년 헌법 선포 2년 후 제정된 1793년 헌법의 내용에 큰 영향을 미치게 된다.

> 주권은 대표될 수 없다. 이는 주권이 양도될 수 없다는 것과 마찬가지 이유에서다. 주권은 본질적으로 일반의사에 놓여있다. 의사라는 것은 결코 대표되지 않는다. 의사는 그 자체이거나 그와 다른 것이지, 그 중간이 있을 수 없다. 인민의 의원은 인민의 대표자가 아니며 대표자가 될 수도 없다. 그들은 인민의 대리인에 지나지 않는다. 그들은 그 무엇도 최종적으로 결정할 수 없다. 인민이 직접 승인하지 않는 법률은 모두 무효이고 결코 법률로 될 수 없다. 영국 인민은 자신들이 자유롭다고 생각하고 있지만 이는 큰 잘못이다. 그들이 자유로운 것은 의원을 선거하는 순간뿐이고, 의원들이 선출된 후에는 노예가 되고 무無로 전락하고 만다[루소·사회계약론 p.123].

일반의사는 국가에서 구체적으로 법을 통해 표현되고, 법률 즉 일반의사의 결정권은 오직 인민에만 속하고 인민의 최종 승인을 받지 않은 법은 무효다. 따라서 인민은 입법에 직접 참여하든가(직접민주주의), 그렇지 않고 대표제를 통해 법을 결정하는 경우에도 의원은 인민의 '대표'가 아니라 '대리인'에 불과하므로 인민은 소환 등을 통해 의원에 대해 직접적인 통제를 가해야 한다. 루소의 인민주권하에서 '인민'은 실제로는 주권을 행사하지 않는 국민주권의 추상적인 '국민'과 달리 스스로 권력을 행사하는 유권자의 총체이다. 입법권의 경우 인민이 직접 법률을 제정하든가 자신의 대리인을 통해 제정하는 방식으로 행사하고, 행정권이나 사법권 역시 다양한 방식을 통해 인민의 통제하에 놓여있어야 한다. 인민은 이러한 주권 원리가 완전히 실현되는 정치사회에서만 오롯이 자유롭다고 할 수 있다. 영국의 국민은 선거의 순간 이외에는 노예상태에 처해있는데 불과하다는 루소의 위의 언급은 이러한 맥락에서 이해할 수 있다.

다시 말해, 주권의 주체로서 '추상적이고 통일적인 국민'을 상정하고 국가기관을 통한 주권의 간접적인 행사 및 대의제와의 결합을 강조한 국민주권론에 비해, 인민주권론은 '구체적인 사람들의 집합으로서의 인민', 그러한 인민들의 직접적인 주권행사 및 대의제에 대한 부정을 주요 내용으로 하고 있다.

2. 일본국헌법의 규정

위의 일본국헌법 전문에서 보다시피 일본의 '주권은 일본 국민에게 있고', '권위는 국민으로부터 유래'한다고 하는 동시에 '국정이란 국민의 엄숙한 신탁'에 의하고 '일본 국민은 정당하게 선거된 국회의 대표자를 통해 행동하고', '권력은 국민의 대표자가 행사'한다고 하고 있다. 즉 주권은 궁극적으로 국민에 속하나 실제 권력의 행사는 국민의 대표자나 국가기관을 통해야 한다는 것이다. 위의 국민주권론에 가까운 발상이다. 다만 헌법은 일부 경우에 국민이 직접 권력행사를 하도록 요구하고 있어 인민주권론의 요소도 가미했다고 볼 수 있다.

구체적으로 일본국헌법은 국민이 선출한 국회를 국권의 최고기관으로 규정하고 내각은 국회를 통해 국민에게 간접적으로 책임지도록 하였다. 또한 입법권, 행정권, 사법권을 각각 국회, 내각, 재판소에 부여하고 국회의 양 의원은 전 국민을 대표 — 각 지역구의 대표가 아닌 — 한다고 하였다. 국회의원에 대한 명령적 위임이나 국회의원의 소환제도는 규정하고 있지 않다(헌법 제41조, 제43조, 제65조, 제76조). 의회제와 결합된 간접민주주의의 형식이다. 다른 한편으로 국민은 직접 투표를 통해 헌법개정권을 행사하고 최고재판소 재판관은 정기적으로 국민심사를 받아야 한다(헌법 제96조, 제79조). 또한 그 해석을 놓고 논쟁이 있지만, 국민은 공무원을 선정하고 파면하는 고유의 권리를 가지고 있다고 정하였다(헌법 제15조).

이로써 일본국헌법에서 선언한 국민주권원리에는 두 가지 요소, 즉 주권의 정당성 요소와 권력성 요소가 함께 존재한다고 할 수 있다. 주권의 정당성의 측면에서는 국가권력을 정당화하며 권위를 부여하는 근거가 궁극적으로 국민에게 있다는 점이 중시된다. 여기에서 국민이란 '전체 국민'이다. 이 원리는 간접민주주의, 의회제와 결부된다. 주권의 권력성 측면에서는 국민이 국가통치에 관한 중요한 사안에 대해 스스로 결정하는 점이 중시되고 그곳에서의 주권의 주체는 실제 권리를 행사하는 각각의 '유권자'이다. 이 원리는 국민 자신이 직접 정치적 의사를 표명하는 제도이므로 직접민주주의의 형식을 취하게 된다.

3. 상징천황제

국민주권원리를 명확히 한 일본국헌법체제하에서 천황의 지위 또는

1945년까지 일본의 국체國體로서 신봉되던 천황제가 문제된다. 일본국헌법은 제1조에서 천황에 대해 "일본국의 상징이며 일본 국민 통합의 상징으로서, 그 지위는 주권을 가지고 있는 일본 국민의 총의에 기초한다"고 정하였다. 이른바 상징천황象徵天皇의 개념이다. 구체적으로 천황은 국정에 관여하는 권한을 가지고 있지 않고 내각의 조언과 승인을 전제로 하여 헌법이 열거한 일부 국사國事에 관한 행위만을 수행할 따름이다. 또한 헌법과 황실의 이원체제를 취한 메이지헌법과 달리 새 헌법은 국회가 황실전범을 정하고 황실의 제산의 변동도 국회의 통제 하에 놓이게 하였다(헌법 제1조~제8조). 메이지헌법체제하에도 천황은 당연히 일본을 상징해왔으므로, 일본국헌법에서 정한 '상징천황'의 의의는 천황이 일본을 상징한다는 데 있지 않고 천황은 '상징' 외의 국정에 관해 어떠한 권한도 갖지 못한다는 뜻으로 소극적으로 해석해야 한다는 주장이 지배적이다[芦部·憲法 p.45].

제2차 세계대전 후 연합국 중 일부 국가는 일본의 천황제를 폐지하고 천황에게 전쟁책임을 물을 것을 요구했으나 천황제는 맥아더를 주축으로 한 미국 측에 의해 유지되었다고 알려져 있다. 비록 그 후 현재까지 천황은 일본의 정치무대에서 크게 부각되지 않고 있지만 일본의 국민성과 천황의 실제 위상을 고려해보면 향후 천황제가 일본 정치 및 대외관계에서 어떻게 전개될지는 미지수이다. 참고로 최근 자민당이 작성하여 공포한 헌법개정안에서는 천황을 '국가원수'로 격상하여 규정한 바 있다.

제2절 | 기본적 인권의 보장

1. 인권의 역사와 관념

현재 각국 헌법에서 보장하고 있는 인권 역시 입헌주의와 함께 근대

서양에서 잉태된 관념이다. 역사적으로 중세 영국에서 귀족계급이 누리는 각종 특권으로서 시작한 시민권이 18세기 이후 유럽의 자연법사상과 결부되어 모든 인간이 보편적으로 향유하는 기본적 인권이라는 개념으로 재탄생하였고 이러한 개념이 프랑스의 인권선언과 미국 헌법의 인권조항을 통해 성문화되었다. 그 후 인권조항은 세계 각국의 성문헌법에 계수되어 널리 퍼져나가게 된다.

권리보장 문서의 시효로 알려진 마그나 카르타(Magna Carta, 대헌장, 1215년)는 국왕으로부터 귀족과 자유민의 일부 권리를 보장하였다. 예컨대 국왕의 명령만으로 세금징수를 할 수 없고 자유민은 법이나 재판을 통하지 않고서는 그의 자유, 생명, 재산이 침해받지 않는 등이다. 그 후 영국의 권리청원(Petition of Right, 1628년), 권리장전(Bill of Rights, 1689년)은 의회의 승인 없는 조세 등 부과금의 부담 금지, 인신의 자유와 법집행의 적법절차, 청원권과 같이 영국인들이 예로부터 누려온 자유와 권리를 확인하는 헌법문서이다.

미국의 버지니아권리장전(Virginia Declaration of Rights, 1776년)은 처음으로 자연권 사상에 기초한 고유하고, 생래적인 인간의 권리를 선언하였다. 모든 사람은 '선천적으로 동등하게 자유롭고 독립적이며, 특정한 고유의 권리'를 가지고 있다. 즉 '삶과 자유를 누리고, 재산을 취득하고 소유하며 행복과 안녕을 추구하는' 권리는 박탈당하거나 양도될 수 없다. 이와 더불어 미국 연방헌법의 권리장전(Bill of Rights, 1791년)은 종교신앙, 언론, 출판, 집회, 청원의 자유와 법의 적절한 절차를 통한 재판을 받을 권리 등 개별적인 자유와 권리를 열거하여 보장하였다. 1789년의 프랑스인권선언(Déclaration des droits de l'homme et du citoyen, 정확히는 「인간과 시민의 권리선언」)은 구체적인 권리를 규정하기에 앞서 모든 인간은 '자유롭고 권리에 있어서 평등하게 태어나고 존재한다'고 선언함으로써 자연법사상을 철저히 하였다.

이처럼 인권사상의 형성과정을 보면 중세의 각종 특권이 근대 이후의 보편적이고 고유한 자연권으로 발전하게 되었고, 이러한 인권은 그 후 성문헌법의 제정으로 헌법과 법률의 규정에 기초하여 보장받는 국민의 기본권 또는 국민의 헌법적 권리로 인식되게 되었다.

인권 개념을 추상적으로 정의하자면 인간이 인간으로서 향유하고 보장받아야 하는 권리라고 할 수 있다. 중세의 각종 특권과 달리 근대 이후의 인권은 그 권리의 고유성, 보편성 및 불가침성을 주요 특징으로 한다. 즉 인권이라 함은 인간이라는 사실로부터 마땅히 향유하고 성별, 신분, 인종 등의 구분 없이 보편적으로 향유하며 타인이 침해할 수 없이 영원히 향유해야 하는 권리이다.

헌법에서 보장하고 있는 각종 기본권에 대해서는 크게 자유권적 권리, 사회권적 권리, 참정권적 권리로 나뉠 수 있다. 이는 개인의 국가와의 관계에 따른 구분이다. 즉 자유권은 국가로부터의 자유, 사회권은 국가를 통한 자유, 참정권은 국가로 향한 자유로 볼 수 있다. 독일 헌법학자인 옐리네크는 개인이 국가에서 처한 지위를 수동적 지위, 소극적 지위, 적극적 지위 및 능동적 지위 4가지로 구분했는데, 이는 국가에 대한 의무를 나타내는 수동적 지위 외에는 대체로 각각 자유권, 수익권(사회권 포함), 참정권에 대응한다고 할 수 있다[野中·憲法Ⅰ p.213].

2. 일본국헌법의 규정

메이지헌법은 인간이 아닌 신민臣民의 권리에 대해 규정하였다. 그러한 신민의 권리는 그 어느 것도 고유하고 보편적인 권리가 아니며, 신민은 이를 법률이 정한 바에 따라法律ノ定ムル所ニ從ヒ 보장받을 따름이다. 그에 비해 일본국헌법은 "국민은 모든 기본적 인권의 향유를 방해받지 아니한다. 헌법이 국민에게 보장하는 기본적 인권은 침해될 수 없는 영구적 권

리로서 현재 및 장래의 국민에게 부여된다"고 선언하고 나아가 "이 헌법이 국민에게 보장하는 기본적 인권은 인류가 오랜 세월동안 자유획득을 위하여 노력한 성과이며, 이러한 권리는 과거 수많은 시련을 거쳐 현재 및 장래의 국민에게 침해할 수 없는 영구적 권리로서 신탁된 것"(헌법 제11조, 제97조)이라고 하였다. 인권을 불가침의 자연적 권리로 보장하고 인권보장을 인류의 보편적 원리로서 선언한 것이다.

그 외 인간은 국가나 민족, 공동체, 계급 및 각종 단체의 구성원 자격으로서가 아닌 개인으로서 존중받고 각종 권리를 향유해야 한다는 점을 명확히 했다. "모든 국민은 개인으로 존중된다. 생명, 자유 및 행복추구에 대한 국민의 권리에 관해서는 공공의 복지에 반하지 않은 한 입법 및 그밖의 국정에서 최대한 존중되어야 한다"(헌법 제13조). 이는 근대 개인주의 원리를 구현했다고 볼 수 있다. 모든 국가기관은 이러한 개인으로서의 국민의 인권을 존중하는 의무를 지니고 최고법규로서의 이 헌법에 반하는 법률, 명령, 규칙, 처분은 효력을 갖지 못한다. 또한 그에 대한 최종심사권은 최고재판소가 보유하게 함으로써 사법권을 통한 인권구제를 가능하게 하였다(헌법 제98조, 제81조).

일본국헌법에서는 구체적으로 규정하고 있는 기본권에는 크게 포괄적 기본권(제13조), 법 앞의 평등, 자유권(정신적 자유권과 경제적 자유권 및 기타), 참정권, 수익권(청원권, 재판을 받을 권리 등), 사회권 등이 포함된다.

제3절 평화주의

1. 평화주의의 역사[6)]

일본국헌법은 제9조를 중심으로 한 평화주의 조항으로 유명하다.

> 일본 국민은 정의와 질서를 바탕으로 하는 국제평화를 성실하게 추구하며, 국권의 발동인 전쟁과 무력에 의한 위협 또는 무력행사는 국제분쟁을 해결하는 수단으로서는 영구히 이를 포기한다. 전항의 목적을 달성하기 위하여 육해공군 기타의 전력戰力은 보유하지 아니한다. 국가의 교전권交戰權은 인정하지 아니한다.

헌법 제9조 이외에 헌법 전문前文에도 전쟁문제에 관한 중요한 내용이 포함되어 있다.

> 일본 국민은 항구적인 평화를 염원하고, 인간 상호관계를 지배하는 숭고한 이상을 깊이 자각하며, 평화를 사랑하는 세계 모든 국민의 공정과 신의를 신뢰하여 우리의 안전과 생존을 보유할 것을 결의하였다. 우리는 평화를 유지하고 전제와 예종, 압박과 편협을 지상으로부터 영원히 제거하려고 노력하고 있는 국제사회에서 명예로운 지위에 서고자 한다. 우리는 전 세계의 국민이 다 같이 공포와 결핍으로부터 벗어나 평화롭게 생존할 권리를 가진다는 것을 확인한다.

---

6) 이하 평화주의 역사, 일본국헌법에의 도입과정 및 헌법 제9조의 해석에 대한 서술은 이미 발표된 필자의 논문 「일본국헌법 제9조의 성립과 해석에 관한 일고찰」의 관련 부분을 토대로 구성한 것임. 이에 대한 세부 정보는 참고문헌 참조.

이러한 조항으로 말미암아 일본국헌법은 '평화헌법'이라고 불리고 평화주의가 일본국헌법의 기본원리로서 인식되어 왔다. 한편으로 전쟁을 반대하고 평화를 선언한 조항을 둔 사례는 일본국헌법이 처음이 아니다. 국가의 군사력을 통제하고 전쟁이 쉽게 일어나지 않도록 각종 장치를 마련하는 것은 근대 헌법이 해결을 꾀하는 전통적인 과제 중 하나다. 유럽의 첫 성문헌법인 1791년 프랑스 헌법은 군대의 구성과 조직, 지휘권에 대해 비교적 자세히 규정하고 있고(제4편), 프랑스는 '정복을 목적으로 하는 어떠한 전쟁'도 하지 않으며 그 무력을 기타 국민의 자유에 반하는 데 사용하지 않는다고 규정하였다(제6편). 즉, 침략을 목적으로 하는 전쟁을 부정하는 한편으로 전쟁과 무력이 자유에 대한 가장 큰 위협이라는 점을 시사하는 것이다.

그 후 1848년 프랑스 헌법, 1891년 브라질 헌법 등에서도 침략을 목적으로 하는 전쟁을 포기한다는 조항을 두었다. 제1차 세계대전 이후 반전의 움직임이 세계적으로 나타나기 시작하였고 전쟁이 끝난 이듬해에 체결된 「국제연맹규약」(1919년)은 전쟁과 전쟁의 수단이 되는 무력에 대한 국제적 차원의 관리를 지향하고 국가 간의 분쟁을 전쟁이 아닌 중재나 사법재판을 통해 해결할 것을 강조하였다. 1928년의 「파리부전조약」은 국제분쟁 해결을 위해 전쟁에 호소하는 것을 부정하고 '국가정책의 수단으로서의 전쟁'을 포기할 것을 선언함으로써, 국제분쟁의 해결을 위한 전쟁은 불법이라는 개념을 정착시키고 국가정책의 수단으로서의 전쟁을 포기해야 한다는 점을 명확히 했다. 이러한 전쟁 포기와 평화주의에 관한 이념은 그 후 일부 국가의 헌법에 도입되었다. 예컨대 1931년 스페인 헌법은 '국가정책의 수단으로서의 전쟁'을 포기한다고 규정한 바 있다.

제2차 세계대전 이후, 평화주의의 이념을 고취하고 정복이나 침략을 목적으로 하는 전쟁을 포기한다는 점을 명확히 하는 헌법 규정이 보다 보편화되었다. 독일 기본법(1949년)은 '세계국가의 평화적 공존을 방해하는 데, 특히 침략전쟁의 수행을 준비하는 데 적합한 행위 및 그러한 의도로 행해지는 행위는 위헌이다. 이러한 행위는 처벌되어야 한다'(제26조 제1항)고 규정하고 군대의 설치, 임무, 국방행정 등의 사항에 대해 자세한 규정을 두고 있다(제87조 a, b). 1946년 프랑스 헌법은 그 전문에서 1791년 헌법에서 정한 '정복을 위한 전쟁'의 포기와 기타 '국민의 자유에 반하는 무력행사'를 하지 않을 것을 선언하였고 이 전문은 1958년 헌법에 계승되었다. 그 외 1947년 이탈리아 헌법 및 대한민국 헌법에도 침략전쟁을 부인하는 명확한 조항이 있다(대한민국 헌법 제5조). 마지막으로, 제2차 세계대전 이후 설립된 국제연합도 그 헌장에서, 회원국이 국제분쟁을 평화적 수단에 의하여 해결할 것과 국제관계에 있어서 '다른 국가의 영토보전이나 정치적 독립에 대해 무력을 통한 위협과 무력행사'를 하지 않도록 요구하고 있다.

이처럼 헌법에서 평화주의를 주장하고 침략전쟁을 부정하며 군대와 무력에 대해 입헌주의적 통제를 하는 것은 제2차 세계대전 이후 각국이 취한 보편적인 조치이다. 제9조를 핵심으로 하는 일본국헌법의 평화주의 관련 조항도 우선 이러한 헌법 발전의 흐름 속에서 이해해야 한다.

2. 일본국헌법의 승계와 단절

다만, 평화주의에 관한 일본국헌법 규정의 특수성은 그 내용의 철저성과 절대성에 있다. 일본국헌법은 침략전쟁과 국제분쟁 해결수단으로서의 무력사용을 부인했을 뿐만 아니라 모든 전력과 교전권을 포기함으로써 일본이 향후 자위전쟁을 포함한 어떠한 전쟁도 수행하지 못하게 했다(이 점에 관해서는 해석상 논란이 있음).

헌법조항의 문구만 놓고 보았을 때, 헌법 제9조가 포기한 것은 ① 국제분쟁의 해결 수단으로서의 전쟁과 무력행사, ② 모든 전력, ③ 국가의 교전권이다. 또한 헌법 전문에서 "일본 국민은 항구적인 평화를 염원하고, 인간 상호관계를 지배하는 숭고한 이상을 깊이 자각하며, 평화를 사랑하는 세계 모든 국민의 공정과 신의를 신뢰하여 우리의 안전과 생존을 보유할 것을 결의하고, …… 전 세계의 국민이 다 같이 공포와 결핍으로부터 벗어나 평화롭게 생존할 권리를 가진다는 것을 확인한다"고 선언하였다.

군대나 국방문제에 대한 규정을 일반적으로 두고 있는 기타 국가 헌법에 비하여, 일본국헌법은 군대 등 무력의 설치나 통제에 대하여서는 특별히 언급하고 있지 않다. 이는 일본국헌법의 입안자들이 애당초 일본이 향후 재무장할 것이라고는 상정하지 않았음을 시사한다. 당시 제2차 세계대전에 대한 반성과 미래의 국제사회에 대한 기대에 기초하여, 일본은 모든 무장능력을 철저히 포기한, 중립적이고 평화를 사랑하는 국가로 재탄생할 것이고 일본의 안전보장은 국제연합을 중심으로 한 집단안보체제로 실현될 수 있을 것이라고 믿었던 것이다.

따라서 전쟁과 평화문제에 관한 근대 헌법 규정의 역사로 볼 때, 일본국헌법은 승계와 단절의 양면을 가지고 있다. 즉 일본국헌법은 한편으로는 1791년 프랑스헌법 이후의, 침략전쟁을 반대하며 무력에 대해 헌법적 통제를 가하는 평화주의의 흐름을 계승하여 발전시켰다고 할 수 있다. 그러나 다른 한편으로, 일본국헌법의 규정은 그 철저함과 절대성으로 평화주의에 관한 각국 헌법의 규정과 단절되어 있는 측면 역시 가지고 있음을 부정하기란 힘들다. 즉 헌법에서 평화이념을 추구하고 침략전쟁을 부정했을 뿐만 아니라 모든 전쟁행위, 무력의 보유 및 국가의 교전권까지 포기한다고 명확히 선언한 점이다. 이를 적극적으로 평가하자면 일본국헌법은 이른바 헌법평화주의의 새로운 시대를 열었다고도 할 수 있다.

일본국헌법의 입법사 연구에 따르면 제9조를 중심으로 하는 이러한 평화주의 관련 헌법 조항의 도입에는 맥아더와 같이 일부 영향력 있는 인물의 개입이 크게 작용한 측면이 있다. 동시에, 일본의 무조건 항복, 연합국의 점령과 대일정책 등이 일본국헌법에서 평화주의를 도입하게 되는 시대적인 배경으로 작용하였다. 일본 국내 상황에서 보자면, 제2차 세계대전의 뼈저린 체험이 국민의 전쟁에 대한 반감 및 전쟁을 주도해온 군부 세력에 대한 증오의 감정을 증대시켰고 미래를 지향한 평화주의를 갈망하게 하였다. 그밖에 천황제의 유지와 천황의 전쟁책임 문제도 제9조의 채택과 무관할 수 없을 것이다[小林·憲法九条 p.23-26].

3. 헌법 제9조의 해석

일본국헌법 제9조는 크게 세 가지 내용으로 구성되어 있다. 즉 ① 전쟁의 포기, ② 전력의 불보유不保持, ③ 교전권의 부인이다. 일본국헌법이 성립한 이래, 헌법 제9조에 관해 각종 해석이 생겨나고 서로 대립해 왔는데, 그들을 나누는 분기점은 주로 위의 세 가지 내용을 어떻게 해석하는가에 달려 있다. 헌법 제9조에 관한 각종 해석은 크게 다음과 같이 분류할 수 있다.

1) 전쟁의 완전 포기와 전력의 절대 불보유(不保持)

이는 제9조에 대한 일종의 절대평화주의적 해석이다. 헌법 규정을 문구 그대로 이해하려 하는 경우 이러한 결론에 이르게 될 가능성이 높다. 즉 헌법 제9조에 의해 일본은 자위전쟁을 포함한 모든 전쟁 가능성 및 자위력을 포함한 모든 군사력을 포기하게 되는 것이다. 이에 따르면 현재 존재하고 있는 일본 자위대는 헌법에 위배된다.

2) 전쟁의 한정적 포기와 전력의 불보유

이 관점은 다시 두 가지 의견으로 나뉜다.

① 전쟁의 한정적 포기(자위 전쟁권은 보유)와 전력의 절대 불보유

제9조는 자위전쟁을 부정하지 않았지만 모든 전력을 포기했으므로, 실제로 자위전쟁도 불가능하게 되었다. 자위대는 제9조가 금지한 전력에 속하므로 헌법에 위배된다. 전후 일본의 대표적인 헌법학자들이 오랫동안 이러한 견해를 주장해왔다.

② 전쟁의 한정적 포기와 전력의 불보유

자위권은 국가의 고유 권한으로서 제9조가 있음에도 포기할 수 없다. 비록 헌법 제9조는 어떠한 전력도 보유하지 않는다고 했지만 자위권을 위해 필요한 제한적인 무장력은 제9조가 포기한 전력에 포함되지 않는다. 따라서 자위대는 헌법에 위배되지 않는다. 1950년대 이후 일본 정부는 대체로 이와 같은 해석을 통해 자위대의 합헌성을 주장하였다.

3) 전쟁의 한정적 포기와 전력의 불완전 보유

헌법 제9조가 포기한 것은 자위전쟁 이외의 전쟁행위이고, 자위권 및 자위전쟁을 위한 전력은 부정하지 않았다. 즉 일본은 침략전쟁을 포기하고 침략전쟁에 필요한 무장능력은 보유하지 않지만 그와 구분되는 자위능력은 헌법 제9조에 의해 부인되지 않는다. 따라서 일본은 자위전쟁의 권리 및 자위전쟁에 필요한 군사력을 보유할 권한을 가지고 있다. 이러한 해석은 제2차 세계대전 이후 각국 헌법이 규정하는 평화주의 관련 내용에 거의 근접한다.

1950년대 이후 일본 정부는 자위권에 필요한 자위력은 헌법 제9조가 금지한 전력에 포함되지 않는다는 교묘한 해석을 통해, 헌법개정이 이루어지지 않는다는 전제 하에 자위대를 창설하고 그 규모와 활동영역을 점차 넓혀갔다. 일본 정부가 개발한 논리는 다음과 같다. 헌법 제9조는 모

든 전력을 금지하고 있지만 자위권 행사에 필요한 최소한도의 병력은 여기에 포함되지 않는다. 왜냐면 자위권은 모든 독립국이 포기할 수 없는 권리이고 이를 위해서는 반드시 일정한 무장능력이 필요하기 때문이다. 일본 정부의 이러한 공식 견해는 1954년경에 확정되었다고 한다. 즉 자위를 위한 필요한 한도의 방위능력은 헌법 제9조에서 정한 전력에 포함되지 않고 따라서 자위대도 헌법에 위배되지 않는다는 것이다.

한편으로, 일본 정부는 오랫동안 자국이 아닌 제3국이 공격당할 경우 행사할 수 있는 이른바 집단적자위권을 현행 헌법에서는 허용되지 않는다고 공언하고 국방비의 비율을 한정하며 자위대의 해외파병을 금지하는 등 평화 외교의 원칙을 표명해왔다. 그러나 1990년대 이후 국제정세의 변화에 따라 이러한 제약이 하나씩 제거되면서, 현재 일본은 국방비 규모가 세계에서 가장 큰 국가 중 하나가 되었고 일본의 자위대 역시 강력한 무장능력을 바탕으로 하여 언제든지 대규모 전쟁을 수행할 수 있게 되었다. 심지어 2014년에는 아베정권이 집단적자위권을 허용하는 데까지 이른 상황이다.

제3장
일본의 정치체제와 사법제도

제1절 일본의 정치체제

1. 권력분립과 의원내각제

1) 권력분립의 각종 형태

근대 헌법의 기본 원리로서 우선 인권의 보장과 더불어 권력분립을 들 수 있다. "권리가 보장되지 않고 권력분립이 정해져 있지 않은 사회는 헌법이 결코 존재한다고 말할 수 없다"(「프랑스 인권선언」 제16조). 권력분립 또는 삼권분립이라 함은 국가 권력을 어느 한 국가기관에 집중시키지 않고 그 성격에 따라 구분하여 별도의 국가기관에 부여함으로써 각 기관이 서로 억제하고 균형을 유지하는 원리 및 제도이다. 헌법이 국가 권력을 이렇게 분리시키는 이유는 당연히, 권력집중은 권력남용의 가능성을 초래하며 권력이 남용되는 경우 국민의 권리와 자유가 침해될 위험성이 높아지기 때문이다.

다만 권력분립원리는 각국 헌법에서 서로 상이하게 규정되어 있고 그 내용도 시대에 따라서 변화해 왔다. 또한 일반적으로 삼권이라고 부르는 입법권, 행정권 및 사법권의 개념 역시 유동적일 뿐만 아니라 엄격한 삼권분립제도는 현재 그 어느 나라에서도 시행되지 않고 있다. 근대 이후 각국 헌법의 권력분립 형태는 대체로 다음과 같이 구분할 수 있다.

① 근대헌법의 입헌군주제 모델과 국민주권 모델

입헌군주제 모델은 19세기 독일제국 헌법 및 프로이센 헌법을 필두로 한 독일 각국 헌법이 그 전형이다. 이 모델에 따르면, 국가권력은 우선 주권자인 군주에게 집중되었다가 그로부터 입법권과 사법권이 분리, 독립하여 의회와 재판소에 각각 부여된다. 행정권 등 기타 권력은 군주와 그 산하에 있는 내각이 행사하고 그 외의 명확하지 않은 권력은 군주가 보유하는 것으로 추정한다. 이러한 권력분립 체제 하에서 내각은 의회와 군주 양측에 대해 책임을 지게 되는데 민주주의의 발전에 따라 국민의 대표인 의회와 군주가 모순, 충돌하는 문제를 야기한다. 일본의 메이지헌법체제는 기본적으로 이러한 입헌군주제의 모델을 취했다고 할 수 있다.

이에 반해, 대혁명 이후 프랑스 헌법이 채택한 국민주권 모델은 국가의 모든 권력은 우선 국민에 속하고 국민이 헌법제정권을 행사하여 헌법을 제정함으로써 그 권력에 의해 입법 등의 권한이 창설, 수권되는 것이다. 그 중에서도 국민을 대표하는 국민의회가 최고 권력 기관으로서, 국회가 행사하는 입법권이 가장 핵심적인 권한으로 여겨진다. 법은 국민의 일반의지를 대변하며 정부는 그러한 일반의지, 즉 법률을 실시, 집행하는 기관이고 재판소는 그 법률의 집행과정에서 생긴 분쟁을 해결하는 기관이다[高橋·立憲主義 p.27-28].

② 삼권이 동등한 지위를 지니는 미국형 모델과 의회주권을 기본원리로 삼는 영국형 모델

현행 미국헌법은 헌법 아래에 입법, 행정, 사법권을 동격으로 두어 서로 대등한 지위를 차지하게 하여 세 기관이 상호 균형을 이루고 제약을 가하는 체제를 취하고 있다. 그중에서도 특히 연방최고재판소(연방대법원)는 국회가 제정한 법률에 대한 위헌심사권을 행사함으로써 헌법해석의 최고기관으로 자리매김하고 있으며 행정과 입법에 대한 '사법의 우위'의 특징을 보이고 있다.

영국은 전통적으로 이른바 의회주권Parliamentary Sovereignty의 원리를 기본으로 하고 있다고 알려져 있다. 이에 따르면 의회는 행정부와 사법부에 대해 우월적인 지위에 있는바 의회의 권력은 이론상 무제한이고 헌법적 법규를 포함한 어떠한 법률에 대해서도 수시로 개정, 폐지할 수 있다. 내각은 의회에 대해 책임을 지며 의회에 대하여 종속적인 지위에 처해 있다. 이를 의원내각제Parliamentary Government라고 부른다. 또한 법률의 위헌성을 심사하는 사법심사제도나 헌법재판제도가 존재하지 않는다(물론 영국의 의회주권원리 역시 시대에 따라 변화해 왔음).

③ 일본국헌법의 규정

일본국헌법은 국회를 입법기관인 동시에 '국가 권력의 최고 기관'으로 선언하고 내각은 국회에 대해 연대책임을 진다고 규정하였다. 이 점에 있어서는 일본은 영국형 의원내각제를 취하고 있다고 할 수 있다. 다만 의회주권이 아닌 국민주권의 원리를 명확히 하고, 성문헌법을 가지고 있지 않는 영국에 비하여 일본 국민은 헌법제정권의 행사를 통해 각 국가권력에 정당성을 부여하고 있다. 한편으로 최고재판소를 포함한 각급 재판소가 위헌심사권을 행사하고 의회가 정한 법률을 무효화할 수 있다는 면에서는 미국형의 요소도 도입하고 있다.

2) 일본의 의원내각제(議院內閣制)

의원내각제(의회정議會政으로 칭하기도 함)는 행정부인 내각이 입법기관에서 분리되는 한편으로, 입법기관에 대해 정치적 책임을 지며 입법기관의 민주적 통제에 복종하는 제도이다. 일본국헌법은 내각의 국회에 대한 연대책임을 규정하고 국회가 총리를 지명하며 국무대신의 과반수가 국회의원 중에서 임명되어야 한다고 규정하였다. 또한 중의원이 내각에 대해 불신임 결의안을 가결시키는 경우에 내각은 중의원이 해산되지 않는 한 총 사퇴해야 한다. 이로써 내각은 의회에 의하여 선출되고 의회에 대하여 책임을 지게 된다(헌법 제66조~제69조).

다만 의원내각제 하에서 내각이 의회에 대해 어느 정도 독립되어야 하는지, 즉 내각이 의회에 대해 어디까지 복종해야 하는지에 대해서는 이론異論의 여지가 있다. 즉, 의원내각제의 본질을 책임으로 볼 것인가 아니면 균형으로 볼 것인가의 문제다. 책임본질설에 따르면 내각은 국민의 대표기관인 의회에 대하여 완전한 책임을 지고 의회에 대하여 독립적 지위를 가지지 않는 부속기관이다. 이렇게 되면 의회 선거의 결과에 따라 내각은 수시로 바뀌게 된다. 반대로 균형본질설에 따르면 내각은 의회와는 별도의 독립기관으로써 의회와 균형적 위치에 있으므로 경우에 따라서는 의회를 제약하는 역할 역시 수행한다.

의원내각제 본질을 둘러싼 이러한 논의는 헌법 해석론적으로는 내각의 중의원 해산권의 범위와 연관되어 있다. 일본국헌법은 중의원의 해산을 상정하고 있지만 제69조에서 내각에 대한 중의원의 불신임 결의안의 통과한 경우 이외에 내각의 의회해산권을 정면으로 인정하는 조항은 존재하지 않는다(헌법 제7조 제3항, 제45조, 제54조, 제69조). 따라서 헌법 제69조 이외의 경우, 즉 중의원이 내각 불신임안을 가결한 경우 이외에도 내각이 중의원을 해산할 수 있는지 여부가 문제된다. 이 문제에 대하여 헌법에서는 명확한 규정이 없으나 정치적 관행 및 판례에 따라, 내각은 제

69조 이외의 경우에도 중의원을 해산할 수 있다고 여겨지고 있다. 따라서 내각은 예컨대 자신이 제출한 중요한 법안이 의회에서 부결되거나 기타 선거를 통해 국민의 의사를 직접 물을 필요가 있는 경우에 중의원을 해산하고 새로운 선거를 치를 수 있다. 이는 의원내각제의 본질에 관해 책임본질설이 아닌 균형본질설에 가까운 해석을 취한 것으로 볼 수 있다(제2부 제5장 참조).

2. 국회제도와 선거제도

1) 국회의 지위와 구성

일본국헌법에서 국회는 가장 중요한 지위와 권한을 부여받고 있다. 헌법상 국회는 '국권의 최고기관'이고 '국가의 유일한 입법기관'이며 국민을 대표하는 기관이라는 성격을 동시에 가지고 있다(헌법 제41조, 제43조). 여기서 첫째로 문제가 되는 것은 '국권의 최고기관國權の最高機關'의 의미를 어떻게 이해할 것인가이다. 지배적인 학설에 따르면, 현행 권력분립체제하에서 내각은 국회에 대해 중의원해산권을 행사하는 방식으로 국회를 견제할 수 있고 재판소는 독립적으로 사법권을 행사할 뿐만 아니라 국회의 입법에 대해 위헌심사권까지 행사할 수 있기에 '국권의 최고기관'이라는 규정으로부터 법적으로 국회가 최고, 최종의 결정권을 가진다든지 또는 국정전반을 총괄하는 권능을 단독으로 가진다고는 해석할 수는 없다. 따라서 이 규정은 국회가 국민의 대표로서 국정의 중심적 지위를 차지한다는 점을 강조하는 '정치적 수사政治的美稱'로 보는 것이 합리적일 것이다. [芦部·憲法 p.285].

그 외 국회의원은 '전 국민을 대표' — 선거구나 선거권자의 대표가 아닌 — 해야 하고 국회의원에 대한 선거권자의 기속 위임이나 소환제도는 규정하고 있지 않다(헌법 제43조).

헌법이 정한 국회의 주요 권한은 구체적으로 법률안의 의결권(제59조), 헌법개정의 발의권(제96조), 내각총리대신의 지명권(제67조), 재판관 탄핵을 위한 탄핵재판소의 설치권(제64조), 예산의결권과 기타 국가재정 관련 사항에 대한 승인, 감독권(제83조~제91조), 조약의 승인권(제61조) 등이 포함된다.

메이지헌법과 마찬가지로 일본국헌법은 양원제 구성을 유지하였다. 다만 비선출대표로 구성되는 메이지헌법의 귀족원 대신 참의원을 신설하고, 중의원과 참의원의 모두 선출대표로 구성하도록 하였다. 중의원 의원의 임기는 4년, 참의원 의원의 임기는 6년이다. 중의원은 해산의 가능성이 있기에 중의원 의원의 임기는 임기 만료 전에 종료될 수 있다. 참의원은 매 3년마다 의원의 절반을 새로 선출한다. 현재 일본 국회의 총 의석수는 중의원 465석, 참의원 248석이다.

양원의 관계에 관해 일본국헌법은 이른바 중의원 우월衆議院の優越의 원칙을 규정하였다. 즉 내각불신임 의결권과 예산선결권予算先決權을 중의원에게만 인정하고 법률안과 예산의 의결, 조약승인 및 내각국무총리의 지명에 있어서 양원이 의견이 다를 경우 중의원의 결정을 우선으로 한다. "중의원에서 가결되었으나 참의원에서 이와 다른 의결을 한 법률안은 중의원에서 출석의원 3분의 2의 다수로 다시 가결한 때에는 법률로서 성립된다. …… 참의원이 중의원에서 가결한 법률안을 이송 받은 후 국회 휴회 기간을 제외하고 60일 이내에 의결하지 않을 때, 중의원은 참의원이 그 법률안을 부결한 것으로 간주할 수 있다"(제59조).

비록 중의원 우위를 규정하고 있지만 국회의 양원제 구성으로 인하여 중의원과 참의원에서 과반수를 차지하는 정당 내지 정치세력이 서로 다른 현상, 보다 정확히는 중의원에서 의석수의 과반수를 차지하는 여당이 참의원에서는 과반수를 차지하지 못하는 현상이 발생하고 이러한 경우 국정운영이 원활하게 이루어지지 않을 위험이 있다(이른바 '뒤틀린 국회ねじ

れ国会' 현상). 이를 방지하기 위하여 국회개혁의 일환으로 참의원을 폐지하고 국회를 일원화하자는 주장이 존재한다. 특히 비선출 의원으로 구성된 메이지헌법의 귀족원과 달리 참의원 역시 중의원과 마찬가지로 국민의 선거로 선출되는 현행 체제하에서 참의원의 존재 이유가 명확하지 않다는 비판이 제기되어 왔다.

이에 대하여 중의원의 전횡을 억제하고 중의원과 내각의 충돌을 완화하여 민의를 더욱 전반적으로, 충실하게 반영하기 위해서는 참의원의 존재가 필요하다는 주장도 유력하다. 양적量的 정의를 대표하는 중의원에 대해 질적質的 정의를 보다 강조하는 데에 참의원의 존재 이유가 있다는 것이다. 다만 참의원을 존치하는 경우, 중의원과는 다른 국민의 목소리를 보다 다각적으로 반영하는 데 필요한 선거제도 등 관련 제도의 설계와 개혁이 뒤따라야 할 것이다.

2) 선거제도[7)]

일본 국회의원의 선거제도는 지금까지 몇 차례 변화를 겪었으나 현재는 중의원의 경우 소선거구小選擧區와 비례대표를 결합한 제도를, 참의원의 경우에는 도도부현선거구都道府県選擧區와 전국단위 비례대표선거를 결합한 제도를 시행하고 있다.

구체적으로 중의원의 465개 의석은 소선거구 선출의원 289석과 비례대표 선출의원 176석으로 구분된다. 소선거구 선거에서는 인구를 토대로 전국을 289개의 선거구로 나누고 각 선거구에서 1명의 중의원 의원을 선출하게 된다. 그에 비하여 비례대표 선거의 경우에는 전국을 우선 11개의 비례대표 권역으로 나누어 각 권역에 의원정수를 할당한다. 선거 후 정당 또는 정치단체의 득표수에 따라 의석이 배분되고 사전에 등록된 후

---

7) 이하 일본 선거제도의 소개는 일본 총무성의 홈페이지 자료를 정리한 것이다. http://www.soumu.go.jp/senkyo/senkyo_s/naruhodo/naruhodo03.html.

보명부에 따라 비례대표 의원이 선출된다. 현재 11개 권역과 그에 배당된 의석수는 다음과 같다.

블록	포함된 지역	의원정수
北海道	北海道	8
東北	青森/岩手/宮城/秋田/山形/福島	13
北関東	茨城/栃木/群馬/埼玉	19
南関東	千葉/神奈川/山梨	22
東京	東京都	17
北陸信越	新潟/富山/石川/福井/長野	11
東海	岐阜/静岡/愛知/三重	21
近畿	滋賀/京都/大阪/兵庫/奈良/和歌山	28
中国	鳥取/島根/岡山/広島/山口	11
四国	徳島/香川/愛媛/高知	6
九州	福岡/佐賀/長崎/熊本/大分/宮崎/鹿児島/沖縄	20

참의원의 248개 의석은 148석의 선거구선출 의원과 100석의 비례대표선출(단일 전국구) 의원으로 구분된다. 중의원과 달리 참의원은 매 3년에 절반씩 선출하기 때문에 매번 선거를 통해 새로 선출되는 의원은 선거구선출 74석, 비례대표선출 50석이다. 참의원선거구는 일본의 광역지방자치단체인 47개 도도부현都道府県을 선거구로 하고 각 선거구에 인구수 등을 고려하여 의원정수가 할당된다. 예컨대 매번 선거마다 인구가 가장 많은 동경도의 경우 6석(총 12석), 돗토리현鳥取県과 같이 인구가 적은 지역구는 1석(총 2석)의 의원을 선출하게 된다. 당선은 각 선거구의 후보자가 받은 득표수 순으로 결정된다. 참고로 현재 일본의 선거연령은 만 18세 이상이다.

3. 정당정치와 '55년체제(五五年體制)'

일본국헌법은 정당에 대한 명시적인 규정을 두고 있지 않다. 하지만 여타의 민주주의 국가와 마찬가지로 정당은 일본 정치에서 중요한 역할을 차지한다. 1945년 이후 일본 정당정치의 역사를 이해하기 위해서는 이른바 '55년체제五五年體制'의 성립과 붕괴에 대하여 간단히 살펴볼 필요가 있다.

1955년에 좌파와 우파로 분열된 사회당이 재통합하여 일본의 진보세력을 대표하는 정당으로 탄생하였고 그에 대응하여 보수 정당인 일본민주당과 자유당은 합당하여 자유민주당(자민당)으로 발족하게 된다. 당시 여당인 자민당은 국회에서 2/3 정도의 의석수를 차지하고 제1야당인 사회당은 1/3의 의석수를 보유하였다. 자민당과 사회당의 이러한 세력구도는 이후의 선거에서 대체로 유지된다. 즉 자민당은 국회에서 지속적으로 우위를 차지하고 정권을 유지하는 한편, 야당인 사회당은 정권교체를 이루지는 못했지만 헌법개정을 저지할 수는 있는 정도의 세력으로 남은 것이다. 훗날 학자들은 이를 일본 전후 정치체제를 특징짓는 '55년체제'라고 일컫게 된다. 기타 선진국에서는 보기 어려운, 정권교체가 이루어지지 않고 한 정당이 장기적으로 집권하는 이러한 일당우위정당제는 1993년까지 38년간 지속되었다. 1993년에 자민당은 처음으로 야당의 지위로 전락하고 사회당 역시 그 사이에 선거패배, 분열 등을 거치면서 제1야당의 지위를 상실하게 된다. 이를 계기로 일본의 55년체제는 붕괴되었다고 평가된다.

그 후 자민당은 1994년에 기타 정당과 연합하여 다시 집권하였고 2009년에 민주당에게 정권을 내주었다가 2012년 다시 탈환하여 현재에 이른다. 즉 1955년 이후 60여 년 동안 자민당은 단 두 차례 정권을 내준 이외에 줄곧 여당(공동 여당 포함)의 자리를 지켜왔다. 그에 반해 야당세력은 분열과 재통합을 반복하고 있지만 자민당의 지위를 위협할 정도의 정치세력은 형성하지 못하고 있다. 따라서 55년체제는 붕괴되었다고 하나, 일본특유의 일당 장기집권체제 또는 일당우위체제는 여전히 큰 틀에서 변화하지 않는 것이다.

이러한 일당우위체제와 더불어 일본 정당제도의 중요한 특징이 국회의원직의 세습이다. 즉 자식이 부모 또는 조부모의 선거구를 물려받아 국회의원 선거에 나서는 것이다. 현 아베安倍晋三 수상을 포함한 일본의 유명 정치인들은 대개 정치인 가문 출신이다. 이는 자민당의 장기집권과 더불어 일본 정치의 보수화와 경직화를 초래하는 이유 중 하나이다.

제2절 일본의 사법제도

1. 일본 사법제도의 역사와 특징

사법권司法權이나 사법의 범위는 확정된 개념이 아니라 시대에 따라 변화한다. 우선 메이지헌법은 사법권을 민사재판과 형사재판으로 한정하고 행정사건의 처리는 사법재판소의 권한에 속하지 않는다고 하였다. "행정관청行政官廳의 위법처분違法處分으로 인해 권리權利를 상해傷害당했다고 하는 소송에서, 별도의 법률이 정한 행정재판소行政裁判所의 재판에 속하는 것은 사법재판소司法裁判所에서 수리受理되지 아니한다"(메이지헌법 제61조).

즉 일반 재판소는 민사와 형사재판을 담당하고 국가기관의 행정처분에 의해 침해를 받은 사람은 일반 재판소가 아닌 행정재판소에서 구제를 받게 되는 것이다. 여기서 행정재판소는 비록 재판소라는 명칭을 쓰고는 있으나 실은 행정계통의 내부에 설치된, 일종의 행정감독기관에 해당하고 재판관 역시 행정관료로 취급되었다. 이처럼 메이지헌법은 민, 형사사건을 다루는 일반 재판소와 행정기관 내부에 설치된 행정재판소가 병존하는 이원구조의 형태를 취하였다.

그 외 메이지헌법은 일부 특별 재판소의 설치를 허용하였다(제60조). 대표적인 사례가 군인과 관련된 형사사건을 다루는 군법회의軍法會議, 황족 구성원 관련 사건을 다루는 황실재판소皇室裁判所 등이다. 이로써 메이지헌법에서 규정한 사법의 범위 또는 사법재판소의 권한은 비교적 제한적이라고 할 수 있다. 법률의 헌법적합성에 대해 심사하고 판단하는 위헌심사권이 사법기관에 인정되지 않았음은 물론이다.

이러한 메이지헌법의 사법제도에 비하여 일본국헌법은 새로운 규정을 도입하였다. 사법제도 관련 일본국헌법의 규정의 변화는 크게 다음과 같은 3가지이다. 첫째 재판소에 의한 사법권의 독점이다(헌법 제76조). 사법권과 별도의 행정재판제도를 인정하지 않고 행정재판과 민사, 형사재판을 일원화시킨 것이다(전심前審으로서의 행정심판은 가능). 다음으로 사법기관인 최고재판소에 위헌심사권을 인정함으로써 사법부가 국회의 입법 및 기타 공권력에 의한 명령, 처분 등의 적법성에 대하여 최종적인 판단권을 가지게 하였다(제81조). 마지막으로 행정기관의 종심심판을 금지하고 기타 어떠한 특별재판소의 설립 역시 금지하였다(제76조 제2항). 이로써 사법권 범위가 확장되어 행정의 법률적합성을 판단하는 행정소송제도가 완성되고 나아가 법률의 헌법적합성을 판단하는 위헌심사제도도 처음으로 도입되었다. 이러한 일본 사법제도에는 1945년 이전 독일식의 민사, 형사재판제도 및 미국식의 위헌심사제도의 각종 요소가 결합되어 있다는 점을 알 수 있다.

'법의 지배'의 역사를 보자면, 첫 단계는 사법권을 군주의 권한에서 분리하여 독립된 재판소 통제 하에 두는 것이고(민사, 형사소송), 두 번째 단계는 행정을 사법에 의해 통제되도록 하는 것이며(행정소송), 세 번째 단계는 사법의 심사권이 입법권에까지 미치도록 하는 것이다(헌법소송). 이러한 역사에 비추어 보면 메이지헌법에서는 '법의 지배'의 첫 번째 단계가 실현되었으며 나머지 단계들은 일본국헌법에 와서 비로소 성취되었다고 할 수 있다.

2. 일본의 최고재판소

최고재판소는 최고재판소 재판장과 기타 재판관으로 구성된다. 최고재판소재판장長官은 내각의 지명에 따라 천황이 임명하고 재판관은 내각이 임명하고 천황이 이를 인증한다(헌법 제6조, 제79조, 재판소법 제39조). 따라서 내각이 재판관 전원에 대해 실질적인 임명권을 행사한다고 할 수 있다. 최고재판소 재판관의 자격에 대해서는 '식견이 높고 법률소양이 있는 40세 이상'으로 정하고 있고 정원 15인 중 최소한 10인은 법률전문가로서의 경험을 일정 기간 지내야 한다고 하였다(재판소법 제41조). 이를 반대로 해석하면 적어도 5인까지는 법률전문가 또는 법조인이 아닌 사람(다만, 법률소양 필요)도 최고재판소 재판관으로 임명될 수 있다는 것을 의미한다. 지금까지의 재판관 출신 통계를 보면 대체로 판사 출신 6인, 변호사 출신 3~4인, 검사 출신 2인(이상 법조인), 대학교수 1~2인, 기타 공무원 출신 2인으로 구성되고 있다. 최고재판소 재판관의 정년은 70세이다[부록(2) 자료 참조].

최고재판소 재판관의 임명은 10년 단위로 국민심사에 부쳐 국민의 신임을 물어야 한다(첫 심사는 임명 후 처음으로 시행되는 중의원 총선거에서 회부. 헌법 제79조 제2항). 이러한 최고재판소 재판관에 대한 국민심사제도는 사법기관에게 민주주의 정당성을 부여하고 재판관에 대한 국민의 감독을 보장하기 위해 도입한 제도이다. 다만 지금까지 국민심사를 통해 불신임을 받아 사임한 재판관은 단 한명도 없어 이 제도가 유명무실하다는 비판이 제기된다.

최고재판소는 사건의 심리와 재판에 있어서 대법정大法廷과 소법정小法廷으로 나뉜다. 대법정은 15인의 재판관 전원으로 구성되고 제1소법정, 제2소법정, 제3소법정은 각각 3인 이상의 최고재판소 재판관으로 구성된다(재판소법 제5조, 제9조).

일본의 최고재판소에 대하여는 흔히 위헌심사권의 행사에 있어서 소극적인 태도를 취하고 국회나 행정부를 억제하는 역할을 제대로 수행하고 있지 않는다는 비판이 제기된다. 일본 최고재판소의 보수화와 사법소극주의에 대해서는 지금까지 많은 연구가 있지만, 최고재판소 구성만을 놓고 본다면 다음과 같은 몇 가지 이유를 상정해볼 수 있다. ① 내각이 실질적으로 모든 재판관을 임명하는 체제하에서 자민당이 장기집권하게 됨으로 재판관 구성이 다양화 되지 못한 점, ② 재판관의 나이를 보면 거의 모든 재판관이 60대 이상이고, 상대적으로 젊은 재판관이 부재하다는 점, ③ 최고재판소 재판장을 재야법조인인 변호사나 대학교수가 아닌 직업재판관이 줄곧 담당해 왔다는 점 등.

최고재판소의 개혁안으로 헌법개정이 필요한 별도로 헌법재판소를 설립하는 안案 이외에, 현행 체제에서 일반사건을 다루는 상고부上告部와 헌법사건을 전문적으로 헌법부憲法部를 분리하자는 안案 및 최고재판소의 임명절차를 보다 투명하게 하여 상대적으로 젊은 재판관, 여성 재판관 등을 확충하여 재판관 구성을 다양화해야 한다는 주장들이 제기되고 있다.

여타 재판소의 구성을 보면 최고재판소 이외에 8개의 고등재판소(東京、大阪、名古屋、広島、福岡、仙台、札幌、高松), 50개의 지방재판소 및 가정재판소, 438개의 간이재판소簡易裁判所가 존재한다.

제4장 일본의 헌법소송제도

제1절 헌법보장과 위헌심사제도

1. 헌법보장(憲法保障)의 의미와 종류

헌법은 보통 국가의 최고 법규범으로 인식되지만 그 최고의 지위를 유지하기 위해서는 이를 보장하는 제도가 불가결하다. 법률 등 하위 법규범 및 공권력의 행사가 헌법에 반하거나 헌법 규정이 위협받는 사태가 발생할 수 있는데, 이에 대한 대비책, 즉 이를 사전에 방지하는 한편으로 사후적으로도 이를 시정할 수 있는 장치를 헌법질서에 마련해 두어야 한다. 이러한 헌법보장 장치가 없으면 헌법의 최고 법규성은 의미가 없고 진정한 헌법이 존재한다고 할 수도 없다.

헌법보장은 크게 나누면 ① 통상적인 헌법질서 내의 헌법보장제도와 ② 헌법질서 밖의 보장제도가 있다. 후자의 전형적인 예로서 국민의 저항권과 국가긴급권이 있고 전자의 경우에는 일본국헌법의 규정에서 볼 때 헌법의 최고 법규성 선언(제98조), 공무원의 헌법 존중, 옹호 의무(제

99조), 경성헌법硬性憲法의 규정(제96조) 및 위헌심사제(제81조) 등이 포함된다. 저항권과 국가비상권한에 대해서는 일본국헌법에는 별도의 규정이 존재하지는 않는다[樋口·憲法 p.85-94].

각종 헌법보장제도 중에서 20세기 후반 이후 특히 보편화되고 있는 것은 위헌심사제, 그 중에서도 사법기관에 의한 위헌심사제도이다. 사법기관에 의한 위헌심사제도 이외에도 전문적인 헌법기관에 의한 심사(프랑스), 국회와 같은 최고 권력기구 또는 그 산하 기관에 의한 심사(중국)의 방식도 존재한다. 따라서 법률의 위헌심사제는 헌법의 실시를 보장하는 여러 가지 제도 중 하나이고, 이러한 위헌심사제에는 사법기관에 의한 위헌심사제도(좁은 의미에서의 위헌심사제) 및 기타 기관에 의한 심사제도가 포함된다.

2. 위헌심사제도의 역사

초기 근대 입헌주의의 주된 관심은 군주의 전제 권력을 억제하고 의회의 권력을 확대, 보장하는 데 있었다. 국민의 권리와 자유는 입법기관인 국회가 제정한 법률, 즉 국민의 일반의지에 의해 보장될 수 있다는 생각이 지배적이었으며 재판소는 그 법률을 충실히 적용하는 기관으로 인식되었다. 당연히 사법기관에는 법률위헌심사권이 인정되지 않았다. 이는 사법기관에 대한 불신과 더불어 재판을 법의 창조가 아닌 법의 적용으로만 바라보는 인식과도 관련되어 있다. 국민의 대표기관인 의회가 정한 법률을 통한 인권과 자유의 보장이 주요한 과제이지, 그러한 법률로 말미암아 인권이 침해되지 않도록 보장해야 한다는 문제는 아직까지 크게 부각되지 않았다. 이처럼 위헌심사제도는 근대 입헌주의의 확립부터 함께 존재했던 것은 아니다.

재판소에 의한 위헌심사제를 최초로 도입한 것은 미국이다. 미국의 경우 법률의 위헌심사권에 관한 명확한 헌법규정이 없음에도 불구하고 재판소의 위헌심사권이 판례에 의해 점차 확립되었다. 미국 연방최고재판소는 1803년의 Marbury *v.* Madison 사건에서 성문헌법체제하에서 헌법에 위반되는 법률은 무효이고 재판소를 포함한 모든 국가기관은 이에 구속되어야 한다고 하면서 해당 사건에서 위헌이라 판단한 법률의 적용을 배제하였다. 헌법이 최고법규이므로 일반 법률이 헌법과 충돌된다면 헌법을 우선 적용하는 것은 당연하다고 할 수 있다. 그러나 문제는 법률의 위헌성에 대해, 즉 헌법과 법률의 충돌 여부에 대해 최종적으로 판단하는 기관이 반드시 재판소이어야 하는가 여부는 명확하지 않다. 그럼에도 불구하고 미국은 그 후 판례의 축적을 통해 재판소에 의한 위헌심사제도가 정착되었고 오늘에까지 이르게 된다. 사법기관인 재판소가 법률의 위헌심사권 및 헌법의 최종 해석권을 행사하게 됨으로써 재판소 특히 연방최고재판소가 헌법이라고 선언하는 것이 결국 헌법으로 되는, 사법기관 우위의 체제가 수립된 것이다.

이러한 미국식 위헌심사제도는 재판소가 사건의 해결에 있어서 합헌성에 관한 쟁점이 그 소송의 처리와 밀접한 관계를 가질 때에 비로소 재판소가 해당 법률 또는 다른 권력 행위의 합헌성에 대하여 판단하는 제도이다. 이와 같이 법률의 합헌성이 소송의 쟁점이 되는 경우를 헌법소송憲法訴訟이라 한다. 즉 헌법사건에 관한 전문적인 재판기관이나 소송절차가 있는 것이 아니라 일반 사건의 해결에 있어서 헌법이 쟁점이 되고 재판소가 이에 대해 판단하는 경우, 모두 헌법소송의 범주에 포함된다. 헌법에 대한 판단이 일반 사건의 해결에 뒤따른다는(附隨) 의미에서 일본에서는 부수적 위헌심사제付隨的違憲審査制라고도 한다.

이와 대조적으로 유럽에서는 20세기 이후 위헌심사제도가 도입되기 시작했다. 1945년 이전에는 오스트리아 헌법에서 처음으로 헌법재판소에 관한 규정을 마련하였고 헌법재판소가 일반화된 것은 1945년 이후이다.

그 중에서도 한국 헌법재판소의 모델로 알려진 독일 헌법(기본법)에서 규정한 헌법재판소제도를 그 전형적인 예로 들 수 있다. 이에 따르면 일반재판소와 구별되는 특별한 헌법재판소가 설치되어 헌법재판소는 구체적인 소송과 별도로 법률과 기타 국가행위의 위헌성 여부에 대해 심사, 판단한다. 이러한 특별한 헌법재판소에 의해 수행되는 소송절차가 헌법재판憲法裁判[8]이다. 즉 전문적인 헌법의 보장기관을 별도로 설치하여 이를 통해 법률, 즉 국회의 입법행위 및 기타 국가권력행위로부터 국민의 기본권과 자유를 보호한다는 발상이다. 한국과 독일 이외에도 중부와 동부유럽, 남미, 중앙아시아, 아프리카 각국 등 헌법재판소제도를 도입한 국가가 점차 확산하는 추세이다.

3. 위헌심사제도 비교

위에서 보다시피 좁은 의미의 위헌심사제, 즉 사법기관에 의한 위헌심사제도는 크게 독일을 대표로 하는 헌법재판소형과 미국을 대표로 하는 사법재판소형 또는 부수적 위헌심사제付随的違憲審査制 두 가지 유형이 있다. 이 두 유형의 위헌심사제도를 비교하면 대체로 다음과 같은 차이가 있다.

① 심사기관: 독일형은 전문적인 헌법재판소가 모든 헌법사건을 집중적으로 심리하는 데 비하여(집중형) 미국형은 일반 재판소가 구체적인 소송의 범위 안에서 위헌심사 및 판단을 내릴 수 있다(비집중형).

② 주요 목적: 헌법재판소는 헌법질서의 유지가 주요 목적이고(헌법보장형) 미국식 위헌심사제도는 당사자의 권리구제가 우선적인 목적이라고 할 수 있다

8) 한국이나 일본에서는 헌법소송(憲法訴訟)과 헌법재판(憲法裁判)을 구분하지 않고 동일한 의미로 사용하는 경우가 많다. 이 책에서는 미국식 위헌심사제도를 소개할 때는 헌법소송, 독일과 한국의 헌법재판을 지칭 시에는 헌법재판이라고 부른다.

(권리보장형). 물론 헌법질서의 유지와 당사자 권리구제는 실제로는 서로 결합되어 있어 엄밀히는 구분되지 않는다.

③ 헌법판단의 제시: 헌법재판소의 헌법판단은 판결주문에서, 즉 헌법문제가 판결의 주요 내용인 데 반하여, 부수적 위헌심사제도하에서 재판소의 헌법판단은 판결주문이 아닌 판결이유에서 제시되고 헌법문제는 일반 사건해결의 전제로 인식된다.

④ 위헌판단의 효력: 헌법재판소가 내린 위헌판단은 일반적인 효력이 인정되는 반면 일반 재판소가 헌법소송에서 내린 위헌결정은 법리상 개별적 효력만을 가진다고 해석된다[樋口·憲法 p.422].

다만 이러한 구분은 어디까지나 법이론에 따른 이념형의 구분이고 각국의 위헌심사제도는 매우 다양하므로 실제 헌법규정에 대하여 보다 자세히 분석할 필요가 있다. 예컨대 현행 제도 하에서 일본의 최고재판소, 한국의 헌법재판소 및 독일 연방헌법재판소가 헌법사건에 관련하여 행사할 수 있는 주요 권한을 비교하면 다음과 같다.

주요 권한	일본 최고재판소	한국 헌법재판소	독일 연방헌법재판소
법률에 대한 추상적 규범통제권	없음	없음	있음
법률에 대한 구체적 규범통제권	있음	있음	있음
헌법소원심판권	없음	있음 (단 재판소원심판 제외)	있음 (재판소원심판 포함)
정당해산심판 등 기타 헌법재판권	없음	있음	있음

이처럼 독일의 연방헌법재판소는 법률에 대한 추상적 규범통제권, 구

체적 규범통제권, 재판소원을 포함한 헌법소원심판권 및 정당해산심판 등 기타 헌법재판권을 행사하는 데 비하여 한국의 헌법재판소는 법률의 추상적 규범통제권과 재판에 관한 헌법소원심판권을 가지고 있지 않다. 한편으로 일본의 최고재판소는 법률에 대한 구체적 규범통제권만을 행사한다. 즉 헌법재판소나 최고재판소의 권한에 한해서 보자면 한국의 헌법재판소는 독일연방재판소에 비해서는 그 범위가 제한되지만, 일본 최고재판소에 비해서는 광범위한 권한을 가지고 있다고 할 수 있다.

4. 사법권과 헌법재판권

이 두 유형의 위헌심사제도에 대해서는 사법권과 헌법재판권을 중심으로 다음과 같이 비교하는 것도 가능하다.

미국식 위헌심사제는 보통 부수적 위헌심사라고 하는데 여기서 말하는 '부수'란 재판소의 위헌심사권한이 재판소가 행사하고 있는 사법권의 발동 또는 구체적인 분쟁의 처리에 부수한다는 의미이다. 다시 말해 재판소는 구체적인 사건의 해결에 필요한 범위 안에서, 즉 사법권을 행사하는 과정에서 위헌심사의 권한을 행사하는 것이다. 이러한 의미에서 재판소의 위헌심사권은 사법권의 범위를 초과하지 않고 위헌심사권은 사법권과 별도의 권한으로 인식되지도 않는다. 따라서 재판소가 사법권을, 국회가 입법권을, 대통령과 내각이 행정권을 각각 행사한다는 종래의 삼권분립구조는 위헌심사제도의 도입과 관계없이 이론상 유지될 수 있다.

한편으로 이러한 위헌심사제도 하에서 위헌심사는 사법권의 발동, 즉 구체적인 소송의 제기를 그 전제로 하고 있기 때문에 헌법적 권리의 보장이 사법권의 개념 나아가 일반 소송의 형식요건에 의존하게 된다. 사법권 개념이 요구하는 '사건성事件性' 또는 '쟁송성爭訟性'이 결여되거나 행정소송절차법에서 규정한 원고적격이나 처분성 요건을 충족시키지 못하는 경우 소송이 각하됨으로 말미암아 헌법문제에 대한 본안판단이 애당초 이루질 수 없게 된다. 즉 헌법권리의 보장과 권리구제가 구체적인 소송절차에 의해 제약 받는다. 이로써 헌법권리의 구제 범위가 지나치게 제한되고 재판을 받을 권리가 충분히 실현되지 못할 수도 있는 문제점이 생긴다.

이와 대조적으로, 헌법재판소형의 위헌심사제도 하에서 헌법재판소는 헌법에 의해 독립적인 헌법재판권을 부여받았기에 사법권의 개념 또는 통상적인 소송절차에 구애 받지 않고 별도의 헌법재판소법에 따라 헌법재판권을 행사하고 국민의 권리구제를 실현할 수 있다. 이렇게 되면 헌법재판권은 기존의 사법권과 별도의 성격을 가진 권한으로 인식되고 헌법재판소 역시 의회, 행정부, 사법부, 즉 일반 재판소와 구별된 네 번째 권력기관으로 부상하게 된다. 물론 헌법재판소가 사법기관인지 여부 및 그가 행사하는 헌법재판권이 성격상 사법권인지 여부에 대해서는 이론異論의 여지가 있다.

이는 이론상 사법司法과 재판裁判을 어떻게 정의定義할 것인가의 문제와도 연관되어 있다. 사법과 재판의 개념은 실제로 서로 혼용되기도 하지만 위헌심사제도에 관련해서는 다음과 같이 구분할 수 있다. 우선 재판소가 행사하는 사법권은 일반적으로 '구체적인 쟁송사건'에 대해 법을 적용하고 재정裁定하는 국가작용이고 이는 크게 형사소송, 민사소송, 행정소송으로 구분된다. 여기서 사법司法이라고 함은 구체적인 권리구제를 위한 주관소송으로서의 성격이 강하게 나타나다. 한편으로 헌법재판憲法裁判이라고 할 경우에는 헌법질서의 유지를 위한 독자적인 국가작용이라는 면이 강조되고 주관소송에 국한되지 않은 객관소송의 특징이 가미된다.

제2절 일본의 위헌심사제도와 헌법소송

1. 일본의 위헌심사제의 성격

일본국헌법은 메이지헌법과 달리 헌법보장을 위한 여러 가지 규정을 두었다. 헌법의 최고법규성을 보장하고 "이 헌법은 국가의 최고 법규로서 이에 반하는 법률, 명령, 조칙, 그리고 국무와 관련된 기타 행위의 전부 또는 일부는 그 효력이 없다"(제98조). 모든 국가기관, 공무원의 헌법존중의무를 명시하였다. "천황 또는 섭정과 국무 대신, 국회의원, 재판관, 기타 공무원은 이 헌법을 존중하고 옹호할 의무를 진다"(제99조). 즉 재판관은 구체적인 사건에서 법률을 적용하여 판결을 내릴 때 헌법을 지키고 헌법을 존중할 의무를 지닌다. 이와 더불어 일본국헌법은 법률 등의 합헌법성에 대한 최종판단권을 최고재판소에 부여함으로써 재판소에 의한 위헌심사제도를 명확히 규정하였다. "최고재판소는 일체의 법률, 명령, 규칙 또는 처분이 헌법에 적합한지 여부를 결정하는 권한을 가진 최종재판소이다"(제81조).

그런데 위의 헌법 제81조의 규정만을 놓고 보면 일본국헌법이 예정하고 있는 위헌심사제가 어떠한 것인지, 즉 미국과 같은 사법재판소형인지 아니면 독일형의 헌법재판소형인지는 명확하지 않다. 이처럼 최고재판소는 헌법 제81조를 통해 법률 등의 위헌성을 최종적으로 판단할 권한을 가지게 되었지만 그 위헌심사권의 성격 등에 대해서는 헌법은 더 이상 규정하지 않고 있다. 여기서 문제의 핵심은 재판소 특히 최고재판소에 주어진 위헌심사권이 구체적인 소송을 전제로 하고 있는 이른바 부수적 위헌심사권인지 아니면 거기에는 구체적인 사건을 전제로 하지 않는 독일형의 추상적인 위헌심사권 역시 포함되어 있는지 여부이다. 즉 일본의 최고재판소는 미국식 위헌심사권과 별도로, 독일헌법재판소가 보유하는 추상적인 헌법재판권을 가지는지 여부가 문제된다. 이 헌법 제81조의 해석을 둘러싸고 학설은 크게 두 가지로 나뉜다.

1) 사법재판소설

소위 통설 또는 사법재판소설은 일본국헌법 제81조에 따라 최고재판소 내지 다른 재판소에 주어진 것은 구체적 소송을 전제로 하는 부수적 심사권뿐이며 이 조문으로부터 추상적인 위헌심사권은 도출될 수 없다고 한다. 그 이유는 다음의 3가지이다. ① 헌법 제81조는 헌법 중 사법司法의 장에 위치하는바, 사법은 구체적인 권리의무에 관한 분쟁 또는 일정한 법률관계의 존부에 대한 다툼을 전제로 하고 그에 법령(법률, 조례, 명령 등 법규범 포함, 이하 '법령'으로 통칭)을 적용하여 분쟁을 해결하는 작용이므로 제81조의 위헌심사권은 이러한 작용에 부수하여 존재한다는 것이다. ② 추상적 위헌심사권을 재판소에 인정하기 위해서는 관련 재판관의 선출, 제소권提訴權, 절차 등에 대한 명문의 규정이 헌법을 통하여 결정되어야 하지만 일본국헌법은 그것에 대하여 달리 규정하는 바가 없다. ③ 일본국헌법은 미국의 절대적인 영향 하에서 제정되었는데 미국 헌법에서는 추상적 위헌심사권을 재판소에 인정하지 않았다.

2) 추상적 위헌심사가능설

반면, 제81조는 최고재판소에 추상적 위헌심사권한을 부여하였고 최고재판소는 일반 재판소 외에 독일형 헌법재판소의 기능도 함께 지닌다는 주장도 존재한다. 즉 헌법재판소병존설 내지 추상적 위헌심사가능설이다. 그 근거는 다음과 같다. ① 재판소가 사법권을 행사하고(제76조), 헌법 존중 의무를 지고 있는 한(제99조), 구체적 사건의 해결에 있어서 관련 법률의 헌법적합성을 심사하는 것은 당연한 것으로 이를 헌법 제81조에서 특별히 규정할 필요가 없다. 따라서 제81조가 헌법에 추가로 명기된 것은 부수적 심사권과는 구분되는 별도의 권한을 최고재판소에 부여한다는 의미이다. ② 제81조의 조문을 보면 '헌법에 적합한지 여부를 결정할 권한'이라고 명확히 규정하고 있는데 이는 헌법재판소로서의 권한을 가리킨다. ③ 마지막으로, 재판관의 선출 등 절차에 관하여 헌법에 명기하지 않았다는 점은 헌법상 권한이 부여되지 않았다는 주장의 근거가 될 수 없으며, 이러한 사항은 법률에 위임된 것으로 해석해야 한다.

추상적 위헌심사가능설은 다시 이를 위한 특별한 법적절차가 필요한지 여부에 따라 법적절차 필요설, 법적절차 불필요설 및 법률위임설로 나뉜다.

3) 최고재판소의 판례

일본 최고재판소 판례는 통설을 지지하고 있는 것으로 보인다. 1952년에 소위 '경찰예비대위헌소송警察豫備隊違憲訴訟'에서 최고재판소는 다음과 같이 판시하였다.

"우리 재판소에 현행 제도상 주어진 것은 사법권을 행사할 권한이며, 사법권이 발동하기 위해서는 구체적인 쟁송 사건이 제기되는 것을 필요로 한다. 우리 재판소가 구체적인 쟁송 사건이 제기되지 않음에도 미래를 예상하여 헌법 및 기타 법률 명령 등의 해석에 존재하는 의문이나 논쟁에 대해 추상적인 판단을 내리는 등의 권한을 행할 수 있는 것은 아니다. 그리고 최고재판소는 법률, 명령 등에 관하여 위헌심사권이 있고 이 권한은 사법권의 범위 내에서 행사되는 것이며, 이 점에 있어서는 최고재판소와 하급 재판소 사이에 다른 점은 없다. [중략]

요약하자면 우리 현행제도 하에서는 특정인의 구체적인 법률관계에 대해 분쟁이 존재하는 경우에 대해서만 재판소에 그 판단을 구할 수 있으며, 재판소가 이러한 구체적 사건과 떨어져 추상적으로 법률, 명령 등의 합헌성을 판단할 권한을 가진다는 견해는 헌법 및 법령에 어떠한 근거도 없다"(최고재판소 1952년10월8일 대법정 판결,[9] 강조는 인용자에 의함. 이하 같음).

1951년에 경찰예비대를 위한 법률이 통과되었는데 경찰예비대는 모든 전력을 보유하지 않는다는 헌법 제9조에 위배될 소지가 있다. 당시 야당이었던 사회당은 경찰예비대가 헌법에 위반한다고 하면서 최고재판소에 직접 소송을 제기한 것이다. 이러한 원고의 소를 각하하면서 내린 최고재판소 판시사항의 요점은 세 가지이다. ① 재판소에 부여된 권한은 사법권이다. ② 위헌심사권은 사법권 내에서 행사되어야 한다. ③ 재판소가 구체적 쟁송사건과 관계없이 추상적 위헌심사권을 가진다는 견해는 헌법적 근거가 없다.

이 판례 이후 일본에서는 일본국헌법의 위헌심사제를 미국형의 부수적심사제로 보며 재판소는 구체적인 사건의 해결을 전제로 이를 위해 필요한 경우에 법률의 헌법위반을 심사하는 권한을 갖는 것으로 해석되고 있다.

4) 하급재판소의 위헌심사권

그 외 제81조에서 명확히 언급된 최고재판소 이외의 하급재판소가 위헌심사권을 행사할 수 있는지에 관하여서는 최고재판소는 이를 긍정하였다.

헌법은 나라의 최고법규이므로 그 법규에 반하는 법률, 명령 등은 효력을 지니지 아니하고 재판관은 헌법 및 법률에 구속되며 또한 헌법을 존중하고 옹호해야 하는 의무를 지는 것은 헌법의 명확한 규정에 의한 것이다. 따라서 재판관이 구체적 소송사건에서 법령을 적용함에 있어서 그 법령이 헌법에 적합

9) 본문에서 인용된 판례의 자세한 정보는 부록의 판례색인을 참조.

한지 여부를 판단하는 것은 헌법에 의해 재판관에 부과된 직무職務와 직권職權이고 이는 최고재판소의 재판관인지 하급재판소의 재판관인지를 가리지 않는다. 헌법 제81조는 최고재판소가 위헌심사권을 가진 종심재판소라는 점을 명확히 한 규정이므로 하급재판소가 위헌심사권을 가진다는 점을 부정하는 취지를 뜻하는 것이 아니다(최고재판소 1950년2월1일 대법정 판결).

즉 최고재판소뿐만 아니라 하급재판소도 구체적 사건의 해결에 있어서 법령의 합헌성에 관하여 심사하고 위헌 여부에 대해 판단할 수 있다. 이러한 최고재판소의 해석을 기반으로 일본식 위헌심사제도—하급재판소를 포함한 재판소가 구체적인 소송과정에서 법령 등의 헌법적합성에 대해 판단하는—가 정착되어 지금까지에 이르고 있다.

2. 일본에서의 헌법소송

이처럼 일본의 현행 위헌심사제는 소위 부수적 심사제로 해석되어 왔고 재판소의 위헌심사권은 사법권의 일환이므로, 이러한 위헌심사권은 일반적으로 소송절차의 진행과정에서 헌법 쟁점에 대한 판단이 그 소송 해결에 필요한 범위에서만 행사될 수 있다. 그러므로 헌법소송은 특별한 소송 형태를 가리키는 것이 아니라 어떤 헌법상의 쟁점을 포함하는 소송의 총칭이다. 즉 미국이나 일본과 같은 부수적 위헌심사제도 하에서는 헌법문제에 대한 재판소의 판단은 통상적인 소송 절차에서—헌법재판 또는 헌법소송이라는 독립된 소송의 형태를 취하는 것이 아니라—그 소송의 해결에 필요한 범위 안에서 이루어진다. 일본에서 구체적인 소송은 기본적으로 형사소송, 민사소송, 행정소송의 세 가지가 있으며 각각 형사소송법, 민사소송법, 행정소송법(행정사건소송법)에 의해 규율된다. 헌법소송을 전문적으로 다루는 헌법소송법이나 헌법재판절차법은 따로 존재하지 않는다. 따라서 헌법소송은 자체의 독자적인 소송절차가 아닌, 위의 소송절차 중 하나에 따라 진행된다.

즉 재판소는 '구체적인 소송사건의 해결에 부수하여 사건의 처리에 필요한 한도에서' 위헌심사권을 행사하고 재판소의 헌법판단은 구체적인 사건 해결의 필요한 범위 안에서만 이루어진다. 한편으로 사법권의 정의에 관해서는 '사건과 쟁송성爭訟性' 내지 '법률 쟁송성'이 그 본질로 인식되고 구체적으로는 '법령을 적용함으로써 해결할 수 있는, 권리의무에 관한 당사자 간의 분쟁'으로 한정되었다.

이로써 현재 일본의 헌법제도 하에서는 ① 위헌심사권의 전제로서 사법권 발동이 필요하고 ② 사법권은 구체적 사건과 쟁송성 요건을 충족해야 하므로 결국 ③ 위헌심사권을 행사하기 위해서는 구체적인 권리의무의 다툼과 사법에 의한 종국적으로 해결 가능성이 전제되어야 한다는 법리구조가 성립한다. 이에 따라 위헌심사권의 행사 및 당사자 권리의 헌법적 구제는 실제적인 사법권의 범위, 즉 구체적인 소송절차가 개시될 수 있는지 여부에 달려 있다. 이에 관하여 헌법재판소제도를 마련하고 있는 한국과 비교해 보면 그 차이가 쉽게 드러난다. 예컨대 자신의 헌법적 권리가 공권력에 의해 침해받았다고 주장할 때, 한국에서는 일반 소송(행정소송 특히 항고소송)과 더불어 헌법재판(헌법소원재판)을 이용할 수 있다. 권리침해가 행정소송을 통하여 구제가 되지 못하는 경우 헌법소원재판을 제기할 수 있어 권리의 헌법적인 구제 가능성이 행정소송의 형식요건 또는 사법권의 범위에 필연적으로 제약받는 것은 아니다. 그에 반해 일본의 경우에는 오직 일반 소송의 제기를 전제로 하여 그 소송 과정에서 헌법적 권리를 주장할 수 있으므로 헌법권리의 구제가 일반 소송절차 및 사법권의 범위에 전적으로 의존하게 되는 구조가 형성된다.

제5장 일본에서 헌법소송의 유형

제1절 헌법소송의 제기

1. 형사소송, 민사소송, 행정소송

1) 헌법소송으로서의 각종 소송

위에서 보다시피 이른바 부수적 위헌심사제付随的違憲審査制를 택하고 있는 일본에는 헌법소송을 위한 특별한 재판소나 재판절차법이 존재하지 않는다. 최고재판소를 포함한 각급 재판소는 구체적인 소송사건의 해결과정에서, 그 사건의 처리에 필요한 한도 안에서 위헌심사권을 행사한다. 따라서 쟁점으로 헌법문제를 다투게 될 헌법소송의 제기는 통상적인 소송절차, 즉 형사소송, 민사소송 또는 행정소송의 세 가지 절차 중 하나에 따라 이루어진다. 그에 따라 헌법소송의 요건 역시 헌법이 쟁점이 되는 사건에 관한 몇몇 특별한 규정 외에는 일반적인 형사소송, 민사소송 또는 행정소송의 요건문제로 귀결된다.

형사소송은 국가를 대표하는 검찰이 범죄의 처벌을 요구하면서 재판소에 제기한 사건을 처리하는 절차이다. 그 과정에서 관련 형벌의 규정이 헌법에 위반하는지 여부 등과 같은 헌법문제가 쟁점으로 되면서 종종 헌법소송으로 발전하기도 한다. 그러나 소송의 절차문제에 관해서는, 피고인은 해당 소송의 불성립을 바라기 때문에 소송요건이 일반적으로 문제가 되지 않는다.

민사소송은 사법기관인 재판소가 사인 간의 분쟁을 해결하는 제도이므로 얼핏 보면 헌법과는 직접적인 관계가 없어 보일 수 있지만, 민사에 관한 법률을 해석함에 있어서 헌법 적용이 문제가 되어 헌법소송으로 발전되는 경우가 없는 것은 아니다. 예컨대 일본민법 제90조(공서양속에 반하는 법률행위의 무효)나 제709조(불법행위에 따른 손해배상) 규정을 해석할 때는 헌법규정이 쟁점으로 떠오르게 된다. 그밖에도 일본에서는 국가배상소송이 민사소송절차에 따라 진행되기 때문에 이러한 국가배상소송에서 헌법문제가 쟁점화 되는 경우가 적지 않다.

행정청의 공권력의 행사 또는 공법상의 법률관계를 둘러싼 분쟁을 법적으로 해결하고자 하는 사법절차인 행정소송은 그 성격상 헌법소송의 가장 중요한 소송형태이다. 공권력의 행사에 대하여 불복하여 소송을 제기하는 당사자는 그 공권력 행사가 위법하다는 근거로 헌법위반을 주장하는 경우가 많다. 뿐만 아니라 이러한 행정소송의 요건과 절차문제는 그 자체로서도 헌법과 매우 밀접한 연관성을 가지고 있다[戸松·憲法訴訟 p.63-65].

이하에서는 행정소송을 중심으로 하여 헌법소송의 요건에 대해 설명하도록 한다.

2) 행정소송의 유형

메이지헌법에서는 공권력의 권리침해를 이유로 제기된 행정사건의 경우 사법기관인 재판소가 아니라 행정부 내에 설치된 행정재판소가 이를 담당하도록 하였다. 그러므로 일반 재판소가 행사하는 사법권이란 형사사건과 민사사건에 대한 판결을 의미할 뿐 행정사건의 해결은 사법권의 범위 밖에 놓여 있었다. 일본국헌법은 "모든 사법권은 최고재판소 및 법률이 정하는 바에 따라 설치되는 하급재판소에 속한다"라고 규정하는 한편 "특별재판소는 설치할 수 없다. 행정기관은 종심終審으로서 재판을 할 수 없다"라고 못 박음으로써 행정사건에 대한 재판을 일반 재판소의 관할로 일원화시켰다(헌법 제76조).

일본국헌법의 시행에 대응하여 1948년에 「행정사건소송특례법行政事件訴訟特例法」이 제정되고 1962년에는 「행정사건소송법行政事件訴訟法」이 제정되어 현재에 이르고 있다(2004년 개정). 민사소송법에 대한 특별법으로 자리매김 되었던 행정사건특례법에 비하여 현행 행정사건소송법은 "행정사건소송에 관해서는 그밖의 법률의 특별한 규정이 있는 경우를 제외하고는 이 법률의 규정에 따른다"고 하는 규정에서 알 수 있듯이 행정사건에 관한 일반법으로 위치하고 있다. 다만 행정사건소송법은 행정소송절차에 대한 모든 내용을 규정하지 않고 "행정사건에 관해 이 법률에 규정이 없는 사항에 대해서는 민사소송의 예에 따른다"고 규정하고 있으며, 법률 조문도 역시 총 46조에 불과하다(행정사건소송법 제1조, 제7조).

행정소송의 유형에 대해 행정사건소송법은 각종 소송의 형식을 나누어 명문으로 규정하는 방식을 취하였다. 이에 따르면 행정소송은 크게 항고소송抗告訴訟, 당사자소송当事者訴訟, 민중소송民衆訴訟 및 기관소송機關訴訟의 4가지로 구분된다. 항고소송은 다시 처분취소소송處分取消訴訟, 재결취소소송裁決取消訴訟, 무효등확인소송無効等確認訴訟, 부작위위법확인소송不作爲違法確認訴訟(2004년 개정 이전), 및 의무이행소송義務付け訴訟과 금지소송(差止訴訟, 2004년 추가)으로 나뉜다. 당사자소송의 경우 형식적 당사자소송形式的當事者訴訟과 실질적 당사자소송實質的當事者訴訟으로 구분된다. 한편 이와 같이 법률이 명문화한 행정소송의 유형과는 별도로 항고소송에 관하여 그 정의를 '행정청의 공권력 행사에 관한 불복의 소송'이라 포괄적으로 규정함으로써 이 법에서 유형화하고 있지 않은 그 밖의 항고소송, 즉 이른바 법정외 항고소송法定外抗告訴訟의 가능성 역시 열어두었다.

도표 5-1 행정소송의 유형

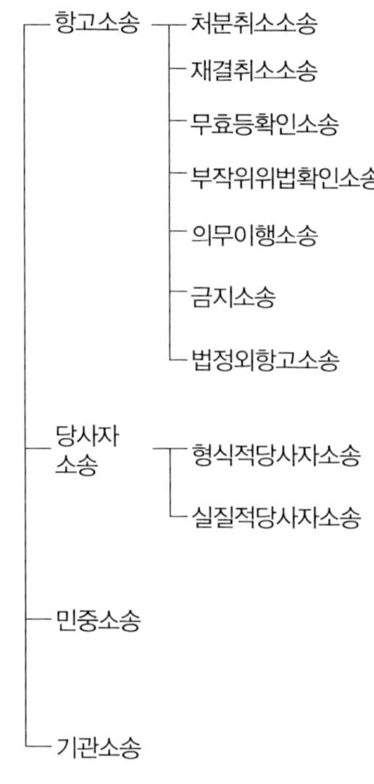

[神橋·行政救済法 p.38-40]

항고소송은 행정청의 공권력 행사에 불복하여 제기하는 소송이다. 그 중 가장 대표적인 것이 취소소송이다. 취소소송은 행정청의 처분과 재결 및 기타 공권력 행사에 해당하는 행위에 불복하여 그러한 행위의 취소를 요구하는 소송이다. 일본의 행정사건소송법은 항고소송, 그중에서도 취소소송을 중심으로 규정하고 있다. 즉 행정사건소송법은 총칙 부분의 규정에 이어 취소소송의 각종 절차에 대해 자세히 규정하고, 기타 항고소송에 대해서는 일부 특별한 규정을 두는 것 외에는 취소소송에 관한 규정을 준용하고 있다. 또한 항고소송 외 그밖의 소송에 대해서도 항고소송의 규정을 준용한다(제38조, 제40조, 제43조 등). 이를 이론상 '취소소송중심주의取消訴訟中心主義'라고 부른다.

당사자소송에는 공법상의 법률관계에 관한 소송(실질적 당사자소송)과 당사자 간의 법률관계를 확인하거나 형성하는 처분 또는 재결에 관한 소송으로서 법령의 규정에 의하여 해당 법률관계의 일방 당사자를 피고로 하는 소송(형식적 당사자소송)이 포함된다. 후자의 경우 실질적으로는 공권력에 의한 처분 또는 재결에 불복하여 제기된 소송이므로 항고소송의 성질을 가지고 있지만 소송 편의상, 법률의 규정이 있는 한에서 당사자 간의 소송으로서 다투도록 한 것이다. 따라서 본래적 의미에서 당사자소송이라 공법상 법률관계에 관한 실질적 당사자소송을 가리킨다.

민중소송이란 선거인의 자격 및 기타 자신의 법률상의 이익이 관계되지 않은 자격을 가지고 국가 또는 공공단체 기관의 법규에 적합하지 아니하는 행위를 시정하도록 요구하는 소송을 제기하는 것을 말한다. 현재 일본에는 민중소송의 전형적인 사례로서 공직선거법에 근거한 선거관련 소송 및 지방자치법에 근거한 주민소송住民訴訟이 존재한다.

마지막으로 기관소송이란 국가 또는 공공단체 기관 상호간에서 권한의 존부 또는 그 행사를 둘러싼 분쟁을 다루는 소송이다.

일본의 행정소송의 실태를 살펴보면 대체로 재판소에 접수된 사건의 8

할 이상이 항고소송이고, 항고소송 중 취소소송이 반 이상을 차지하며, 민중소송은 전체의 1할 정도, 당사자소송은 약 5% 정도인 반면, 기관소송은 거의 이용되지 않는다고 한다[宇賀·行政法概説II p.123].

2. 주관소송과 객관소송

일본의 법학 이론은 위의 각종 행정소송을 크게 주관소송과 객관소송으로 나누어 항고소송과 당사자소송을 주관소송으로, 민중소송과 기관소송을 객관소송으로 각각 분류하고 있다. 여기서 주관소송이란 당사자가 자신의 주관적인 권익이 침해되었다는 이유에 근거하여 제기한 소송인데 반해, 객관소송은 객관적인 법질서의 유지 또는 행정활동의 적법성의 유지를 목적으로 하는 행정소송이다. 따라서 객관소송은 개인의 권익 보호를 직접적인 목적으로 하는 것이 아니며 법률에서 개별적으로 정하는 자만이 제기할 수 있다.

일본의 재판소법에 따르면 재판소는 "일본국헌법에 특별한 규정이 있는 경우를 제외하고 모든 법률상의 쟁송法律上の爭訟을 재판하고, 그밖의 법률에서 별도로 규정한 권한을 가진다"고 규정하고 있다(제3조). 여기서 주관소송은 '법률상의 쟁송'에 관한 재판을 말하고 객관소송은 '그밖의 법률에서 규정한 권한'에 대응한다. 재판소에 귀속된 사법권은 일반적으로 '법률상의 쟁송'을 재판하는 권한, 즉 주관소송을 주관하는 권한을 지칭한다. 그 반면 객관소송의 경우 본래 사법권의 개념에는 포함되지 않지만 법률에서 특별히 규정하는 경우에 한해서 재판소가 행사하는 권한인 것이다.

이로써 사법권이란 곧 법률상의 쟁송에 대한 재판, 달리 말하면 주관소송이라는 등식이 성립되고 판례도 이러한 입장을 유지하고 있다고 한다. 다만 이러한 해석에 대해서는 사법권의 범위를 과도하게 축소하고 헌법에서 보장하고 있는 국민의 '재판소에서 재판을 받을 권리'(제32조)를 제한한다는 비판이 제기되어 왔다. 또한 형사소송의 경우 '법률상의 쟁송'과 어떻게 관계되는지가 문제된다.

어찌되었든 사법권의 본질을 법률상 쟁송에 관한 재판으로 해석할 경우, 위의 각종 행정소송 중 항고소송과 당사자소송만이 실질적인 행정소송에 속하고 그밖의 민중소송과 기관소송은 법률의 특별한 규정에 의해 재판소가 행사하는 권한에 속하게 된다. 주관소송 중 항고소송과 실질적 당사자소송의 구분은 공권력의 행사에 대하여 불복하는 소송인지 아니면 공법상 법률관계 관한 소송에 해당하는지 여부에 따라 나뉜다. 그밖에 사인 간의 권리의무에 관한 분쟁을 해결하는 민사소송은 당사자의 주관적 이익의 보호를 주요 목적으로 하는 것이므로 주관소송과 객관소송의 이분법에 따르자면 주관소송의 개념에 가깝다.

따라서 일단 형사소송은 별론으로 한다면, 재판소의 사법권은 원래 법률상의 쟁송을 재판하는 권한에 한정되는바 구체적으로는 민사소송, 행정소송 중의 항고소송과 당사자소송 3가지의 소송형태가 이에 포함된다. 이 3가지 소송의 차이를 단순하게 표현하면 사인 간의 법적 분쟁을 해결하는 민사소송(수평적 사법관계), 공법상 법률관계에 관한 실질적 당사자소송(수평적 공법관계) 및 공권력의 행사에 대한 불복에 관한 항고소송(수직적 공권력 관계)으로 나누어 볼 수 있다. 그밖의 행정소송, 즉 형식적 당사자소송, 민중소송, 기관소송은 법률이 특별히 규정한 경우에 한해서 제기할 수 있다.

한편 당사자소송(실질적)과 민사소송은 전통적인 공법과 사법의 이원론에 기초한 것에 불과하여 양자를 딱히 구별할 필요가 없고 당사자소송의 경우 일반 민사소송절차에 따라 진행하면 충분하다는 견해가 존재한다. 다만 2004년에 이루어진 일본행정사건소송법 개정에서는 행정소송제도를 활성화하는 일환으로서, 처분성이 인정되지 않는 행정작용에 관한 분쟁을 해결하는 수단으로 당사자소송(실질적)의 범위를 보다 명확히 하였다고 한다(제4조 '공법상의 법률관계에 관한 확인의 소'라는 문구의 추가). 향후 이 소송형태가 어떻게 활용될 것인가는 좀 더 두고 보아야 할 것이다[宇賀·行政法概説 II p.118-119].

제2절 헌법소송의 요건

헌법소송이 독자적인 소송형태가 아니고 헌법소송에 관한 특별법이 없는 일본에서 헌법소송의 요건은 각 소송별로 따로 논의되어야 한다. 이하에서는 헌법문제가 자주 쟁점이 되는 항고소송, 민중소송 및 국가배상소송의 요건에 대해 간단히 알아보도록 한다.

1. 항고소송의 요건

각종 항고소송 중에서도 일본의 행정사건소송법은 취소소송을 중심으로 규정하고 있다. 취소소송의 요건에서 주로 논의되는 문제에는 처분성, 원고적격, 소의 이익(좁은 의미) 및 피고적격 등이 있다.

1) 처분성(處分性)

여기서 처분성이라 함은, 어떤 행정기관의 행위가 행정사건소송법 제3조가 취소소송의 대상으로 규정하고 있는 '행정청의 처분, 그 밖에 공권력의 행사에 해당하는 행위'에 포함되는지의 문제이다. 즉 당사자는 모든 행정기관의 행위에 대하여 취소소송을 제기할 수 있는 것이 아니라 해당 행정행위가 '행정청의 처분, 그 밖에 공권력의 행사에 해당하는 행위'인 경우, 즉 처분성이 있는 경우에만 취소소송을 제기할 수 있다.

행정소송에서 처분성은 행정청의 공권력 행사행위가 국민의 권리, 이익에 구체적인 영향을 미치고 소송 제기를 인정하기에 충분한 성숙성을 갖추었는지 여부의 문제이다. 즉 어떠한 행정목적을 달성하기 위해서는 그 준비부터 최종 처분에 이르기까지 다양한 절차 내지 단계가 취해지는 경우가 일반적이다. 그것은 대체로 행정청의 의사와 행위가 추상적인 것에서 구체적인 것으로, 일반적인 것에서 개별적인 것으로 옮겨가는 과정이라고 할 수 있겠지만 그런 과정의 어느 시점에서부터 그에 대한 소송 제기를 인정할 수 있는지가 문제된다.

일본의 판례는 "행정사건소송특례법 제1조에서 말하는 행정청의 처분이라 함은 논한 바와 같이 행정청의 법령에 근거하는 행위 모두를 의미하는 것이 아니라 공권력의 주체가 되는 국가 또는 공공단체가 행하는 행위 중, 그 행위에 의해 직접 국민의 권리의무를 형성하거나 또는 그 범위를 확정하는 것으로 법률상 인정되는 것을 말한다"고 하였다(최고재판소 1964년10월29일 제1소법정 판결).

현재까지의 일본의 관련 판례로부터 취소소송의 대상에 포함되는지 여부, 즉 처분성을 판단하는 법리로서 네 가지 기준을 추출할 수 있다고 한다. 즉 ① 외부성外部性: 사인에 대하여, ② 개별·구체성: 직접적으로, ③ 공권력성: 일방적으로, ④ 법적 효과의 유무: 권리의무의 변동을 초래하는 법적효과를 지니는 것이 바로 그것이다.

따라서 통보通達나 훈령訓令과 같은 행정의 내부행위(외부성 기준), 행정계획이나 조례와 같은 구체성이 결여된 행위(개별·구체성 기준), 계약 등 민사법적 행위(공권력성 기준), 법적 효과를 초래하지 않은 행정지도(법적 효과 기준) 등은 일반적으로 처분성이 인정되지 않는다.

이를 ① 권력행위성權力行爲性, ② 구체적 행위성具体的行爲性, ③ 외부행위성外部行爲性의 세 가지 기준으로 해석하거나 두 가지 요소, 즉 ① 행위의 공권력성과 ② 법률상 지위에 대한 영향으로 해석하는 주장도 있다[神橋·行政救済法 p.49, 室井·行政処分の範囲].

2) 원고적격(原告適格)

넓은 의미에서의 소의 이익訴えの利益에는 원고적격과 소의 이익(좁은 의미)이 포함된다. 취소소송에서 원고적격이란 처분성이 인정되는 경우에 그 처분의 취소를 요구하고 소송을 제기할 수 있는 자격을 말한다.

일본의 행정사건소송법은 취소소송을 제기할 수 있는 자격에 대해 "해당 처분 또는 재결의 취소를 요구함에 있어서 법률상의 이익을 가지는 자"(제9조 제1항)로 규정하고 있는데 여기서 '법률상의 이익을 가지는 자'를 어떻게 해석할 것인가가 문제된다. 일반적으로 행정행위의 처분성이 인정되면 그 행위의 상대방은 자신의 법적 이익이 침해된 자로서 원고적격을 가지는 것으로 보기 때문에 취소소송을 제기할 수 있다. 따라서 취소소송에서 원고적격이 문제가 되는 경우는 처분의 상대방 이외의 제3자 등이 소송을 제기할 수 있는가 여부에 관하여서이다.

이에 대하여 학설은 크게 이른바 '법률상 보호되는 이익설法律上保護された利益説'과 '재판상 보호의 가치가 있는 이익설裁判上保護に値する利益説'로 나뉜다. 전자인 '법률상 보호되는 이익설'에 따르면 취소소송에서 원고적격이 인정되려면 원고의 이익이 일반적인 공익一般公益으로 환원될 수 없는 개별적인 개개인의 이익으로서, 법률상 보호된다는 점이 인정되어야 한다. 다시 말해, 해당 행정처분의 근거로 되는 법규가 사인의 개별적인 이익 역시 보호하기 위하여 — 공익의 실현만을 목적으로 삼는 것이 아닌 — 행정권의 행사에 제약을 부가함으로써 보호되는 이익이다. 만일 일반 공익만을 목적으로 하는 법규에 위반되는 행정처분의 경우, 어떤 사람이 이러한 처분에 의해 불이익을 받았다고 하더라도 이는 '법률상 보호되는 이익'을 침해당한 것이 아니라 '반사적 이익反射的利益'을 상실했을 따름이

므로 원고적격이 인정되지 않는다. 간단히 말하면 실체법實體法의 규정에 의해 보장되는 권리, 이익이 침해되었는지 여부에 따라 판단하는 것이다.

이에 반하여 '재판상 보호의 가치가 있는 이익설裁判上保護に値する利益說'은 원고의 침해된 이익이 해당 처분의 근거법규에 의해 보호되는 이익이 아니더라도 재판상 보호의 가치가 있는 이익이라면 원고적격이 인정된다는 학설이다.

일본의 판례는 '법률상 보호되는 이익설'을 취해왔다. '법률상의 이익을 가지는 자'는 해당 처분에 의해 자신의 권리 또는 법률상 보호되는 이익이 침해되거나 필연적으로 침해될 우려가 있는 자를 말하고, "법률상 보호되는 이익은 행정법규가 사인私人 등 권리주체의 개인적 이익을 보호하는 것을 목적으로 행정권의 행사에 제약을 부과함으로써 보장되는 이익으로서 그것은 행정법규가 기타 목적 특히 공익의 실현을 목적으로 행정권의 행사에 제약을 부과한 결과 우연히 누군가가 얻게 되는 반사적 이익과는 구별되어야 한다. …… [부당경품류 및 부당표시방지법 규정에 의해] 일반 소비자가 얻는 이익은 공정거래위원회가 동법의 적정한 운용을 함으로써 실현시켜야 하는 공익의 보호를 매개로 하여 국민일반이 공통으로 향유하게 되는 추상적, 평균적, 일반적인 이익, 다시 말하면 동법의 규정의 목적인 공익의 보호의 결과로서 생기는 반사적 이익 또는 사실상의 이익으로서 본래 사인 등 권리주체의 개인적 이익을 보호하는 것을 목적으로 하는 법규에 의해 보장되는 법률상 보호되는 이익이라고는 할 수 없는 것이다"(최고재판소 1978년3월14일 제3소법정 판결).

다만 그 후 일본의 판례는 '법률상의 이익'의 개념을 보다 유연하게 해석하고 행정처분의 직접적인 상대방 이외의 제3자에 대하여 원고적격을 점차 확대하는 모습을 보이고 있다. 2004년 행정사건소송법 개정은 이러한 판례의 경향성을 반영하여 취소소송에서의 제3자의 원고적격에 관하여 다음과 같은 조항을 추가하였다. "재판소는 처분 또는 재결의 상대방 외의 자에 대하여 전항[취소소송의 원고자격 규정 조항]에서 규정한 법률상 이익의 유무를 판단함에 있어서는, 해당 처분 또는 재결의 근거가 되는 법령 규정의 문언에만 의하는 것이 아니라, 해당 법령의 취지, 목적 및 해당 처분에서 고려되어야 할 이익의 내용 및 성질을 고려한다. 이 경우에 해당 법령의 취지 및 목적을 고려함에 있어서, 해당 법령과 목적을 공통으로 하는 관계 법령이 있는 때에는 그 취지와 목적 또한 참작하고, 해당 이익의 내용 및 성질을 고려함에 있어서는, 해당 처분 또는 재결이 그 근거가 되는 법령에 위반되는 경우에 침해되는 이익의 내용 및 성질 그리고 침해되는 태양態樣 및 정도 또한 감안한다"(제9조 제2항).

취소소송에서 제3자의 원고적격에 대한 해석지침을 제시한 이 규정에 따르면, 제3자가 법률상 이익을 가지는지 여부를 판단함에 있어서는 해당 처분 또는 재결의 근거가 되는 법령의 문구와 더불어 ① 해당 법령의 취지와 목적 및 해당 처분에 있어서 고려되어야 하는 이익의 내용과 성질을 고려해야 하고, ② 법령의 취지와 목적을 고려함에 있어서는 해당 법령과 목적을 공통으로 하는 관계법령의 취지와 목적을 참조하고, ③ 이익의 내용과 성질을 고려함에 있어서는 해당 처분 또는 재결이 그 근거가 되는 법령에 위반되는 경우 침해될 수 있는 이익의 내용, 성질 및 상태와 정도를 종합적으로 고려해야 한다[高橋·行政訴訟の原告適格].

3) 소의 이익(訴えの利益)

소의 이익, 보다 정확히는 협의의 소익은 문제가 되는 행정처분을 취소할 현실적인 필요성을 의미한다. 행정청의 행위가 처분성을 가지고 있고 원고적격이 인정되더라도 해당 처분을 현실적으로 취소해야 할 필요가 없으면 소는 각하된다. 소의 이익은 기간의 경과 등 행정처분 후의 사정변경에 의해 소멸될 수 있다.

행정사건소송법(1962년)이 제정되기 전에 최고재판소는 지방의회의원의 제명처분에 대한 취소소송에 있어서 이미 의원임기가 만료되었다는 이유로 의원직의 회복을 요구할 소의 이익이 상실되었다고 판단한 적이 있다(최고재판소 1960년3월9일 대법정 판결). 이 사건에서 최고재판소의 의견은 다수의견 8인, 소수의견 7인으로 크게 갈렸다. 그 후 제정된 행정사건소송법에서는 취소소송의 원고적격에 대해 규정한 조항에 "처분 또는 재결의 효과가 기간의 경과, 그 밖의 이유에 의해 없어진 후에도 처분 또는 재결의 취소에 의해 회복되어야 할 법률상 이익을 가진 자를 포함한다"(제9조, 괄호안 내용)는 규정을 추가하여 사정변경 후의 소송제기에 관하여 보다 명확히 규정하였다. 즉 사정변경에 의해 처분 등의 효과가 없어졌더라도 그러한 취소에 의해 회복되어야 할 이익이 있는 경우에는 소의 이익이 인정된다.

일본의 판례가 처분 후의 사정변경으로 인하여 소의 이익이 소멸되었다고 판단한 경우로는, 해당 처분의 근거가 되는 법령의 개정 또는 폐지, 해당 처분의 취소 또는 철회, 그 밖에 대체적 조치의 강구, 기간의 경과, 건축공사의 완료 등을 들 수 있다[宇賀·行政法概説 II p.201-204].

재판소가 소의 이익이 소멸되었다는 이유로 소송을 각하할 경우 법의 실체적 쟁점에 대한 판단, 즉 본안판단本案判断을 할 필요가 없게 된다. 다만 일본의 최고재판소는 헌법문제와 관련하여 소를 각하함과 동시에 판결이유의 말미에 '다만 만일의 경우なお念のために'에 이은 부분에서 방론傍論의 형식으로 해당 사건의 헌법적 쟁점에 대해서도 판단을 내리는 경우가 있다.

4) 피고적격

취소소송의 피고적격에 대해 현행 행정사건소송법은 처분 또는 재결을 내린 행정청이 소속되어 있는 국가 또는 공공단체를 피고로 한다고 규정한다. 2004년 개정 전에는 처분을 내린 행정청, 즉 처분청處分廳을 피고로 했는데 이를 개정한 것이다. 예컨대 세무서장이 내린 과세처분의 최소소송을 제기할 경우 개정 전은 해당 세무서장을 피고로 해야 했으나 개정 후에는 국가를 피고로 하게 된다. 행정청주의에서 행정주체주의로의 변경이다. 그 밖에 처분이나 재결을 내린 행정청이 국가 또는 공공단체에 소속되어 있지 않은 경우에는 해당 행정청이 피고가 되고, 위 조항에 의해 피고로 되어야 하는 국가 또는 공공단체 또는 행정청이 없는 경우에는 해당 처분, 재결에 관련한 사무가 귀속되는 국가 또는 공공단체가 피고로 된다(제11조).

5) 기타 항고소송

일본의 행정사건소송법은 취소소송 외 기타 항고소송의 요건 및 심리에 대하여 일부 개별적인 규정과 더불어 취소소송 관련 규정을 준용하고 있다. 여기에는 처분 또는 재결의 존부 또는 그 효력의 유무에 대하여 확인을 구하는 소송인 무효등확인소송無效等確認訴訟, 처분 또는 재결에 관해 신청을 한 자에 한해 제기할 수 있는 부작위위법확인소송不作爲違法確認訴訟, 행정청이 일정한 처분 또는 재결을 내려서는 안 됨에도 불구하고 그것이 내려질 경우 행정청이 그러한 처분 또는 재결을 내리지 않도록 하는 명령을 요구하는 소송인 금지소송差止訴訟 및 의무이행소송義務付け訴訟 등이 있다. 의무이행소송은, 행정청이 일정한 처분을 내려야 함에도 불구하고 그것이 내려지지 않은 경우 또는 행정청에 대해 일정한 처분 또는 재결을 요구하는 법령에 기초하여 신청 또는 심사청구를 한 경우 해당 행정청이 처분 또는 재결을 내려야 함에도 불구하고 그것을 하지 않은 경우에 제기할 수 있는 소송이다(제3조 제2항~제6항).

2. 민중소송의 요건

일본의 행정사건소송법은 행정활동의 적법성을 보장하고 법에 의한 행정을 실현하기 위해 개인의 권리, 이익의 보장과 직접적인 관계가 없더라도 예외적으로 소송을 제기할 수 있도록 규정하고 있다. 그것이 소위 객관소송이며 이에는 민중소송과 기관소송이 포함된다. 그 중에서도 일본에서 실제로 상대적으로 많이 제기되고 헌법문제가 쟁점으로 다투어지는 소송형태는 민중소송이다.

민중소송은 국가 또는 공공단체의 기관의 행위가 법규에 적합하지 않는 것을 이유로 그 시정을 요구하는 소송으로서 선거인 또는 그 밖의 자신의 법률상 이익과는 관계없는 자격으로 제기하는 소송이다(제5조). 현재 일본에서서는 민중소송의 대표적인 예로, 공직선거법이 정하는 선거의 효력 등에 관련 선거관계소송選擧關係訴訟 및 지방자치법이 정한 주민소송住民訴訟 등이 있다.

소송요건에 관하여서는 이러한 소송은 주관소송이 아니기 때문에 취소소송을 전형으로 하는 주관소송의 절차를 따르기에는 부적절한 측면이 있다. 그 대표적인 것이 취소소송의 원고적격 규정(제9조), 자신의 법률상 이익에 관계되지 않는 위법 주장의 제한(제10조 제1항) 등이다.

1) 선거관련소송

일본의 선거관련소송에 따르면 선거관련소송은 크게 선거의 효력에 관한 소송(선거소송), 당선의 효력에 관한 소송(당선소송) 및 선거인명부選擧人名簿에 관한 소송으로 구분된다.

선거소송 중, 중의원 의원 및 참의원 의원 선거에 관하여 이의가 있는 선거인 또는 공직의 후보자(원고적격)는 비례대표선출의원의 선거의 경우에는 중앙선거관리위원회를, 그 외의 경우에는 도도부현 선거관리위원회를 피고로 하여 소송을 제기할 수 있다(피고적격). 사건의 관할은 고등재판소이다. 지방공공단체 의회의 의원 및 수장의 선거에 관해서는 도도부현 선거관리위원회를 피고로 하지만 그 전에 해당 선거사무를 관리하는 선거관리위원회에 대한 이의신청 또는 도도부현 선거관리위원회의에 대한 심사청구를 먼저 거쳐야 한다(심사청구전치주의).

당선소송에서의 원고적격은 국정선거와 지방선거 간에 차이가 있다. 국정선거의 경우 원고는 해당 선거에서 당선되지 못한 자에 한한다. 다만 중의원 소선거구선출의원 선거에서는 후보자신고정당候補者届出政党, 중의원 비례대표선출의원 선거에서는 중의원명부신고정당등衆議院名簿届出政党等이, 참의원 비례대표선출의원 선거에서는 참의원명부신고정당등衆議院名簿届出政党等이 소를 제기할 수 있다. 지방선거의 경우 원고는 선거소송과 마찬가지로 선거인 또는 후보자가 될 수 있다.

그 외 선거인명부選擧人名簿의 등록에 관해서 불복이 있는 선거인은 해당 시정촌의 선거관리위원회에 이의신청을 할 수 있고 이에 대한 선거관리원회의 결정에 대해 불복하는 이의신청인 또는 관계자는 해당 시정촌 선거관리원회를 피고로 지방재판소에 소를 제기할 수 있다.

2) 주민소송

일본의 주민소송은 미국의 판례에서 개발된 소위 납세자소송納稅者訴訟을 모델로 하여 지방자치법의 개정(1948년 개정 시 '납세자소송', 1963년 개정 시 '주민소송')과 함께 도입한 제도이다.

이 법의 관련 규정에 따르면 ① 보통지방공공단체普通地方公共團體의 주민은 누구든지 주민감사청구를 거쳐 주민소송을 제기할 수 있다. 반드시 납세자 또는 유권자일 필요는 없다. 외국인 및 법인도 주민소송의 원고자격을 보유한다.

② 이른바 주민감사청구전치주의住民監査請求前置主義에 따라 주민소송을

제기하려면 감사청구를 먼저 거쳐야 한다(지방자치법 제242조). 감사청구는 주민이 감사위원에 대하여, 해당 보통지방공공단체의 장, 위원회 또는 이에 해당하는 보통지방공공단체 직원의 불법 또는 부당한 재무회계상의 행위 및 재무에 관하여 태만한 사실을 대상으로 하여 제기한다.

③ 주민감사청구를 제기한 주민은 감사위원의 감사결과나 권고 및 이에 관한 보통지방공공단체의 의회와 장, 기타 집행기관執行機關 등의 조치에 대하여 또는 기간 내에 권고가 이루어지지 않았거나 감사결과의 권고에 따라 조치가 이루어지지 않은 등의 경우에 재판소에 해당 주민감사청구의 대상인 위법한 행위나 태만한 사실에 대하여 주민소송을 제기할 수 있다.

3. 국가배상소송의 요건

1) 일본의 국가배상제도

국가배상제도는 국가의 위법한 활동에 의해 사인이 손해를 입는 경우, 그것에 대하여 금전적인 구제를 하는 제도이다. 메이지헌법은 국가배상제도에 대해 특별한 규정을 두지 않았다. 또한 당시 판례와 학설은 국가무책임의 원칙 또는 주권면제의 원칙을 이유로 국가의 권력적 행정행위에 대한 손해배상을 부정하였다.

일본국헌법은 "누구든지 공무원의 불법행위로 의하여 손해를 입었을 때에는 법률에 정하는 바에 따라 국가 또는 공공단체에 그 배상을 요구할 수 있다"(제17조)고 규정함으로써 국가의 불법행위에 대한 국민의 손해배상청구권을 인정하였다. 이를 반영하여 국가배상법(1947년)이 제정되었다.

국가배상법은 제1조에서 공권력의 행사로 인한 손해배상에 대하여 다음과 같이 규정하였다. "① 국가 또는 공공단체의 공권력을 행사하는 공무원이 그 직무를 행사함에 있어서 고의 또는 과실에 의해 위법하게 타인에게 손해를 입힌 경우에, 국가 또는 공공단체가 이를 배상할 책임을 진다. ② 전항에 있어서 공무원에게 고의 또는 중대한 과실이 있는 경우에는 국가 또는 공공단체는 그 공무원에 대해 구상권求償權을 갖는다."

여기서 공무원의 불법행위로 인하여 국가나 공공단체가 지는 배상책임의 법적 구성에 관하여서는 이른바 대위책임설代位責任說 및 자기책임설自己責任說이 대립한다. 일본의 통설과 판례는 대위책임설, 즉 국가 또는 공공단체는 공무원의 불법행위에 대해 대신하여 책임을 지지만, 이때 공무원에게 고의나 중대한 과실이 있을 경우에는 해당 공무원에 대해 국가 또는 공공단체가 구상권을 행사한다는 견해를 취하고 있다. 이에 반하여 자기책임설은 공무원이란 결국 국가 또는 공공단체의 기관으로서 행동하는 것이기 때문에 관련 손해에 대한 배상책임도 1차적으로 국가 또는 공공단체가 진다는 주장인데, 일본에서는 소수설에 머무르는 상태이다. 한편 피해자에 대한 공무원의 직접적인 책임에 관하여서는 일본의 최고재판소는 일관적으로 이를 부정하고 있다.

국가배상소송은 일본에서는 민사소송의 절차에 따라 진행된다. 위법한 행정처분에 의한 손해배상의 경우, 국가배상소송을 제기하기 위해서 반드시 먼저 해당 행정처분에 대한 취소소송 또는 무효확인소송을 거쳐야만 하는 것은 아니다. 즉 당사자는 위법한 행정처분에 대해 취소소송 등 항고소송을 통해 그 위법성을 다툴 수도 있고, 그렇지 않고 직접 국가배상소송을 제기할 수도 있다[神橋·行政救済法 p.405].

2) 국가배상책임의 성립요건

일본에서 국가배상소송은 민사소송법에 따르고 그 소송요건도 일반 민사소송의 요건과 크게 다를 바 없으므로 여기에서는 더 이상 논하지 않는다. 이하에서는 일본의 국가배상법 제1조에서 규정한 국가 또는 공공

단체의 배상책임이 인정되기 위한 일부 요건에 대해 간단히 살펴보도록 한다(제2조에서 규정한 공공 영조물公の營造物의 설치나 관리 하자로 인한 배상책임은 생략).

① 공권력의 행사

행정권과 관련하여 공권력의 행사를 권력적 행정작용으로 좁게 해석하는 견해도 있지만 통설은 권력적 행정작용뿐만 아니라 비권력적 행정활동도 공권력의 행사에 포함된다고 해석하고 있다. 즉 국가 또는 공공단체의 행위 중 순수하게 사적인 경제활동 및 국가배상법 제2조의 대상이 되는 영조물의 설치, 관리작용을 제외한 모든 활동이 이에 포함된다.

여기서 말하는 공권력의 행사에는 행정권의 행사뿐만 아니라 입법권과 사법권의 행사 역시 포함된다. 또한 공권력의 행사에 부작위不作爲도 포함됨은 물론이다. 2005년에 일본최고재판소는 국회의 입법부작위로 인한 국가의 손해배상책임을 예외적으로 인정하기도 하였다.

> "국가배상법 제1조 제1항은 국가 또는 공공단체의 공권력을 행사하는 공무원이 개별 국민에 대하여 부담하는 직무상의 법적의무를 위배하여 해당 국민에게 손해를 가하는 경우, 국가 또는 공공단체는 이를 배상할 책임을 진다고 규정하였다. 따라서 국회의원의 입법행위 또는 입법부작위가 이 조항의 적용상 위법으로 되는지 여부는 국회의원의 입법과정에서의 행동이 개별 국민에 대하여 부담하는 직무상의 법적의무에 위배하는지 여부의 문제이고, 해당 입법의 내용 또는 입법부작위의 위헌성의 문제와는 구별되어야 하며, 가령 해당 입법의 내용 또는 입법부작위가 헌법의 규정에 위반하는 것이라고 할지라도 그로 인해 국회의원의 입법행위 또는 입법부작위가 바로 위법의 평가를 받는 것은 아니다. 그러나 입법의 내용 또는 입법부작위가 국민에게 헌법상 보장되고 있는 권리를 위법으로 침해하는 것이라는 점이 명백한 경우나, 국민에게

헌법상 보장되고 있는 권리행사의 기회를 보장하기 위해 요구되는 입법조치를 취해야 하는 것이 필요불가결하고 명백함에도 불구하고 국회가 정당한 이유 없이 장기간에 걸쳐 이를 태만한 경우에는, 예외적으로 국회의원의 입법행위 또는 입법부작위가 국가배상법 1조 1항 규정의 적용상 위법의 평가를 받는 것으로 해석해야 한다"(최고재판소 2005년9월14일 대법정 판결).

② 위법성과 고의 또는 과실

국가배상법은 국가배상책임의 성립요건으로 '위법하게 타인에게 손해를 입힌 경우'라는 객관적 요건과 '고의 또는 과실'이라는 주관적 요건을 요구하고 있다. 이는 민법상 불법행위책임의 요건인 위법성과 고의·과실에 대응한다.

국가배상책임의 요건인 위법성의 개념에 관련해서는 여러 가지 학설이 있다. 우선 행정활동 등 국가행위가 객관적인 법규범에 위반되는 경우에 국가배상법상 위법성이 인정된다는 이론이 있다(행위불법설). 행위불법설에는 이른바 공권력발동요건결여설公權力發動要件欠如說이나 직무행위기준설職務基準說 등 유형이 포함된다고 한다. 일본 최고재판소는 일부 판례에서 '공무원이 개별 국민에 대해 부담하고 있는 직무상 법적 의무를 위배'한 경우 위법성이 인정된다고 판단한 바 있다(직무행위기준설). 반면, 결과불법설은 국가행위의 법규위반성과 더불어 그로 인한 법익침해의 결과 역시 함께 고려하여 위법성을 판단해야 한다는 입장이다.

공무원의 고의·과실 요건에 관하여 문제가 되는 것은 과실의 인정이다. 과실의 관해서는 개별적인 공무원의 주관적인 과실을 기준으로 하는 것이 아니라 평균적 공무원을 기준으로 하여 과실유무를 객관적으로 판단해야 한다. 즉 '공무원에게 직무상 요구되는 표준적 주의의무公務員が職務上要求される標準的な注意義務'를 다했는지 여부가 판단기준으로 된다[北村·国家賠償].

제3절 헌법소송에 특유한 절차상 문제

1. 위헌의 쟁점을 제기하는 적격

위에서 보다시피, 일본의 이른바 부수적 위헌심사제도에서 헌법상의 쟁점은 구체적인 형사, 민사 및 행정소송이 진행되는 와중에 제기되고 헌법소송만을 위한 전문적인 소송법은 존재하지 않는다. 다만 그러한 소송에서 헌법문제가 쟁점이 되거나 재판소가 위헌판단을 하는 경우에 있어서 일부 특별한 절차 문제가 제기될 수 있다.

우선, 실정법의 소송요건을 갖추어 소송이 적법하게 제기된 경우라고 할지라도 당사자의 모든 위헌 주장이 심리의 대상이 되는 것이 아니라 일정한 제약이 존재한다. 일본에서는 이를 헌법소송에 특유한 당사자 적격 또는 위헌의 쟁점을 제기하기 위한 적격이라고 부른다. 즉 '사건에 관하여 당사자 적격이 있는 자가, 공격 또는 방어의 방법으로서 위헌의 쟁점을 제기할 수 있는 적격'이다. 간단히 말하면 소송이 적법한 절차에 따라 제기된 이후, 당사자가 어떤 경우에 그 사건의 해결을 위해 헌법상의 쟁점을 제기하여 법정에서 다툴 수 있는가의 문제다.

헌법상의 쟁점이 소송에서 제기되고 법령 등의 합헌성이 다투어지기 위해서는 크게 두 가지 요건이 필요하다. 소송의 제기와 헌법판단의 필요가 그것이다. 여기서 소송의 제기는 구체적인 소송법이 정하고 있는 원고적격, 소의 이익, 피고적격 등 일반 요건에 따라 이루어진다. 헌법판단의 필요는 소송이 제기된 이후, 헌법상의 쟁점에 대한 판단이 해당 사건의 해결에 필요한지 여부의 문제이다.

일반적으로 소송의 당사자는 자신에게 적용되는 법령이나 처분으로 인하여 자신의 권리, 이익이 침해되었다는 근거로서 해당 법령이나 처분의 위헌성을 주장한다. 이 경우 소송 당사자가 위헌의 쟁점을 제기하는 것은 문제가 되지 않는다. 문제가 되는 것은 자신의 이익과는 직접적인 관계가 없는 타인의 헌법상 권리에 대한 침해를 이유로 위헌 주장을 하는 것이 허용되는지 여부이다. 즉 제3자의 헌법상 권리가 침해되었다는 이유로 해당 법령이나 처분의 위헌, 무효를 주장할 수 있는지가 문제되는 것이다. 구체적으로는 제3자의 헌법상의 권리 내지 이익이 침해된 경우와 제3자의 권리 내지 이익이 침해될 가능성이 있는 경우로 나눌 수 있다.

1) 제3자의 권리의 침해: 제3자 소유물 몰수 사건

당사자가 자신에게 적용되는 법령에 대해, 그러한 법적용은 제3자의 헌법상 권리를 침해하기 때문에 위법이라고 주장하는 경우가 있다. 일본에서는 관세법 위반으로 형사처벌을 받은 피고인이, 몰수당한 재산의 소유자, 즉 제3자에게 재산권 방어의 기회를 주지 않는 것은 헌법 제29조의 재산권 보호 규정을 위반하는 것이라는 이유로 상고한 사건이 있었다. 이에 대해 최고재판소는 다음과 같이 판단하였다.

> "관세법 제118조 제1항은 위 규정의 범죄에 관계되는 선박, 화물 등이 피고인 이외의 제3자 소유에 속하는 경우에도 이를 몰수한다는 취지로 규정하면서, 그 소유자인 제3자에게 고지, 변해, 방어의 기회를 주어야 한다고 규정하지 않았고, 또한 형소법 및 기타 법령에서도 어떠한 절차에 관한 규정을 두지 않았다. 따라서 위의 관세법 제118조 제1항에 근거하여 제3자의 소유물을 몰수하는 것은 헌법 제31조, 제29조에 반한다고 하지 않을 수 없다. …… 이러한 몰수의 선고를 받은 피고인은 비록 제3자의 소유물에 대한 경우에 해당하더라도, 그것이 피고인에 대한 부가형인 이상 몰수 재판의 위헌을 이유로 상고를 할 수 있는 것은 당연하다"(최고재판소 1962년11월28일 대법정 판결).

즉 피고인은 자신이 아닌 제3자가 헌법상 보장받고 있는 재산권이 침해되었다는 이유로 관련 조항의 위헌성을 다툴 수 있다는 것이다. 일본의 학설은 부수적 위헌심사제도 하에서 당사자는 원칙적으로 자신의 헌법적 권리가 침해되었다는 이유로만 관련 법령 등의 위헌성을 다툴 수 있지만, 권리의 성질, 당사자와 제3자의 관계 등의 사정을 고려하여 예외적으로 제3자 권리의 침해를 이유로 재판소에서 위헌의 문제를 제기할 수 있다고 하고 있다. 이 경우 고려되는 요소에는 ① 소송에서 당사자의 이익의 정도, ② 원용援用되는 제3자의 권리의 성격, ③ 당사자와 제3자와의 관계, ④ 제3자가 독립적인 소송에서 자신의 권리침해에 대해 구제를 받을 수 있는지 여부 등이 포함된다[大石·違憲の争点を提起する適格].

2) 제3자의 권리의 침해 가능성: 문면심사(文面審査)와 관련하여

또한 당사자는 자신에게 적용되는 법령에 대해, 그러한 법적용이 불특정 다수의 헌법상의 권리를 침해할 가능성이 있기 때문에 또는 위헌적으로 적용될 가능성이 있기 때문에 불법이라고 주장할 수도 있다. 즉 어떠한 법령의 적용이 자신에게는 위법이 아니더라도, 제3자 특히 불특정한 타인에게 적용되는 경우에는 위헌일 가능성이 있다는 것이다. 예컨대 표현의 자유를 제한하는 법령에 대해, 비록 이러한 법령의 적용이 자신의 헌법상 권리를 직접적으로 침해하지는 않았지만 그 규정이 '과도한 광범성過度の廣範性' 또는 '막연성漠然性'을 지니고 있어 타인의 표현의 자유를 침해할 가능성이 있다는 이유로 해당 법령의 위헌성을 주장하는 것 등이다.

일본의 최고재판소가 이를 정면으로 인정한 판례는 아직 없지만 학설은 미국의 이른바 문면심사文面審査 법리와 연관시켜 논의하고 있다. 여기서 문면심사 또는 문면상 판단文面上判斷이라 함은 어떠한 법령에 대해, 해당 사건에 '적용되는 한에서' 심사하는 것이 아니라 문면 그 자체에 대해

심사하여 해당 법령의 위헌성을 판단하는 방법을 말한다. 구체적으로는 해당 법령의 적용대상인 당사자가 그 조항이 기타 불특정한 제3자에게 위헌적으로 적용될 가능성이 있다는 이유로 그 위헌성을 주장하는 것을 허용하는 것이다. 이는 주로 표현의 자유를 규제하는 법령이 과도하게 광범위하거나 또는 막연하고, 불명확하게 규정하고 있는 경우에 이러한 규제가 초래하는 표현의 자유에 대한 위축효과畏縮效果를 제거하기 위하여 주장되는 법리이다[高橋·憲法訴訟 p.161-164].

2. 헌법소송에 관한 특별 절차 규정

1) 비약상고(飛躍上告), 특별상고, 특별항고

일본의 형사소송 법률은 일반적인 상고 이외에, 헌법소송과 관련하여 비약상고(飛躍上告, 跳躍上告라고도 함)제도를 마련해 두었다. 즉, 형사소송의 경우 제1심 판결에서 법률 등에 대하여 위헌판단이 내려졌을 경우, 그것이 부당하다는 이유로 항소심을 생략하고 직접 최고재판소에 상고할 수 있다. 이 경우 최고재판소는 그 사건을 우선적으로 심판한다(형사소송규칙 제254조, 제256조).

실제로 개정 전 형법의 존속살인 규정이 헌법 제14조에 위반된다는 제1심판결에 대해 검찰이 비약상고제도에 따라 최고재판소에 상고하였고, 최고재판소 대법정에서는 이에 대하여 합헌판결을 내린 경우가 있었다. 그 밖에도 미일안보조약이 헌법 제9조에 위반하는지 여부를 다툰 이른바 스나가와사건砂川事件에서 제1심재판소는 위헌판단을 내렸지만 검찰이 비약상고를 하였고 최고재판소는 해당 사건을 파기하여 환송한 유명한 사례가 있다. 상고심 결정이 내려지기 전에 당시 최고재판소 재판장인 다나카 고타로田中耕太郎장관이 주일미국대사관 측과 이 건에 관해 비밀리에 회담한 사실이 훗날 밝혀졌다.

민사소송법에서는 고등재판소가 상고심으로서 내린 종심판결에 대해 그 판결에 헌법해석의 잘못이 있거나 기타 헌법위반이 있음을 이유로 하여 최고재판소에 다시 한 번 상고할 수 있는 특별상고제도를 마련하고 있다(민사소송법 제327조).

그 외에, 일본의 형사소송법과 민사소송법은 하급심의 재판소가 내린 결정, 명령에 대해 헌법해석의 잘못이 있거나 기타 헌법 위반이 있는 경우 최고재판소에 특별히 항고할 수 있도록 하고 있다(형사소송법 433조 제1항, 민사소송법 제336조 제1항).

2) 최고재판소에서의 관련 절차

일본에서는 최고재판소가 헌법문제가 쟁점이 되는 사건의 처리에 관하여 일부 특별한 절차를 두고 있다.

우선, 최고재판소는 대법정과 소법정으로 구성되는바 사건은 소법정에서 심리하는 것이 원칙이지만, 다음의 경우에는 대법정에서 심리한다. ① 당사자의 주장에 근거하여 법률, 명령, 규칙 또는 처분이 헌법에 적합한지 여부를 판단할 경우, ② 위의 경우를 제외하고, 법률, 명령, 규칙 또는 처분이 헌법에 적합하지 않는다고 판단할 경우, ③ 헌법, 기타 법령의 해석적용에 있어서 종전의 최고재판소의 재판에 반하는 경우(이상은 반드시 대법정에서 심리), 그 외 ④ 소법정 재판관의 의견이 둘로 나뉘어 각각 동수인 경우, ⑤ 기타 대법정에서 재판함이 상당하다고 인정되는 경우(재판소법 제10조, 최고재판소재판사무처리규칙 제9조).

다음으로 최고재판소가 법률 등의 위헌결정을 내릴 경우에는 반드시 재판관의 의견이 8명 이상 일치해야 한다. 마지막으로, 위헌판결을 내린 경우에는 그 요지를 관보에 공고하고 재판서裁判書 정본을 내각에 제출하며 법률의 위헌판결을 내린 경우에는 국회에도 송부한다(최고재판소재판사무처리규칙 제12조, 제14조).

제6장 일본에서 헌법판단의 방법과 기준

제1절 헌법판단의 방법

1. 헌법판단회피의 일반원리

소송이 적법하게 제기되고 헌법문제가 쟁점으로 떠오르면 재판소는 관련 헌법문제에 대하여 해석, 판단해야 하는지 여부를 결정하고 헌법판단이 필요하다고 인정되는 경우 구체적인 헌법해석을 통해 관련 법률의 위헌성 여부를 판단해야 한다. 이 과정은 모두 넓은 의미의 헌법판단의 방법에 속한다. 그중 상대적으로 절차의 문제에 해당하는 전자를 '헌법판단의 방법'에서 다루고 헌법에 관한 실질적인 해석과 판단의 문제는 아래 '위헌심사의 기준'에서 다루도록 한다.

일본의 부수적 위헌심사제 하에서 헌법문제가 구체적인 사건, 쟁송의 해결을 위해 제기되었다고 하더라도 재판소가 그 쟁점에 대해 반드시 헌법판단을 내려야 하는 것은 아니다. 또한 헌법판단을 내려야 할 때에도

가능한 한 법률에 대한 위헌판단을 피하여, 즉 관련 조항을 합헌적으로 해석하여 사건을 해결하도록 요구되고 있다. 이것이 헌법판단의 회피憲法判断の回避라고 하는, 부수적 위헌심사제 하의 헌법판단에서 일반적으로 요구되는 원리이다. 그중 전자는 헌법판단 자체의 회피憲法判断自体の回避라고 하고 후자는 위헌판단의 회피違憲判断の回避 내지 합헌한정해석合憲限定解釋이라고 한다.

헌법판단의 회피憲法判断の回避란 간단히 말하면, 재판소는 원칙적으로 사건 해결에 필요한 경우에만 헌법판단을 하고 헌법판단을 내릴 시에도 위헌결정을 피하여 해석할 수 있을 경우 그러한 해석을 취해야 한다는 것이다. 헌법판단회피의 주된 근거는 민주주의체제 하에서 유권자에게 직접 정치적 책임을 지지 않는 사법권은 가능한 겸억적謙抑的, 자기억제적이어야 하고 사법권의 주된 임무는 어디까지나 구체적인 사건의 해결이기 때문에 사건해결을 위하여 필요할 때에 한하여 위헌심사권을 행사해야 한다는 점이다.

이러한 필요성원칙에 따라 일본의 판례에서는 헌법판단회피의 몇몇 규칙이 인정되고 있다. 이 점에 관해서도 미국에서의 논의가 일본의 학설과 판례에 큰 영향을 주었다. 미국 대법원이 1936년에 내린 Ashwander *v.* Tennessee Valley Authority 판결에서 Brandeis 판사는 사법의 자기억제와 헌법판단의 회피를 위한 7개의 준칙을 제시하였는데 그중 제4준칙과 제7준칙이 각각 헌법판단 자체의 회피와 위헌판단의 회피에 상응하는 것이다. 이를 Ashwander준칙이라고 부른다.

> 제4준칙: 재판소는 헌법문제가 기록에 의해 적절하게 제출되어도, 만약 사건을 처리할 수 있는 다른 근거가 있는 경우에는 그 헌법문제에 대해 판단을 내리지 않는다(The court will not pass upon a constitutional question although properly presented by the record, if there is also present some

other ground upon which the case may be disposed of).

제7준칙: 의회가 제정한 법률의 효력이 문제가 된 경우, 합헌성에 대해 심각한 의혹이 제기되더라도 재판소는 그 문제를 회피한 채 법률의 해석이 가능한지 여부를 먼저 확인하는 것이 기본 원칙이다(When the validity of an act of the Congress is drawn in question, and even if a serious doubt of constitutionality is raised, it is a cardinal principle that this Court will first ascertain whether a construction of the statute is fairly possible by which the question may be avoided).

즉 재판소는 헌법문제에 대해 판단하지 않고 사건을 해결할 수 있다면 헌법문제를 굳이 다룰 필요가 없고, 헌법위반의 가능성이 있는 법률 등에 대해서도 그와 관련하여 위헌과 합헌 등 복수의 해석이 가능하다면 합헌해석을 취함으로써 법률의 위헌결정에 이를 필요가 없다는 것이다. 이러한 헌법문제에 관한 판단의 회피 및 합헌한정해석이 불가능할 경우 재판소는 비로소 법률 등의 위헌결정을 내릴지 여부에 대하여 판단한다. 위헌판단의 방법에는 적용위헌과 법령위헌이 포함된다[兼子·裁判法 p.105-106].

따라서 이론상 헌법판단의 방법은 크게 헌법판단의 회피와 위헌결정의 방법으로 나눌 수 있다. 그리고 헌법판단의 회피는 다시 헌법판단 자체의 회피와 위헌결정의 회피 내지 합헌한정해석으로, 위헌판단의 방법은 적용위헌과 법령위한으로 구분된다.

이하에서는 몇몇 판례를 중심으로 이러한 헌법판단의 방법이 일본에서 어떻게 적용되고 있는지를 살펴보도록 한다.

2. 헌법판단 자체의 회피와 한정합헌해석

1) 헌법판단 자체의 회피

이는 재판소가 헌법적 쟁점에 대하여 다루지 않고도 사건의 법적 해결이 가능한 경우, 해당 법률 등의 위헌 여부 등 쟁점에 대한 판단을 생략하는 기법이다. 이와 관련한 유명한 사례는 1967년의 에니와사건惠庭事件이 있다.

당시 자위대의 전화통신선을 절단하여 자위대법 위반으로 기소된 피고인은 자위대법이 헌법 제9조에 위반한다는 근거로 무죄를 주장하였다. 당시 삿포로지방재판소는 다른 법리를 원용하여 피고에게 무죄를 선고하는 동시에, 자위대법의 위헌성 여부에 대해서는 굳이 판단할 필요가 없다고 하였다.

> "재판소가 어떠한 입법 및 기타 국가행위에 대하여 위헌심사권을 행사할 수 있는 것은 구체적인 법률상의 쟁송의 재판에 있어서 뿐이고, 구체적인 쟁송의 재판에 필요한 만큼에만 한정된다는 점은 말할 필요도 없다. 이 점을 본 형사사건에 입각하여 말하자면, 해당 사건의 재판의 주문과 판단에 직접적이고 절대적으로 필요한 경우에만 입법 및 그 밖의 다른 국가행위의 헌법적합성에 대하여 심사, 결정을 해야 하는 것을 의미한다. 따라서 이미 설시한 바와 같이 피고인 2명의 행위에 대해서는 자위대법 제121조의 구성요건에 해당하지 않는다는 결론에 이른 이상, 더 이상 변호인 등이 지적한 헌법문제에 관하여 어떠한 판단을 내릴 필요가 없을 뿐만 아니라 이를 행하지 말아야 할 것이다" (삿포로지방재판소 1967년3월29일 판결).

그 외에도 실제로 권리구제가 이루어졌고 사건이 해결이 되었다는 이유로 헌법판단을 내리지 않은 판례가 일부 존재한다. 교과서검정제도가 검열檢閱을 금지한 헌법의 규정에 위반되는지 여부가 다투어졌던 이른바 교과서검정위헌소송에서 동경고등재판소는 "[당사자가] 소구訴求하는 현실적인 권리구제가 이루어진 이상, 더 이상 교과서검정제도의 헌법위반 여부에 대해서는 심리, 판단할 필요는 없다. …… 법률, 명령 등에 따른 판단에 의하여 쟁송은 소구자訴求者인 피항소인이 기대한 대로 해결되기 때문에 더 이상 헌법상 쟁점에 관한 심사를 할 필요가 없는 것이다"(동경고등재판소 1975년12월20일 판결)라고 판시하였다.

최고재판소를 포함한 일본의 사법부는 흔히 사건의 해결에 필요한 범위 이상으로는 헌법판단을 내리지 않는 경향을 보이고 있다고 알려져 있다. 이러한 재판소의 태도에 대해 학설은 대체적으로 인정하면서도 헌법판단의 회피에는 일정한 한계가 있다고 주장한다. 즉 재판소는 국민의 권리구제 필요성 및 기타 유사한 사건의 처리를 위해서는 경우에 따라—해당 사건의 해결과 별도로—헌법판단을 내릴 필요가 있다는 것이다.

2) 합헌한정해석

이는 헌법의 해석이 사건해결을 위하여 불가피한 경우, 재판소가 위헌의 여지가 있는 법령에 대하여 합헌적으로 해석하여 해당 법률에 대한 위헌판단을 회피하는—해당 법률의 위헌적 해석에 근거한 국가행위를 부정함으로써 당사자의 권리를 구제함과 동시에—방법이다. 즉 문제가 되는 법률에 대하여 합헌적 해석과 위헌적 해석이 모두 가능한 경우, 당사자의 권리를 침해할 우려가 있는 국가행위(예컨대 검찰의 기소 등)에 대해서는 위헌적인 해석에 근거한 것으로 보아 그 위법성을 인정하는 한편으로 해당 법률 자체의 위헌성은 부정하는 것이다.

일본에서 이러한 합헌해석을 통해 법률의 위헌성을 회피함과 동시에 당사자의 권리구제를 실현시킨 전형적인 사례로서 도쿄도교조사건東京都教

組事件과 같이 공무원의 정치적 행위에 대한 처벌을 둘러싼 일련의 판결을 들 수 있다. 동경도교직원조합이 실시한 집단휴가투쟁에서 지령을 배포하고 취지를 전달한 피고인은 공무원의 쟁의행위争議行爲를 금지하고 그러한 쟁의행위의 선동煽動을 처벌하는 지방공무원법을 위반하였다는 사유로 기소되었다.

최고재판소는 지방공무원의 쟁의행위를 금지하고 그러한 쟁의행위의 선동행위를 처벌하는 지방공무원법 제37조 및 제61조 제4호의 규정은 이를 문자 그대로 해석하게 되면 공무원의 노동기본권을 보장한 헌법의 취지에 반하고 위헌의 소지를 면할 수 없다고 하면서 다음과 같이 판시하였다.

> "법률의 규정은 가능한 한 헌법의 정신에 입각하여 이와 조화되도록 합리적으로 해석되어야 하고 이 관점에서 보면 이러한 규정의 표현에만 구애되어 즉시 위헌이라고 판단하는 견해를 취할 수는 없다. …… 이러한 규정에 대해서도 본래의 목적을 통찰하고 노동기본권을 존중하고 보장하는 헌법의 취지와 조화되도록 해석하는 경우에는 이러한 규정의 표현에도 불구하고, 금지되는 쟁의행위의 종류와 양태에 관해서도 또한 처벌의 대상으로 되는 선동행위 등의 양태나 범위에 관해서도 그 자체로서 합리적인 한계가 존재한다는 것이 인정되어야 한다. …… [지방공무원법 제61조 제4항은] 쟁의행위 자체에 불법성이 강한 것을 전제로 하고 있고 그러한 불법적인 쟁의행위 등의 선동행위 등일 경우에 비로소 형사처벌을 통해 대응할 만한 위법성이 인정된다는 취지로 해석해야 한다. …… 선동행위 등에도 여러 가지 양태가 있고 그 위법성이 인정되는 경우에도 그 위법성의 정도에는 강도 면에서 여러 차이가 있다. …… 지방공무원법 제61조 제4항의 취지에서 볼 때, 쟁의행위에 통상적으로 수반하여 진행되는 행위는 처벌의 대상이 되지 않는다"(최고재판소 1969년4월2일 대법정 판결).

따라서 위 사안에서 피고인의 행위는 쟁의행위에 통상적으로 수반되는 행위로 해석해야 하고 형사처벌로 대응해야 할 만한 위법성을 가지고 있지 않다고 해석해야 하므로, 피고인은 무죄라는 것이다. 이러한 헌법해석을 통해 재판소는 당사자의 권리구제를 실현하면서도 법률 자체의 위헌적 판단은 내리지 않게 된다.

이러한 방법을 적절하게 이용하게 되면 부수적 위헌심사제하에서 법률의 위헌판단을 내리지 않으면서도 사건을 해결하는 장점이 있다. 한편으로 이에 대한 비판도 일부 제기될 수 있다. 예컨대, 재판소의 법률해석은 때에 따라서는 입법자가 본래 의도한 뜻에서 벗어난 채 이루어지게 되고, 이렇게 되면 재판소가 법률을 새로 고쳐 쓰게 되는 결과를 초래하므로 재판소가 입법자의 역할을 하게 되어 결국 성문으로 된 법률의 의미가 불명확해지는 우려가 존재한다는 것이다.

3. 위헌판단의 방법

위와 같이 재판소는 사건의 해결에 있어서 우선 문제의 법령에 대해 합헌한정해석이 가능한지 여부를 확인하고 적절하게 합헌한정해석이 불가능한 경우 위헌결정을 내리게 된다. 위헌결정은 크게 적용위헌과 법령위헌 두 가지로 나누어 볼 수 있다.

1) 적용위헌

적용위헌이라 함은, 법률의 규정을 위헌이라고 판단하지 않고 해당 사건에 대한 구체적인 적용만을 위헌이라고 판단하는 방법이다. 어떠한 법률의 합헌성이 의심될 때 그 법률이 적용되는 모든 경우에 대하여 전부 위헌인 것은 드문 일이다. 헌법상 보호되는 행동을 제약하는 법률(위헌적용 부분)은 헌법상 보호되지 않는 행동의 제한에도 적용될 수 있는 것(합헌적용 부분)이 보통이다. 문제가 되는 행위가 위헌적용 부분에 포함된다고 판단하는 경우, 재판소는 해당 법률이 그 행위에 적용되는 범위에서 위헌이라고 하는 — 합헌적용의 부분은 그대로 둠으로써, 법률 전체에 대한 위헌판단은 내리지 않으면서 — 적용위헌의 결정을 내릴 수 있다.

적용위헌은 크게 ① 법률의 합헌해석이 불가능하여 법률이 해당 사건에 적용되는 것이 위헌인 경우, ② 합헌한정해석이 가능함에도 불구하고, 해당 법령을 위헌적으로 적용한 경우, ③ 법령 그 자체는 합헌이지만 그 해석을 잘못하여 위헌인 국가행위가 이루어진 경우 등의 유형으로 구분된다.

최고재판소의 판례는 아니지만, 위의 제1유형의 전형으로서 공무원의 정치행위에 대하여 형사처벌을 규정한 국가공무원법 규정이 해당 사건의 피고인에게 적용되는 범위에서는 헌법에 위반한다고 한 아사히카와旭川지방재판소의 판결이 거론된다.

> "[인사원규칙에 열거한 정치행위를 한 국가공무원에 형사처벌을 가하는 국가공무원법 제110조 제1항 제19호]는 동법 제102조 제1항에 규정한 정치적 행위의 제한에 위반한 자라고 하는 문언을 사용하고 있고, 제한해석을 부가할 여지가 전혀 없을 뿐만 아니라, 동법 제102조 제1항에 따른 인사원규칙 14－7은 모든 일반직에 속하는 직원에게 이 규정을 적용한다고 명시하고 있는 이상, 본 재판소는 이 사건 피고인의 행위에 국가공무원법 제110조 제1항 제19호가 적용되는 한도에 있어서는 동호가 헌법 제21조 및 제31조에 위반하는 것으로서, 이를 피고인에게 적용할 수는 없다고 말할 수밖에 없다"[아사히카와(旭川) 지방재판소 1968년3월25일 판결].

최고재판소의 판결로는 공무원 쟁의행위를 금지한 조항의 위헌성에 관한 전농림경직법사건全農林警職法事件에서 다섯 명의 재판관이 제시한 소수의견이 이른바 합헌적 한정해석과 적용위헌의 개념과 양자의 관계를 명확하게 밝힌 적이 있다.

"공무원의 쟁의행위의 금지와 같이 위의 기본적 인권 침해에 해당하는 경우가 오히려 예외이고, 원칙적으로는 그 대부분이 합헌적인 제한, 금지의 범위에 속하는 것인 경우에는 해당 조항 자체를 전면적으로 무효로 하지 않고 가능한 한 해석에 의해 규정내용을 합헌의 범위에 제한하는 방법(합헌적 제한해석) 또는 이것이 곤란한 경우에는 구체적인 경우에 해당 법규의 적용을 헌법에 위반하는 것으로서 거부하는 방법(적용위헌)에 의해 처리하는 것이 타당한 조치라고 해야 하고, …… "(최고재판소 1973년4월25일 대법정 판결).

그 밖에 적용위헌의 사례로서 공무원 처벌에 관한 규정을 합헌적으로 해석하면 원고의 행위가 징계처분의 대상이 되지 않지만, 잘못 해석하여 적용되었기에 헌법위반이라 한 지방재판소의 판례(위의 제2유형) 및 국가의 교과서검정제도는 합헌이지만 문제가 되는 구체적인 검정의 방법과 제도가 위헌이라고 판단한 사례가 있다(위의 제3유형)[芦部·憲法 p.376-378].

2) 법령위헌

부수적 위헌심사제하에서는 헌법판단은 일반적으로 사건해결에 필요한 범위 안에서 이루어지고, 위헌판단이 필요한 경우에도 적용위헌에 의해 법률 자체 효력이 부정되지 않으면서도 국민의 권리를 구제하는 방법이 강구되어야 한다. 이로써 해당 법률의 효력은 그 규정이 합헌적으로 운영되는 한도에서 유지된다.

그러나 재판소는 경우에 따라 문제된 법 규정 자체를 위헌이라고 하는 판단을 내릴 수도 있다. 즉 해당 법령적용의 실태와 관계없이 일반적으로 위헌이라는 결정을 내리는 경우인데, 이를 법령위헌이라고 한다. 일본의 최고재판소가 지금까지 내린 법령위헌의 판결은 10개 정도에 불과하다.

존속살인 가중처벌 규정의 위헌성에 대해 최고재판소는 "형법 제200조는 존속살인의 법정형을 사형 또는 무기징역으로 제한하고 있는 점에서 그 입법목적의 달성을 위한 필요한 한도를 현저히 초과하고, 보통살인에 관한 형법 제199조의 법정형에 비해 현저히 불합리한 차별적인 대우를 하는 것으로 인정되어, 헌법 제14조 제1항에 위반하여 무효"라고 하였고 국회의원 정족수불균형사건의 판결에서는 "본 의원정수 배분규정議院定數配分規定은 본 선거 당시 헌법상 선거권 평등의 요청에 위반하여 위헌이라고 판단되어야 한다"고 하였으며 약국의 거리제한 규정의 대해서는 "[동 규정은] 불량의약품 공급의 방지 등의 목적을 위해 필요하고 합리적인 규제를 정하고 있다고 할 수 없으므로 헌법 제22조 제1항에 위반하여 무효"라고 하면서 법령의 적용과 관계없이 법령 그 자체가 헌법에 반하여 무효라고 명확히 하였다.

도표 6-1 일본의 최고재판소가 내린 법령위헌의 판결

판례	사건명	관련된 기본권과 법률
최고재판소 1973년4월4일 대법정 판결	존속살중벌규정위헌판결(尊屬殺重罰規定違憲判決)	법 앞의 평등, 「형법」
최고재판소 1975년4월30일 대법정 판결	약사법거리제한규정위헌판결(藥事法距離制限規定違憲判決)	경제적 자유, 「약사법(藥事法)」
최고재판소 1976년4월14일 대법정 판결	의원정수배분규정위헌판결(議員定數配分規定違憲判決1)	참정권과 법 앞의 평등, 「공직선거법」
최고재판소 1985년7월17일 대법정 판결	의원정수배분규정위헌판결(議員定數配分規定違憲判決2)	참정권과 법 앞의 평등, 「공직선거법」
최고재판소 1987년4월22일 대법정 판결	삼림법공유분할제한규정위헌판결(森林法共有分割制限規定違憲判決)	재산권, 「삼림법(森林法)」
최고재판소 2002년9월11일 대법정 판결	우편법면책규정위헌판결(郵便法免責規定違憲判決)	국가배상청구권, 「우편법」

최고재판소 2005년9월14일 대법정 판결	재외국민선거권제한규정위헌판결 (在外國民選擧權制限規定違憲判決)	참정권, 「공직선거법」
최고재판소 2008년6월4일 대법정 판결	비적출자국적취득제한규정위헌판결 (非嫡出者國籍取得制限規定違憲判決)	법 앞의 평등, 「국적법」
최고재판소 2013년9월4일 대법정 결정	비적출자법정상속차별규정위헌결정 (非嫡出者法定相續差別規定違憲決定)	법 앞의 평등, 「민법」
최고재판소 2015년12월16일 대법정 판결	여성재혼금지기간규정위헌판결 (女性再婚期間禁止規定違憲判決)	법 앞의 평등과 혼인의 자유, 「민법」

이처럼 일본국헌법이 시행된 이래 현재까지 70년이 넘는 동안 일본의 최고재판소가 법령위헌의 결정을 내린 판결은 손에 꼽을 수 있을 정도이다. 일본의 사법기관 특히 최고재판소는 위헌심사권의 행사에 있어서 극단적으로 소극적인 경향을 보이고 있고, 따라서 사법기관이 입법에 대하여 대체로 추종하는, 겸억적인 태도를 취해 왔다고 평가된다. 이른바 사법소극주의※가 일본 사법기관의 특징 중 하나로 여겨지고 있다.

※ 사법소극주의와 사법적극주의

사법기관인 재판소가 위헌심사권의 행사에 있어서 국회를 대표로 하는 정치부문의 권력에 대해서 두 가지 태도를 보일 수 있다. ① 국회 등 정치부문의 결정에 대해 대체로 경의를 표하고 법률을 위헌으로 판단하는 것은 그 규정이 헌법에 명백히, 현저하게 위반되는 경우에 한해야 한다는 입장과 ② 변화하는 사회, 정치, 경제 등 여건에 따라 헌법적 가치를 실현하고 국민의 권익을 보장하기 위해 해당 권한을 적극적으로 행사해야 한다는 입장이 바로 그것이다. 미국에서는 전자를 사법소극주의(judicial passivism) 또는 사법의 자기억제(judicial self-restraint)라고 하고 후자를 사법적극주의(judicial activism)라고 칭한다.

사법소극주의를 주장하는 주요 근거로는 재판소는 국민에 의해 직접 선출된 기관이 아니므로 국민다수의 의지를 대표하는 입법부의 판단을 존중해야 한다는 점, 재판소가 적극적으로 위헌심사권을 행사할 경우 정치적 대립에 휘말리게 되어 결국 재판의 객관성, 공평성에 대한 국민의 신뢰를 상실하게 된다는 점, 각종 이익문제가 복잡하게 얽혀있는 현대사회에서 재판소는 해당 문제의 해결을 전문기관 및 각종 이해관계를 대변하는 입법기관에 맡겨야 한다는 점 등을 들 수 있다. 반대로, 사법적극주의를 옹호하는 측에서는 다음과 같은 이유를 들 수 있다. 재판소의 위헌심사권은 헌법에 의해, 따라서 국민의 의지에 의해 부여된, 입법부 등 기타 권력기관을 제어하기 위한 권한으로 그 자체로서 민주적 정당성이 결여되었다고 할 수는 없다. 또한 헌법해석에 있어서 전문가인 법률가들이 최종판단을 내리는 것이 가장 적합하고, 이를 통해 헌법적 가치의 실현 나아가 국민권리의 구제가 보다 확실하게 보장될 수 있다.

미국에서는 연방최고재판소의 재판관 구성과 수석재판관(대법원장)에 따라 사법적극주의의 경향을 보이는 시기와 사법적극주의의 경향을 보이는 시기로 나누는 경우가 있지만, 이러한 구분이 엄격히 이루어지는 것은 아니다[兼子·裁判法 p.106].

제2절 위헌심사의 기준

1. 일본 재판소의 위헌심사 기법

소송에서 법률의 위헌성이 문제가 되는 까닭은 일반적으로 그것이 누군가의 헌법적 권리를 제한, 침해한다고 여겨지기 때문이다. 한편으로 그러한 법률은 입법자가 필요하다고 주장하는 입법목적과 규제수단을 포함하고 있다. 따라서 관련 법률의 위헌성 여부에 대한 판단은 결국 헌법적 권리를 제한하는 법률의 입법목적이 정당한지 여부 및 그에 상응한 규제수단이 타당한지 여부에 대한 실질적인 판단에 달려 있다.

재판소가 헌법적 권리를 제한하는 입법의 합헌성에 대하여 그 입법목적 및 규제수단과의 관련성을 놓고 판단하는 기준을 사법심사의 기준 또는 위헌심사기준違憲審査基準이라고 한다. 일본에서 위헌심사기준은 인권이론과 엮어서 논의되고 있다. 구체적으로 보면 위헌심사기준을 인권의 종류와 성질에 따라 구분하고, 그에 따라 인권을 제한하는 법률의 위헌성 여부를 판단하는 것이다.

다만 최고재판소를 포함한 일본의 재판소가 판례를 통하여 인권제한의 법률에 대한 심사기준을 명확하게 밝히거나 체계적으로 언급하고 있는 것은 아니다. 일본에서 인권이론과 결부된 위헌심사기준 이론은 주로 학계에서, 미국의 판례와 학설을 참조하여 논의된다.

일본의 재판소가 인권을 제한하는 법률의 위헌성을 판단할 때 전형적으로 사용해온 기법으로는 이른바 공공의 복지론公共の福祉論과 비교형량론比較衡量論이 있다.

1) 공공의 복지론(公共の福祉論)

헌법에 보장된 각종 기본적 인권은 침해될 수 없는 권리라고는 하지만 아무런 제한이 없거나 절대적인 것은 아니다. 인간은 그 누구나 사회와 떨어져서는 살 수 없고 인권 또한 타인의 인권과의 관계 및 기타 이유에 따라 제한을 받지 않을 수 없다. 일본국헌법에서는 인권에 대해 '공공의 복지公共の福祉'에 의한 제약이 존재한다는 취지를 일반적으로 결정하고 있고, 일부 개별적인 권리에 대한 규정에서도 '공공의 복지에 반하지 않은 한'의 단서를 달았다.

> "헌법이 국민에게 보장하는 자유 및 권리를 보유하기 위하여 국민은 부단히 노력하지 않으면 아니 된다. 또한 국민은 이를 남용해서는 아니 되며 항상 공공의 복지를 위하여 이를 이용할 책임을 진다"(제12조). "모든 국민은 개인으로서 존중된다. 생명, 자유 및 행복추구에 대한 국민의 권리에 관해서는 공공의 복지에 반하지 않는 한 입법 및 그밖의 국정에서 최대한 존중되어야 한다"(제13조). "누구든지 공공의 복지에 반하지 아니하는 한 거주, 이전 및 직업선택의 자유를 가진다"(제22조). "재산권을 침해해서는 아니 된다. 재산권의 내용은 공공의 복지에 적합하도록 법률로 정한다"(제29조).

일본의 재판소는 초기의 판례에서 주로 이러한 '공공의 복지' 규정에 근거하여 인권을 제약하는 법률의 합헌성을 도출하였다. 당시 재판소의 논증에 따르면 헌법에서 보장하는 모든 인권은 공공의 복지라고 하는 외적인 제약을 받아야 하고, 따라서 인권을 제약하는 법률이 공공의 복지를 위한 목적으로 입법되었다면 원칙적으로 합헌이라 판단한다. 이때 재판소는 공공의 복지의 목적 및 그러한 목적과 규제수단의 연관성에 대한 구체적인 검토를 하지 않은 채 헌법 제12조 또는 제13조의 규정을 인용하여 인권을 제한하는 법규정을 간단하게 합헌으로 판단하는 경향을 보였다.

> "헌법 제21조는 절대적, 무제한적인 언론의 자유를 보장하는 것이 아니라, 공공의 복지를 위해 시간, 장소, 방법 등에 있어서 합리적인 제한이 그 자체로 존재하는 것은, 이를 용인하여야 한다고 생각해야 한다"(최고재판소 1950년9월27일 대법정 판결), "헌법 제28조가 보장하는 근로자의 단결할 권리 및 단체교섭 및 기타 단체행동을 할 권리도 공공의 복지를 위해 제한을 받는 것은 어쩔 수 없는 것이다"(최고재판소 1953년4월8일 대법정 판결), "헌법 제22조 제1항의 이른바 직업선택의 자유는 무제한으로 인정되는 것이 아니라, 공공의 복지의 요청이 있는 한 그 자유를 제한할 수 있는 것은 동 조항이 명시한 바 있다"(최고재판소 1963년12월4일 대법정 판결).

이러한 헌법판례에서 볼 수 있는, 인권의 제한과 공공의 복지에 대한 재판소의 해석방법을 외재적 제약설外在的制約說 또는 추상적인 공공복지론이라고 한다. 인권의 성격, 종류와 관계없이 공공의 복지를 모든 인권을 제한하는 외재적인 근거로 삼고 이를 근거로 하여 관련 법률의 합헌성을 추상적으로 도출해내는 것이다.

재판소의 이러한 태도를 비판하면서 제기된 이론이 내재적 제약설內在的制約說이다. 이에 따르면 공공의 복지는 모든 인권에 필연적으로 내재하는 원리로서—인권에 대한 외재적인 제한이 아니라—그것은 인권 사이에서 모순과 충돌을 조정하는 실질적인 공평의 원리에 해당한다. 각각의 인권에 내재된 제약으로서의 공공의 복지는 인권의 종류에 따라 서로 다른 작동 방식을 나타낸다. 예컨대 공공의 복지가 자유권을 보장하기 위한 제약을 정당화할 경우에는 그것이 필요최소한의 범위에 머물 것을 요구하고, 사회권을 실질적으로 보장하기 위한 규제일 경우에는 필요한 한도 안이라면 인정된다.

그 밖에도 헌법 제22조와 제29조와 같이 '공공의 복지'가 명시되어 있는 인권, 즉 경제적 자유권 및 국가의 적극적인 정책에 의해 보장되는 사회권에 대해서는 공공의 복지는 '정책적 제약원리'로 작동하고, 그렇지 않은 자유권에 대해서는 '내재적 제약원리'가 작동하므로 그러한 인권을 규제하는 법률의 합헌성을 판단할 때는 권리의 성격에 따라 다른 기준을 요구하게 된다는 주장도 존재한다[野中·憲法 I p.256-260; 芦部·憲法 p.98-101].

2) 비교형량론(比較衡量論)

공공의 복지론 이외에도 일본의 재판소는 비교형량론 또는 이익형량론利益衡量論이라는 기법에 근거하여 인권을 제약하는 법률의 합헌성 여부를 판단하기도 한다. 여기서 비교형량론이라 함은 인권을 제한하는 법률에 대해, 그 인권을 제한함으로써 얻어지는 이익과 그것을 제한하지 않을 때 유지되는 이익을 비교하여, 전자가 큰 경우에는 해당 인권의 제한을 합헌으로 판단하고 후자가 더 큰 경우에는 해당 인권의 제한을 위헌이라고 판단하는 방법이다.

1960년대 이후 일본의 최고재판소는 몇몇 유명한 판례에서 이 기법을 사용하였다. 공무원의 정치행위를 처벌한 규정의 합헌성을 다룬 위의 도쿄도교조사건의 판결(1969년)에서 최고재판소는 "[공무원의] 쟁의행위를 금지함으로써 보호하고자 하는 법익과 노동기본권을 존중, 보장함으로써 실현하려는 법익과의 비교교량比較較量에 의해, 양자의 요청을 적절히 조정하는 관점에서 판단할 필요가 있다"고 하는 기본 전제를 명확히 하였다.

그 외에도 형사재판을 위해 사건 취재원을 공개해야 하는지 여부에 관해서는 "한편으로는 심판의 대상이 되고 있는 범죄의 성질, 태양態樣, 경중 및 취재한 내용의 증거로서의 가치 나아가 공정한 형사재판을 실현함에 있어서의 필요성의 유무를 고려함과 동시에, 다른 한편으로는 취재한 내용을 증거로 제출하게 됨으로써 보도기관의 취재의 자유가 방해되는 정도 및 그것이 보도의 자유에 미치는 영향의 정도 및 기타 제반 사정을 비교형량比較衡量하여 결정되어야 한다"(최고재판소 1969년11월26일 대법정 판결)라고 하였다.

그 후 공무원의 정치적 행위에 대한 처벌 규정의 합헌성에 관한 판결에서 최고재판소는 '이익의 균형'이라는 용어를 사용하여 비교형량론을 보다 자세히 부연설명하였다.

> "이익의 균형利益の均衡이라는 관점에서 생각해보면, …… 공무원의 정치적 중립성을 손상시킬 우려가 있는 행동유형에 속하는 정치행위에 대하여, 그에 내포되어 있는 의견표명 그 자체를 제약하려는 목적이 아니라 그 행동이 가져오는 폐해를 방지하는 목적으로 금지할 경우에는 동시에 그에 의한 의견표명의 자유가 제약되기는 하지만, 이는 단순히 행동의 금지에 동반하는 간접적인, 부수적인 제약에 지나지 않고, …… 한편으로 금지에 의해 얻어지는 이익은 공무원의 정치적 중립성을 유지하고 행정의 중립적 운영과 그에 대한 국민의 신뢰를 확보한다고 하는 국민전체의 공동이익이기 때문에, 얻어지는 이익은 잃게 되는 이익에 비하여 보다 중요한 것이라고 할 수 있고, 그러한 금지는 이익의 균형을 상실한 것이 아니다"(최고재판소 1974년11월6일 대법정 판결).

위와 같은 비교형량의 기법은 공공의 복지라고 하는 추상적인 원리를 근거로 법률의 합헌성 여부를 판단하던 종전의 방법에 비해 한층 구체화 되었다고 할 수 있다. 즉 개별 사건의 구체적 상황에 비추어 각 인권을 서로 비교함으로써 합리적인 결론을 도출하고자 하는 것이다. 다만 서로 다른 성격의 인권, 이익을 단순히 비교할 수 있는지 여부 및 구체적으로 어떠한 기준에 따라 비교해야 하는지 등의 문제는 여전히 남아 있다.

2. 학설의 위헌심사기준 이론: 이중의 기준론(二重の基準論)

일본 재판소가 법률의 위헌성 여부를 판단하는 기법으로 사용해온 공공의 복지론과 이익형량론에 대해 학설은 미국의 판례이론을 도입해 이중의 기준(二重の基準, double standard) 이론을 전개해왔고, 이는 현재 일본의 위헌심사기준 이론의 기본적인 틀로 자리 잡고 있다.

이중의 기준론은 요컨대, 각종 인권을 크게 정신적 자유와 경제적 자유로 나누어 정신적 자유가 경제적 자유보다 우월적 지위를 차지하고, 따라서 인권을 제한하는 법률의 위헌심사에 있어서 경제적 자유의 규제에 대해서는 입법부의 재량을 존중하고 상대적으로 완화된 기준으로 심사하여야 하는 반면, 정신적 자유의 규제에 대해서는 보다 엄격한 기준에 따라 심사하여야 한다는 이론이다. 즉, 인권의 성격에 따라 정신적 자유를 규제하는 입법의 심사기준을 경제적 자유에 대한 입법의 심사기준에 비해 엄격하게 하고 경제적 자유에 비해 정신적 자유를 보다 두텁게 보호해야 한다는 것이다.

재판소가 법률의 위헌심사에 있어서 정신적 자유를 우대해야 하는 이유로는 크게 두 가지가 있다. 첫째, 민주주의와 관련하여, 정신적 자유를 부당하게 제한하면 민주주의의 절차 그 자체가 왜곡되기 때문에 재판소는 적극적으로 개입하여 민주주의의 절차를 회복시켜야 하고 이를 위해서는 엄격한 심사가 필요하다는 것이다. 반면에, 경제적 자유는 민주주의의 절차가 제대로 작동하고 있는 한 그 절차를 통해 부당한 규제를 제거내지 시정할 수 있으며, 이 경우 사법이 적극적으로 개입하기 보다는 입법부의 재량을 존중할 필요가 있다. 즉, 예컨대 표현의 자유나 선거의 공정이 확보되어 민주주의의 절차가 정상적으로 작동하는 한 경제활동에 대한 부당한 제약은 민주주의 정치를 통해 해결될 수 있지만, 표현의 자유 등 권리가 침해된다면 민주주의 그 자체가 손상되어 이 경우 선출로 구성된 입법부에 의한 수정이 어렵게 되므로 사법기관의 적극적인 개입이 필요하다는 것이다.

둘째, 경제적 자유의 규제는 복잡한 사회, 경제문제와 연관되는 경우가 대부분이어서 그러한 법률의 합헌성을 판단하는 것은 재판소의 능력을 넘어서게 되므로 가능한 한 입법기관이나 전문가집단에 맡겨야 한다는 이유이다.

정신적 자유와 경제적 자유는 구체적인 권리의 성격과 규제 목적에 따라 더욱 세분화되어 서로 다른 기준이 요구된다. 일반적으로 경제적 자유는 관련 입법이 국민의 권리나 이익의 침해를 방지하기 위한 소극적 목적에 의한 규제인지(예컨대, 국민의 생명과 건강권의 유지를 위해 약국의 거리를 제한하는 입법) 아니면 사회경제의 원활한 발전과 복지의 실현을 위한 적극적 목적에 의한 규제(예컨대, 도시개발법, 세금 관련 입법 등)인지를 구분하고 전자에 대해서는 보다 엄격한 기준을, 후자에 대해서는 보다 느슨한 기준을 적용해야 한다고 주장한다.

또한 정신적 자유 중 표현의 자유에 관해서는 '표현내용에 따른 규제'와 '표현중립적인 규제'를 구분하여 서로 다른 심사기준을 적용하여야 한다. 예컨대 공산주의나 특정 종교를 주장한다고 하는 이유로 그러한 표현의 자유를 규제하는 입법에 대해서는 가장 엄격한 '명백하고 현존하는 위험'의 기준이 적용되어야 하지만, 표현의 내용과 관계없이 제한하는 경우에는 — 예컨대 집회의 성격, 참가자의 구성 등과 관계없이 유치원 주변의 집회를 일률로 금지하는 법령의 입법과 같이 — 완화된 기준인 이른바 '보다 제한적이지 않은 다른 선택가능한 수단의 기준(less restrictive alternative, 이른바 LRA기준)'이 적용된다. 즉, 이러한 규제입법에 대해서는 해당 입법목적을 이루기 위해 다른 선택할 수 있는, 보다 제한적이지 않은 수단이 없다고 인정되는 경우에는 그 규제가 정당화된다.

일본의 주류 학설은 오랫동안 이중의 기준론을 주창하여 왔지만, 최고재판소를 비롯한 일본의 재판소가 판례에서 이중의 기준론을 명확하게 언급하거나 인정한 경우는 아직까지는 없다. 물론, 이중의 기준론을 연상시키는 논리에 의거하거나 보다 세분화된 심사기준을 언급한 판례는 일부 존재한다[野中·憲法 I p.264-267; 松井·違憲審査基準論].

3. 위헌심사기준의 유형화: 입법목적과 달성수단의 연관성에 대한 심사

법률의 합헌성에 대하여 판단할 때 재판소는 해당 입법목적의 정당성 및 그러한 입법목적과 달성수단의 연관성에 대해 심사해야 한다. 이때 재판소가 의거하는 심사기준을 그 엄격성, 즉 심사의 밀도密度에 따라 크게 완화된 심사기준緩やかな審査基準, 중간심사의 기준中間審査の基準 및 엄격한 심사기준厳格な審査基準으로 나눌 수 있다.

그리고 구체적인 사례에서 적용되는 심사기준의 형태로는 경제적 자유에 대한 제한에 관련된 '소극적 목적에 의한 규제에 대한 심사'와 '적극적 목적에 의한 규제에 대한 심사', 정신적 자유와 관련한 '명백하고 현존하는 위험의 기준', '보다 제한적이지 않은 다른 선택가능한 수단의 기준(LRA기준)', '명확성의 기준' 등이 있다.

1) 완화된 심사기준 또는 합리성의 기준

완화된 심사기준은 합리성의 기준合理性の基準이라고도 한다. 재판소는 어떤 법률의 합헌성을 심사할 때, 그 입법목적과 목적의 달성수단에 대해 그것이 합리적인지 여부를 판단하는 것이다. 그때 재판소는 그저 입법목적이 합리적인가 그리고 그 달성수단이 합리적인지 여부를 따질 뿐, 관련 입법사실에 대한 검토까지 필요해지는 입법목적과 수단 간의 실질적인 연관성에 대해서는 묻지 않는다.

일본의 재판소는 초기에 공공의 복지론과 비교형량론을 구사하여 국회의 정책결정에 대하여 입법사실까지 따져야하는 심사를 회피하고, 법조문에서 나타난 입법목적과 수단의 내용을 토대로 하여 그 합리성을 인정함으로써 합헌의 결론을 이끌어 내는 경향을 보였는데, 이는 재판소가 느슨한 기준 또는 합리성의 기준에 따라 법률의 합헌성을 판단하였다고 볼 수 있을 것이다.

> "…… 조세법의 분야에 있어서 소득의 성격의 차이 등을 이유로 하는 취급의 구별은, 그 입법목적이 정당한 것이고 또한 해당 입법목적에 있어서 구체적으로 채용된 구별의 태양態様이 위 목적과 관련하여 현저하게 불합리하다는 점이 분명하지 않는 한 그 합리성을 부정할 수 없고, 따라서 이를 헌법 제14조 제1항의 규정에 위반하는 것이라고 할 수 없다고 해석하는 것이 상당하다"(최고재판소 1985년3월27일 대법정 판결).

이처럼 재판소는 조세법, 사회복지법, 경제활동규제에 관련한 입법을 심사할 때에는 이상과 같이 합리성의 기준을 이용하는 경우가 많다.

2) 중간심사의 기준 또는 엄격한 합리성의 기준(중간심사기준)

중간심사의 기준은 합리성의 기준에 비하여 강화된 심사기준으로, 재판소가 입법목적이나 목적달성의 수단에 대하여 단순히 그 합리성 여부만을 따지는 것이 아니라 해당 법령의 목적이 중요한지 여부 및 그 목적달성의 수단과 목적 간에 실질적 관련성이 있는지 여부에 대해서도 심사하는 방식이다. 여기서 입법목적이 실제로 중요한지, 이를 위해 규정하고 있는 달성수단이 그러한 입법목적과 실질적인 관련성이 있는지 여부가 중요한 판단요소이다.

경제적 자유에 대한 규제입법 중 적극적 목적을 실현하기 위한 입법을 심사하는 기준은 합리성의 기준에 속하는 반면, 소극적 목적을 실현하기 위한 입법에 대한 심사기준은 보다 엄격해야 하므로 중간심사기준에 해당한다고 볼 수 있다. 일본의 최고재판소는 약국거리제한규정에 대한 위헌판결에서 위와 같은 적극적 목적과 소극적 목적의 이분법을 언급한 적이 있다.

> "[규제가] 사회정책 내지 경제정책의 적극적인 목적을 위한 조치가 아니라 자유로운 직업활동이 사회공공에 가져올 폐해를 방지하기 위한 소극적, 경찰적인 조치인 경우에는 허가제에 비해 직업의 자유에 대한 보다 느슨한 제한인, 직업활동의 내용 및 태양에 대한 규제를 통해서는 위의 목적을 충분히 달성할 수 없다고 인정될 것을 요한다고 해야 할 것이다"(최고재판소 1975년4월 30일 대법정 판결).

그리고 표현의 자유에 대한 규제에 대해서는 일반적으로 이중기준의 법리에 따라 경제적 자유의 규제에 비해 엄격한 심사기준을 요구하고 있다. 그중 표현내용에 대해 중립적인 규제, 즉 표현내용과는 관계없이 표현의 시간, 장소, 방법 등과 관련한 규제에 대해서는 다소 완화된 심사기준 즉 위의 LRA기준이 요구되는데, 이는 그 엄격성에 비추어 볼 때 대체로 중간심사의 기준에 속한다고 할 수 있다.

3) 엄격한 심사기준

재판소는 관련 법령에 대한 합헌성 추정을 원칙적으로 배제하고 해당 입법목적이 — 중요한 정도에 그치지 않고 — 필수불가결한 공공의 이익을 실현하기 위한 것인지 여부 및 규제수단이 오직 그러한 공공의 이익을 실현하기 위한 최소의 한도 안에 머물고 있는지 여부에 대하여 심사하여야 한다.

엄격한 심사기준은 주로 표현의 자유를 대표로 하는 정신적 자유를 규제하는 입법의 위헌성을 심사할 때 적용된다. 우선 표현에 대한 사전억제로 작용하는 검열은 엄격히 금지된다. 그리고 표현의 자유를 위축시키는 과도히 광범위한 규제에 대해서는 '명확성의 기준明確性の基準'이 요구된다. 법률의 규정이 불명확하게 규정됨으로 하여 그 규정이 본래의 규제목적을 넘어서 적용될 우려가 있고 사람들이 이를 우려하여 정당한 행위를 할 수 없게 될 가능성, 즉 위축효과를 초래할 우려가 있다고 판단될 경우, — 이 법조문이 비록 해당 사건에서는 관련 당사자에 대하여 합법적으로 적용될 수 있음에도 불구하고 — 그 규정 자체를 위헌으로 판단하는 방법이다. 법률의 규정이 과도하게 광범위하게 규정되었거나 막연하게 규정된 경우도 마찬가지이므로, 이를 '과도한 광범성의 기준' 또는 '막연성의 법리漠然性の法理'라고 칭하기도 한다. 이와 같은 명확성의 기준은 엄격한 심사기준에 속하는바, 형벌을 통해 표현의 자유를 제한, 처벌하는 입법에 대하여 심사할 경우 흔히 적용되는 기준이다.

그 외 표현내용에 대한 규제에 대해서도 엄격한 심사기준을 적용해야 하는데, 관련한 구체적인 적용 기준으로는 '명백하고 현존하는 위험의 기준'이 있다. '명백하고 현존하는 위험의 기준'은 표현의 자유를 규제하는 입법에 대하여, 공권력에 의한 권리 내지 자유의 금지, 제한이 명백하고 현재 진행되고 있는 위험(clear and present danger)을 회피하기 위한 것인지 여부를 심사해야 한다는 방법이다. 미국의 판례가 처음으로 확립한

이 기준과 비슷한 개념을 일본 최고재판소가 판례에서 인용한 적이 있다. 지방정부가 정한 공안조례의 합헌성에 대한 판결에서 최고재판소는 "집단행동에 관하여 공공안전에 대해 분명하게 절박한 위험을 미칠 것으로 예상되는 때에는, 이를 허가하지 않거나 금지할 수 있다는 취지의 규정"을 조례로써 마련할 수 있다고 하였다(최고재판소 1954년11월24일 대법정 판결).

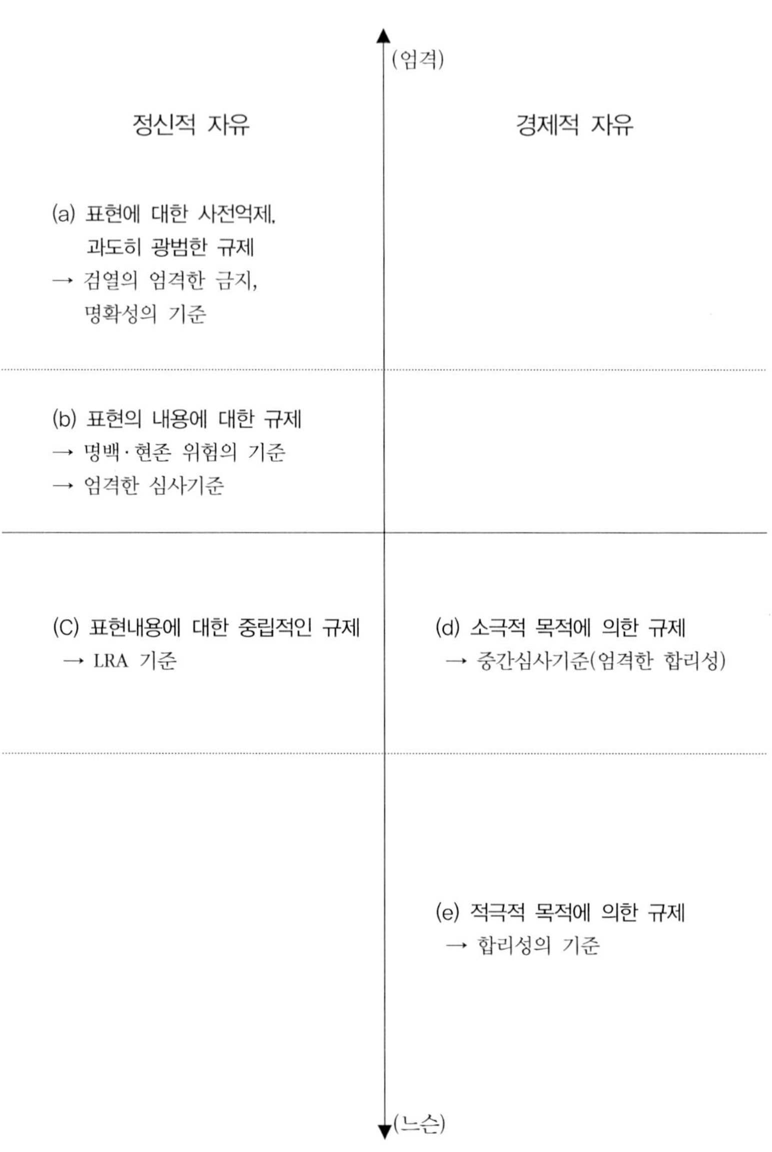

[宍戸·憲法 p.58-61. 일부수정]

제7장 일본에서 헌법소송의 효과

제1절 위헌판결의 효력

1. 위헌판결의 의미

부수적 위헌심사제하에서 법령의 위헌판단은 민사, 형사 및 행정사건의 판결주문이 아닌 판결이유에서 선언된다. 따라서 판결주문에서 위헌결정(또는 합헌결정)이 내려지는 헌법재판소형의 '위헌판결'은 일본에서는 존재하지 않는다. 그와 달리, 일본에서 말하는 위헌판결은 헌법문제가 일반사건의 해결의 전제로 되는 경우에 재판소가 판결이유에서 관련 법령이 헌법에 위반하여 무효라고 해석, 판단을 한 판결을 말한다. 따라서 여기서 말하는 헌법판례의 효력은 판결주문의 효력으로서 다루어지는 일반소송법상의 '기판력'의 문제나 헌법재판소형 법체계에서 말하는 '헌법결정(또는 위헌결정)의 효력'의 문제와는 구별되어야 한다[高橋·憲法訴訟 p.328].

그 외 일본에서 법령의 위헌성에 대한 재판소의 판단은 크게 합헌결정과 위헌결정으로 나뉘고 위헌결정은 다시 적용위헌과 법령위헌으로 구분된다. 그리고 판단의 주체를 놓고 보면 최고재판소의 헌법판단과 하급재판소의 헌법판단이 있다. 그중 적용위헌이나 합헌의 헌법판단은 그 법적효력이 해당 사건으로 한정된다는 점에 대하여 큰 논란이 없다. 또한 하급 재판소가 법령에 대해 위헌판단을 내리게 되면 일반적으로 항소, 상고를 통해 최고재판소에까지 이르게 되므로 하급 재판소에서 내린 법령위헌의 판결이 확정되는 경우는 거의 없다.

따라서 헌법판결의 효력문제는 결국 법령위헌 판결의 효력문제, 더욱 정확히는 최고재판소가 내린 법령위헌 판결의 법적 효력의 문제로 된다. 즉, 재판소 특히 최고재판소가 법령에 대해 위헌무효로 판단한 경우 해당 법령의 효력은 어떻게 되는지 및 이러한 판단이 기타 국가기관 등에게 어떠한 효력을 미치는지의 문제이다.

2. 위헌판결의 효력

재판소가 위헌판결을 내린 경우 — 엄격한 의미에서는 재판소가 일반소송의 판결이유에서 관련 법령이 헌법에 위배하여 무효하다고 판단을 내린 경우 — , 우선 이러한 재판소의 판단이 해당 법령을 무효화시키는 일반적인 효력을 가지는 것인지 아니면 해당 사건에 한하여 그 법령의 적용을 배제하는 효력, 즉 개별적인 효력을 가지는가가 문제된다. 위헌판결의 효력에 관한 일본의 학설은 크게 일반적인 효력설과 개별적인 효력설로 구분된다.

1) 일반적인 효력설(一般的效力說)

최고재판소에 의해 위헌으로 결정된 법령은 해당 사건에 있어서뿐만 아니라 일반적으로 효력을 잃게 된다. 그 주된 근거는 두 가지이다. ①

헌법 제81조의 규정에 따라 합헌성의 최종적인 판단권한을 가지는 최고재판소에서 위헌으로 판단한 이상 해당 법령은 당연히 무효가 되어야 하고, ② 만일 법령의 위헌판결에 개별적인 효력밖에 인정되지 않게 되면 하나의 법령이 어떤 경우에는 위헌무효가 되고 다른 경우에는 합헌유효가 되어 법적 안정성과 예측가능성을 해치고 실제로 불공평한 결과와 평등위반의 결과를 초래할 우려가 있다는 것이다.

2) 개별적인 효력설(個別的效力說)

최고재판소가 법령위헌의 판결을 내렸다고 해도 그 효과는 해당 사건에 머물고 위헌으로 판단된 법령은 해당 사건에 관하여서만 그 적용이 배제된다. ① 일본의 위헌심사제는 부수적 심사제인 이상, 재판소의 위헌심사권은 구체적 소송사건에 수반하여 그 해결에 필요한 범위에서만 행사하여야 하며 그 판결의 효과도 해당 사건에 한하여 인정되어야 한다. ② 법령을 일반적으로 무효로 만드는 위헌판결의 효력을 인정하게 되면 그것은 일종의 소극적 입법작용에 해당하는 것으로 사법권의 한계를 넘어서고 국회를 유일한 입법기관으로 정한 헌법에 위배될 우려가 있다(헌법 제41조).

그 외에도 소수설로서 법률위임설이 있다. 즉 최고재판소의 위헌판결의 효력에 관해서는 별도의 법률이 정할 필요가 있으며, 그러한 법률의 규정에 따라야 한다는 것이다.

3) 통설

통설은 개별적인 효력설을 취하면서, 최고재판소가 위헌판결에 대해 국회와 행정기관은 법령의 개정, 폐지 등 그에 상응하는 조치를 취할 정치적 의무와 책임을 진다고 한다. 즉 위헌으로 판단된 법령은 국회가 절차에 따라 개정, 폐지하기 전까지는 당연히 일반적으로 무효가 되는 것은 아니지만 그 효력은 실제로는 배제된다. 다만, 당해 법령은 판례 변경으로 인하여 그 효력을 다시 보유하는 것 역시 불가능한 것이 아니다.

이러한 통설에 대한 비판론도 유력하게 제기되고 있다. 재판소가 내린 위헌결정에는 적용위헌과 법령위헌이 있는데, 법령위헌의 경우는 적용위헌과 달리 해당 사건에 국한해서가 아니라 일반적인 상황을 가정하여 헌법판단을 내린 것이기에 그 효력을 해당 사건에만 한정시키는 것에는 무리가 있다. 적용위헌과 법령위헌을 구분한 이상, 적용위헌이 아니라 법령위헌을 선고하는 것은 법령의 일반적 효력의 폐기를 의미한다는 주장이다. 또한 헌법 제81조의 실효성을 확보하기 위해서는 최고재판소가 최종적으로 위헌의 결정을 내린 경우 행정기관을 포함한 모든 국가기관은 그 결정에 따라야 하고 위헌으로 판단된 법률의 적용을 배제해야 한다.

따라서 위헌판단에 의해 법령이 당연히 일반적으로 무효가 되는 것이 아니라 하더라도 위헌판단의 최종 결정권을 가진 최고재판소가 헌법판단을 내린 이상 국회는 빠른 시일 내에 그 법령을 개정, 폐지하고 행정부는 법령의 적용을 회피하는 정치적, 도덕적 의무 이상의 책임을 지니고 당사자는 해당 법령이 적용되지 않는 것을 전제로 합법적으로 활동할 수 있다고 보아야 할 것이다. 즉, 위헌판결이 직접적으로는 일반적인 효력을 지니지 않는다고 하더라도, 국회나 행정부를 매개로 하여 간접적으로나마 일반적인 효력을 가지게 된다는 것이다.

일본의 최고재판소의 다수의견에서 일반적인 효력설을 취하는지 개별적인 효력설을 취하는지에 대해서는 명확히 언급한 적이 없지만 대체로 개별적인 효력설에 가까운 태도를 취하고 있다고 알려져 있다. 최근에 내려진 이른바 비적출자법정상속차별규정위헌판결의 보충의견에서 일본의 위헌심사제도하에서는 부수적 위헌심사제와 위헌판단에 관한 개별적인 효력설이 확립되었다고 지적하였다. "개별적 효력설에서는 위헌판단은 해당 사건에만 한하는 것으로 최고재판소의 위헌판결이라고 하지만 위헌으로 된 규정은 일반적으로 무효하여 효력을 가지지 않기에, 입법에 의해 해당 규정이 삭제되지 않거나 개정되지 않는 이상 기타 사건을 담당하는 재판소는 해당 규정의 존재를 전제로 다시 헌법판단을 하지 않으면 아니 된다. 개별적 효력설에 있어서의 위헌판단은 기타 사건에 대해서는 선례로서의 사실상의 구속성만 가진다"(최고재판소 2013년9월4일 대법정 결정, 가네쓰키 세이시金築誠志 재판관의 보충의견).

한편으로 오사카 고등재판소는 종심판결 이후에 내려진 최고재판소의 법령위헌결정이 종심판결의 재심사유가 되는지에 관한 결정에서, 개별적인 효력설을 따를 경우 위헌법령은 제3자에 대하여 여전히 법적인 효력을 가지게 되고 위헌상태가 존속하게 되므로 헌법 제81조의 실효성이 확보되지 않는다고 하면서 개별적인 효력설의 불충분성을 지적하였다(오사카고등재판소 2004년5월10일 결정)[大沢·法令違憲判決の効力, 蛯原·判例評釋].

3. 위헌판결에 대한 입법부와 행정부의 대응

현재 일본에서는 최고재판소가 내린 위헌판결의 효력 및 관련 절차에 대하여 특별히 규정한 법률이 없다. 「최고재판소재판사무처리규칙最高裁判所裁判事務処理規則」에서는 "[법률, 명령, 규칙 또는 처분이 헌법에 적합하지 않는다는] 재판을 한 경우에는, 그 요지를 관보에 공고하고 그 재판서의 정본을 내각에 송부한다. 그 재판이 법률이 헌법에 적합하지 않는다고 판단한 것일 경우에는 그 재판서의 정본을 국회에도 송부한다"고만 정하고 있다(제14조).

실제로 일본의 최고재판소가 법령위헌의 결정을 내린 이후 국회와 행정부의 대응을 살펴보면 다음과 같다.

존속살해 가중처벌 규정에 대한 최고재판소의 위헌결정이 내려지자(1973년) 행정부, 즉 검찰청과 법무부는 신속하게 반응하여 사후 조치를 강구하였다고 한다. 구체적으로는 재판소에서 재판 중인 존속살인 사건에 대한 죄명과 적용법률을 보통살인으로 변경하고, 아직 그에 이르지 않은 단계의 사건에 대해서도 보통살인 사건으로 수사와 공소를 진행하도록 지시하였다. 그러나 국회에서는 해당 법률의 개정에 대하여 논의가 이루어지기는 하였으나 일부 보수 의원의 반대 등 여러 가지 이유에 의해 해당 규정은 1995년까지 오랫동안 삭제되지 않은 채 남아있었다. 즉, 최고재판소에 의해 위헌으로 판단된 법률이 형식적으로는 그대로 남아있었으나 실무에서는 적용되지 않게 된 것이다.

약사법 거리제한조항 위헌판결의 경우에는(1975년), 주관부처인 일본의 보건복지부가 판결이 내려진 후 각 도도부현 지사知事에게 약국을 허용할 때 위 거리제한 규정을 적용하지 않도록 통보通達하였고, 국회에서도 의원제안에 의해 개정 법률이 판결 후 1개월 이내에 성립되었다. 즉 국회와 정부 모두 매우 신속하고 적절한 사후조치를 취한 사례이다.

그 외에도 삼림법공유분할제한규정위헌판결(1987년), 우편법면책규정위헌판결(2002년), 재외국민선거권제한규정위헌판결(2005년), 비적출자국적취득제한규정위헌판결(2008년), 비적출자법정상속차별규정위헌판결(2013년), 여성재혼금지기간규정위헌판결(2015년) 등의 경우에도 국회가 신속하게 위헌판결의 취지에 맞춰 관련 규정의 삭제 등 법률 개정을 진행한 바 있다. 여성 재혼금지기간 규정에 대한 위헌판결이 내려진 후(이혼 후 재혼금지 규정 중 100일이 지난 부분 위헌) 법무부는 각 시구정촌市區町村에 여성이 이혼 후 100일이 지나면 재혼을 인정하도록 통지하였다.

의원정족수 불균형 위헌판결의 경우 최고재판소는 관련 조항의 위헌무효를 판단하는 한편 이른바 사정판결事情判決의 법리에 근거하여 해당 선거 자체는 무효화하지 않았다. 국회는 최초 판결(1976년)에 대해서는 특별한 입법조치를 취하지 않다가 다시 위헌판결이 내려진 후(1985년) 공직선거법의 의원정족수 배분규정을 일부 개정하였다. 개정된 내용 역시 의원정족수 배분에 관한 재판소의 기준을 여전히 충족시키지는 못하였지만, 입법부가 그 목표로 향하여 노력한 것으로는 평가받는다.

4. 위헌판결의 소급효의 문제

위헌판결의 효력은 그 상대에 따라 해당 사건 당사자의 대한 효력, 다른 국가기관에 대한 효력 및 여타의 사건 당사자 등에 대한 효력으로 구분할 수 있다. 위헌으로 판단된 법률은 — 일반적인 효력설을 취하든지 개별적인 효력설을 취하든지 상관없이 — 해당 사건 당사자에게는 적용되지 않으며 다른 국가기관은 실무상 그 법률의 적용을 배제해야 하는 정치적 또는 법적 의무를 지니고 있다는 점은 위에서 논의하였다. 일본의 부수적심사제도하에서 해당사건에 대한 위헌판결의 효력은 판결시점이 아니라 그 사건의 발생시점을 기준으로 해야 할 것이다. 즉 위헌으로 판단된 법령은 해당 사건에 한해서는 그 사건 발생시점에까지 소급하여 무효로 판단되고, 해당 사건에서의 적용이 처음부터 배제된다(개별적인 소급효 인정).

남은 문제는 위헌판결이 다른 유사 사건의 당사자 등에 대하여 가지는 효력인데, 이는 다시 재판이 진행되는 등 법률관계가 확정되지 않은 사건과 이미 확정판결 등 최종결정이 내려진 사건의 두 가지 경우로 나눠어 볼 수 있다. 전자의 경우에는 결국 최고재판소의 위헌판결이 향후 이루어질 재판에 대해 어떠한 효력을 가지는가라는 문제로 귀결되기 때문에 아래의 헌법판례의 구속력 부분에서 논의하기로 한다. 이와는 달리 최고재판소의 위헌판결이 이미 확정된 기존의 판결 또는 그 당사자에 대하여 어떠한 효력을 가지는가? 다시 말해 그러한 당사자는 새롭게 내려진 위헌판결을 근거로 기존의 판결에 따라 받을 수밖에 없었던 불이익을 구제, 보상받을 수 있는가?

위헌판결의 효력에 대하여 개별적 효력설이 타당하다는 전제 하에서 법적 안정성의 요구를 고려할 때, 위헌판결의 소급효는 여타의 사건에까지 미치지 않는다는 주장이 일반적이다(일반적인 소급효 부정). 따라서 위헌판결 이전에 이미 확정된 기타 판결, 심판 등은—비록 유사한 사안이지만—이 판결에 의해 영향을 받지 않는다. 이렇게 되면 유사한 사안이 판결 등의 최종확정 시점에 따라 서로 다른 결론에 이를 가능성이 있게 되어 형평성에 어긋나는 문제를 야기하게 된다. 이를 보완하기 위하여 위헌으로 판단된 법률, 특히 형사법에 의해 처벌을 받은 다른 사건의 당사자에 대해서는 재심, 비상상고, 사면恩赦, 구제조치를 포함한 입법, 인신보호법에 규정된 절차 등을 통해 사후적인 구제조치가 일부 강구될 수 있도록 하여야 한다는 주장이 제기되고 있다. 민사사건의 경우 확정판결 이후에 내려진 위헌판결이 그 전 판결의 재심사유가 되는지를 둘러싸고 논의가 있지만, 이에 관해 최고재판소의 태도는 명확하지 않다[戸松·憲法訴訟 p.394-395].

반대로 위헌판결의 효력에 대해 일반적 효력설을 주장할 경우 위헌으로 판단된 법률은 일반적으로 위헌무효이기 때문에, 이러한 위헌판단 대상이 된 법률의 여타의 사건에 대하여서도 소급효를 인정해야 한다는 주장이 가능하다. 물론 법적 안정성을 고려할 때 소급효를 원칙적으로 인정하더라도 동시에 이러한 소급효를 제한하는 여러 장치를 마련해야 할 것이다.

지금까지 일본의 최고재판소가 내린 법령위헌의 판결이 많지 않고 특히 형사처벌 규정에 관한 위헌판결이 거의 없기 때문에 소급효에 관한 논의가 일본에서는 아직 활발하지 않다. 향후 위헌판결이 축적됨에 따라 위헌판결의 소급효에 대한 논의도 보다 심도 있게 전개될 전망이다.

제2절 헌법판례의 구속력과 변경

1. 판례와 헌법판례

일본은 이른바 대륙법전통의 국가 또는 제정법주의制定法主義 국가인 동시에 위헌심사제도에 관해서는 미국식의 부수적 위헌심사제를 취하고 있다. 이는 일본의 헌법판례의 구속력과 변경을 논하는 대전제이다. 우선, 여기서 판례 및 헌법판례가 무엇인지가 문제된다. 판례는 재판소가 내린 모든 법률적 판단을 의미하기도 하지만 일반적으로는 선례로서 후의 재판소의 판단에 영향을 미치는 재판례裁判例, 그중에서도 재판의 결론부분과 그러한 결론의 도출에 필요한 법적인 해석을 지칭한다. 판례의 개념은 국가마다 다르고, 특히 제정법주의 국가는 판례의 의미에 대하여 이른바 판례주의 국가와 근본적으로 다른 태도를 취하고 있음은 물론이다.

헌법판례에 관해서도 일본에서는 여러 가지 정의定義가 시도되고 있다. 가장 넓은 의미에서 헌법판례라 함은 헌법상의 쟁점에 대한 판단을 포함하고 있는 모든 판결(일부 결정 포함)을 뜻한다. 다만 최종적인 헌법판단은 최고재판소에 의해 이루어지기 때문에 헌법판례는 일차적으로는 최고재판소가 내린 헌법상 쟁점에 관한 판결을 말한다. 다음으로 헌법판례라고 함은 이러한 헌법판결 중, 선례의 가치가 있는 판결 및 그러한 판결에서 '위헌·합헌의 결론 및 그에 필요한 헌법적 의미부여憲法的意味付け'를 뜻한다. 따라서 최고재판소가 내린 헌법판단 중, 선례로서 의미를 가지는 법령 등의 합헌성 여부에 관한 판단 및 그에 필요한 헌법적 해석을 헌법판례의 핵심적인 부분이라고 할 수 있다[青井·憲法判例の変更].

2. 헌법판례의 구속력

헌법판례를 포함한 재판소의 판례는 그 이후의 재판소의 판단에 어떠한 효력을 미치는가? 우선, 어떤 구체적인 사건에 있어서 최고재판소의 판단이 해당 사건에 있어서 하급 재판소를 기속하는 것은 당연하다. "상급심 재판소의 재판에 있어서의 판단은 그 사건에 관한 하급심 재판소를 구속한다"(재판소법 제4조). 다만 그 판결이 그 후의 다른 사건에 대한 재판소의 판단, 즉 하급 재판소와 최고재판소의 판단을 구속하는지 여부에 대해서는 견해가 엇갈린다.

일본의 통설은 성문법 국가인 일본에서는 이른바 선례구속성의 원리 doctrine of stare decisis가 적용되지 않으므로 판결은 선례로서 그 후의 재판을 사실상 구속하는 것에 그칠 뿐 법적인 구속력을 가지지 않는다고 한다. 즉, 판례의 법원성法源性은 부정된다는 것이다. 그러나 법의 평등원칙을 고려한다면 재판소는 동종의 사건의 해결에 있어서 선례와 동일하게 처리해야 한다는 점이 요구된다. 또한 실제에 있어서 하급 재판소는 통상적으로 최고재판소의 판례를 참조하여 판결을 내리고 최고재판소는 판례변경을 하지 않는 한 자신이 내린 선례에 따라 판결하기 때문에 판례는 강한 사실상의 구속력을 가진다고 할 수 있다. 이는 헌법판례도 마찬가지다. 반대로 헌법판례의 법적인 구속력 내지 법원성을 긍정하는 의견도 일부 주장되고 있다.

그런데 한 헌법학자의 조사연구에 의하면, 일본의 하급재판소는 헌법해석에 있어서 최고재판소의 판례에 반드시 따르지 않고 사안에 따라 다양한 대응방식을 취해 왔다고 한다. 따라서 하급 재판소에 대한 선례구속성원리는 헌법판례에 한해서는 — 사실상에 있어서도 — 반드시 작동하지 않았다고 할 수도 있다[戸松·憲法訴訟 p.402].

3. 헌법판례의 변경

어쨌건 제정법주의 국가에서도 헌법판결을 포함한 최고재판소의 판결이 선례로서의 구속력을 어느 정도 가지고 있음은 부정할 수 없다. 다만 최고재판소는 충분한 이유가 있다고 판단되는 경우 자신의 판결을 변경하는 것이 가능하다. 헌법판결도 마찬가지이다. 헌법의 개정이 어렵고 헌법 조문이 상대적으로 추상적이기 때문에, 일반적인 판례에 비하여 헌법판례의 변경이 더욱 필요한 면이 있고 판례변경의 여지도 헌법판례에서 더욱 넓다고 할 수 있다. 물론 이 경우에도 판례 및 헌법판례가 무엇을 지칭하는지에 대해서는 명확하지 않은 면이 존재한다.

판례변경의 이유에 대해서는 특별한 규정이 없다. 절차적인 규정으로는 "헌법 기타 법령의 해석적용에 있어서, 의견이 앞의 최고재판소가 내린 재판에 반하는 경우" 최고재판소 대법정大法廷에서 심판하도록 하고 있다(재판소법 제10조). 즉, 판례변경이 필요한 경우에는 반드시 대법정에서의 판단을 거쳐야 한다는 것이다.

실제로 존속살인 가중처벌 규정에 대한 최고재판소의 판단이 합헌에서 위헌으로 변경된 바 있다. 또한 적출성 여부에 따라 법정상속분을 차별한 규정에 대하여 최고재판소는 1995년 판결에서는 재판관 10대 5의 결정으로 합헌으로 판단하였다가 2013년 판결에서는 재판관 14인 전원일치로 위헌으로 결정하였다.

제2부

판례로 본 일본국헌법

제1장
기본적 인권과 그 한계

제1절 인권의 향유 주체

인권의 역사, 개념 및 일본국헌법에서의 규정은 앞에서 언급하였다(제1부 2장 2절). 일본의 재판소가 인권을 제한하는 법리로서 흔히 이용하는 공공의 복지론公共の福祉論과 비교형량론比較衡量論에 대해서도 위의 위헌심사기준론에서 논의하였다(제1부 제6장 제2절). 이하에서는 인권의 향유 주체, 사인 간 인권의 보장, 특별 법률관계에 있어서의 인권에 관하여 일본 최고재판소의 몇몇 대표적인 판례를 살펴보도록 한다.

1. 외국인의 인권

인권은 이론상으로는 인간이라는 자격 그 자체만으로 보장받아야 하는 권리로 인식되지만, 주권국가가 병립하고 있는 오늘날의 현실 하에서는 헌법 등 각국의 실정법에 따라 보장될 따름이다. 일본국헌법 중 '국민의 권리와 의무'를 규정하는 제3장에서는 인권의 주체를 국민에 한정한다는 표현을 주로 사용하고 있다. "국민은 모든 기본적 인권의 향유를 방해받지 아니한다. 헌법이 국민에게 보장하는 기본적 인권은 침해될 수 없는 영구적인 권리로서 현재 및 장래의 국민에게 부여된다"(제11조). 그 밖에도, 모든 '국민'은 개인으로서 존중되고, 모든 '국민'은 법 앞에 있어서 평등하다(제13조, 제14조). 여기서 이와 같은 헌법조항이 일본국민이 아닌 외국인, 특히 일본국에서 거주하고 있는 외국인에게 적용되는지 여부가 문제된다.

외국인의 인권 향유자격에 관해 학설은 크게 긍정설과 부정설, 즉 헌법의 인권조항 적용설과 무적용설無適用說로 나뉜다. 긍정설(적용설)은 다시 인권보장을 규정한 헌법의 문구에 근거해야 한다는 문언설文言說과 권리의 성격에 따라 구체적으로 판단해야 한다는 권리성질설權利性質說로 나누어진다. 일본최고재판소의 판례와 통설은 권리성질설의 입장을 취한다. 외국인에게 보장되지 않는 권리의 전형적인 사례로서 참정권, 사회권 및 입국의 자유 등을 꼽을 수 있다.

1) 외국인의 정치적 자유와 체류자격에 관한 판결 — 맥클린 사건 (マクリーン事件, 최고재판소 1978년10월4일 대법정 판결)

사건 개요[10)]

미국인 X(원고, 피항소인, 상고인)는 어학학교의 영어교사로서 1년간 비자를 받고 일본에 입국하였다. 재류기간在留期間이 끝날 무렵 X는 재류갱신허가를 신청한 결과, Y(법무대신, 피고)는 '출국 준비기간'으로 120일간의 재류갱

10) 이하 일본판례의 소개는 長谷部恭男/石川健治/宍戸常寿編 『憲法判例百選(第六版) Ⅰ Ⅱ』(有斐閣 2013年)에 수록된 판례평석을 일부 참조하였고 한국어 번역은 LS憲法研究会編(민병로/손형섭 옮김) 『일본판례헌법』(전남대학출판부 2011년)의 내용을 일부 참조하였다.

신을 허가하였다. 그 후 다시 1년간의 갱신허가를 신청하였으나 Y는 갱신을 허가하지 않는 처분을 내렸다. Y는 이러한 처분을 내린 주된 이유로 X의 ① 무단 전직행위 및 ② 정치활동 참여를 들었다. X는 일본에서 외국인평화연맹에 소속되어 반전집회에 참여하고 미국의 베트남전쟁개입 및 미일안보조약에 반대하는 각종 활동에 참여하였다고 한다. 이에 대해 X는 미국의 전쟁정책 등에 대하여 의견을 표명할 권리는 재일외국인에게도 보장되어야 하므로, 정치활동을 이유로 내린 이 사건 처분은 법무대신의 재량권의 범위를 벗어난 행위로서 위법이라고 주장하였다.

제1심(동경지방재판소)은 외국인의 재류갱신 허가처분에 관한 Y의 '상당히 광범한 재량권'을 인정하면서도 원고의 전직행위 및 정치활동 참여를 이유로 한 해당 처분은 '사회관념상 현저하게 그 타당성을 결여하는 것'으로 판단되므로 위법이라고 하였다(청구 인용). 이에 대해, 제2심(동경고등재판소)은 외국인의 재류갱신에 관한 판단은 법무대신의 자유로운 재량에 맡겨야 하고 법무대신이 허가 결정을 내림에 있어서는 제반 사정을 참작하여 궁극적으로는 고도의 정치적 배려를 바탕으로 행하여야 하는 것으로 보았다. 따라서 이 사건에서 Y의 처분결정은 재량의 범위의 안에 속한 것으로 위법이라고 할 수 없다고 하였다(원심 파기, 청구 기각).

최고재판소의 판단

"헌법 제3장의 여러 규정에 따른 기본적 인권의 보장은 권리의 성질상 일본국민만을 그 대상으로 한다고 해석되는 것을 제외하면, 우리나라에 재류하는 외국인에 대해서도 동등하게 미친다고 해석해야 하고, 정치활동의 자유에 대해서도 우리나라의 정치적 의사결정 또는 실시에 영향을 미치는 활동 등 외국인의 지위를 고려할 때 이를 인정하는 것이 상당하지 않다고 해석되는 경우를 빼면 그 보장이 미친다고 해석하는 것이 상당하다. 그러나 전술한 것처럼 외국인의 재류허가는 국가의 재량에 위임되어 있고, 우리나라에 재류하는 외국인은 헌법상 우리나라에 재류할 권리 내지 계속하여 재류할 것을 요구할 수 있는 권리를 보장받는 것이 아니라, 단지 출입국관리법상 법무대신이 그 재량에 따라 갱신을 적당하다고 인정함에 있어 필요한 상당한 이유가 있다고 판단하는 경우에 한하여 재류기간 갱신을 받을 수 있는 지위를 부여받는 데 그칠 뿐이다. 따라서 헌법의 외국인에 대한 헌법의 기본적 인권의 보장은 위와 같은 외국인재류제도의 범위 내에서 부여되는 데 불과하다고 해석하는 것이 상당하고, 재류의 허가여부를 결정하는 국가의 재량까지도 구속하는 수준의 보장, 즉 재류기간 중 헌법의 기본적인 인권의 보장을 받는 행위를 재류기간 갱신 시 소극적 사정으로서 참작하지 않는 것까지의 보장이 주어진다는 것으로 해석할 수는 없다. 재류 중인 외국인의 행위가 합헌, 합법인 경우에도 법무대신이 그 행위를 당, 부당의 측면에서 일본에 바람직하다 할 수 없다고 평가하고 또한 위의 행위를 근거로 장래 해당 외국인이 일본의 이익을 침해할 우려가 있는 자라고 추인하는 것은, 그 행위가 앞서 기술한 의미에서의 헌법보장을 받는다고 하여 어떠한 지장을 받는 것이 아니다. (상고 기각)

2) 외국인의 지방참정권 관련 판결(최고재판소 1995년2월28일 제3소법정 판결)

사건 개요

일본에서 태어난 한국 국적보유자인 X(원고, 상고인)는 Y(거주지의 선거관리위원회)에 대해 공직선거법의 규정에 의거하여 선거인명부 등록을 신청하였으나 각하되어 소송을 제기하였다. 원고는 일본국헌법 제93조 제2항에 규정하고 있는 지방참정권 주체인 '주민住民'에는 해당 지역에 거주하고 있는 외국인을 포함하므로 외국인에게도 지방공공단체에 관한 선거권이 보장된다고 주장하였다.

제1심(오사카지방재판소)은 헌법 제15조 제1항에 의해 보장되는 참정권은 일본 국적을 보유하고 있는 자에 한하고, 정주외국인定住外國人에게 공무원의 선정, 파면권은 인정되지 않으며, 헌법 제93조 제2항에서 언급하는 '주민'은 제15조 제1항의 '국민'과 별도의 개념으로 파악하는 것은 적절하지 않고, '주민'은 일본 '국민'을 전제로 하고 있다고 보았다. 따라서 일본 국적을 보유하지 않는 자에게 지방참정권을 보장한다고 인정할 수 없다고 판시하였다.

최고재판소의 판단(선거소송 등 전속관할에 속하는 지방재판소의 판결에 불복하는 자는 항소할 수 없으나 최고재판소에 상고할 수 있음. 공직선거법 제25조 제3항)

"헌법 제15조 제1항에서 말하는 공무원을 선정, 파면할 수 있는 권리의 보장이 우리나라에 재류하는 외국에게도 미치는 것으로 해석해야 하는지에 대해서 생각해보면, 헌법의 이 규정은 국민주권의 원리에 근거하여 공무원의 종국적 임면권이 국민에게 있음을 표명하고 있고, 주권이 '일본 국민'에 있다고 한 헌법 전문 및 제1조의 규정에 비추어보면 헌법의 국민주권의 원리에서 말하는 국민이라 함은 일본 국민, 즉 우리나라 국적을 가지고 있는 자를 의미하는 것이 분명하다. 그렇다면 공무원을 선정, 파면할 권리를 보장한 헌법 제15조 제1항의 규정은 권리의 성질상 일본 국민만을 대상으로 하고 위 규정에 의한 권리의 보장은 우리나라에 재류하는 외국인에게는 미치지 않는 것으로 해석하는 것이 상당하다 …… 앞의 국민주권의 원리 및 이에 근거한 헌법 제15조 제1항의 규정의 취지를 고려하고, 지방공공단체가 우리나라의 통치기구의 빼놓을 수 없는 요소를 구성한다는 점을 함께 고려하면, 헌법 제93조 제2항에서 말하는 '주민'이란 지방공공단체의 구역 내에 주소를 가지고 있는 일본 국민을 의미하는 것으로 해석하는 것이 상당하고, 위 규정을 우리나라에 재류하는 외국인에 대하여 지방공공단체의 장, 그 의회의 의원 등에 대한 선거의 권리를 보장하는 것이라고 할 수 없다. [중략]

법률을 통하여 지방공공단체의 장, 그 의회의 의원 등에 대한 선거권을 부여하는 조치를 강구하는 것은 헌법상 금지되어 있지 않다고 해석하는 것이 상당하다. 그러나 위와 같은 조치를 취할지 여부는 전적으로 국가의 입법정책에 관련된 사항으로서, 이러한 조치를 하지 않는다고 해서 위헌의 문제가 발생하는 것은 아니다" (상고 기각).

3) 외국인의 사회권 관련 판결 — 시오미소송(塩見訴訟, 최고재판소 1989년3월2일 제1소법정 판결)

사건 개요

1934년에 일본에서 재일조선인 부모 슬하에서 태어난 X(원고, 항소인, 상고인)는 당시 일본 국적을 가지고 있었으나, 1952년 샌프란시스코강화조약 체결(조선에 대한 일본의 주권상실), 및 조약발효의 따른 일본 법무부 민사국장의 통지通達에 의해 일본 국적을 상실한 것으로 간주되었다. 그 후 X는 특별영주자特別永住者 자격으로 일본에서 생활하게 된다. 1959년에 제정된 일본의 국민연금법은 국민연금의 자격조건으로 국적을 포함시켜 일본에 있는 외국인은 연금 대상자에서 제외되었다. 1970년 X는 일본인 남성과 결혼하고 귀화를 거쳐 일본 국적을 다시 취득하게 된다. 당시 X는 Y(피고, 오사카부 지사)에 대하여 장애복지연금의 재정을 청구하였는데, Y는 장애인정의 시점에 있어서 일본 국민이 아닌 자에 대해서는 연금을 지급할 수 없다는 연금법 규정에 근거하여 해당 청구를 기각하는 처분을 내렸다. 이에 원고는 이러한 연금법의 국적 관련 조항이 헌법에 위배된다는 소를 제기하였다.

제1심(오사카지방재판소)과 제2심(오사카고등재판소)은 모두 청구를 기각하였다.

최고재판소의 판단

"사회보장 관련 정책에 있어서 재류외국인을 어떻게 처우할 것인가에 대해서, 국가는 특별한 조약이 있지 않은 한, 해당 외국인이 소속된 국가와의 외교관계, 변동하는 국제정세, 국내의 정치·경제·사회의 제반 사정 등에 비추어 그 정치적 판단에 따라 이를 결정할 수 있는 것으로, 한정된 재원으로 복지적 급부를 진행함에 있어 자국민을 재류외국인보다 우선적으로 취급하는 것도 허용되어야 한다고 해석된다. 따라서 법[국민연금법] 제81조 제1항의 장애복지연금의 지급대상자에서 재류외국인을 제외하는 것은 입법부의 재량의 범위에 속하는 사항이라고 보아야 할 것이다.[중략]

헌법 제14조 제1항은 법 앞의 평등원칙을 규정하고 있지만, 위 규정은 합리적인 이유가 없는 차별을 금지하는 취지로서 각 개인마다 존재하는 경제적, 사회적, 기타 여러 가지 사실관계상의 차이를 이유로 그 법적 취급을 구별하는 것은 그 구별에 합리성이 있는 한, 위의 규정에 위반하는 것이 아니다(최고재판소 1964년5월27일 대법정 판결). 그런데 법 제81조 제1항에 장애복지연금의 급부에 관하여 폐질의 인정 시점에 일본국적을 가진 자와 그렇지 않은 자 사이에 구별이 설정되어 있는데, 위에서 보다시피, 장애복지연금의 급부에 관해 자국민을 재류외국인에 우선시함으로써 재류외국인을 지급대상자로부터 제외하는 것, 또한 폐질의 인정 시점인 제도 발족시의 1959년 11월 1일에 있어서 일본국민이어야 함을 수급의 자격요건으로 정한 것은 입법부의 재량의 범위에 속하는 사항이라고 해야 하기에, 이러한 취급의 구별에 대하여 그 합리성을 부정할 수 없고 이를 헌법 제14조 제1항에 위반하는 것이라고 할 수 없다." (상고 기각)

위의 몇몇 판례에서 보다시피, 일본의 최고재판소는 외국인의 인권문제에 관해 다음과 같은 태도를 보이고 있다. 첫째, 헌법에 규정된 인권조항은 원칙적으로 — 권리의 성질상 일본 국민에게만 한정되어야 하는 것을 제외하고 — 외국인에게도 적용된다. 즉 외국인의 인권향유주체성을 부정하지 않는다. 둘째, 외국인에게 인정되지 않는 권리의 전형적 사례로서 참정권, 사회권 및 출입국과 체류 관련 권리가 있다. 일반적으로 참정권은 국민주권의 원리에 의해, 사회권은 그 사람이 소속된 국가가 우선적으로 보장해야 한다는 이유에서, 출입국과 체류에 관련한 권리는 해당 국가의 주권사항 및 자유재량에 속한다는 이유에서 외국인에 대한 적용의 배제가 정당화된다. 마지막으로, 사회보장의 수급자격에 외국인을 포함시킬지 여부에 대한 판단은 입법부의 재량범위에 속한다고 하고 외국인의 공무원 선거권은 부정하는 한편, 지방공공단체의 경우 입법을 통해 지방공무원의 선거권을 외국인에게 부여할 수도 있다고 하는 등 외국인의 인권향유주체문제에 관한 입법기관의 재량권을 광범위하게 인정하였다.

최고재판소의 판례에 대해 일본의 학설은 대체로 찬동하면서도, 외국인의 인권문제에 관해서는 '권리의 성질' 뿐만 아니라 '외국인의 존재형태'도 감안해서 판단해야 한다는 비판을 제기한다. 일본 국적을 가지고 있지 않는 외국인이라고 하지만, 일본에서 태어나고 일본에서 계속 살아온 영주권자와 일본에 잠깐 체류하거나 여행 온 것에 불과한 외국인을 동일시할 수는 없다는 것이다. 특히 일본의 경우 1952년까지 일본 국적을 가지고 있다가 샌프란시스코평화조약과 일본 법무부의 통지에 의해 국적을 상실한, 한반도와 대만 출신 '외국인'과 그들의 자손들을 일반적인 외국인으로서 취급해도 되는지에 관하여 여러 가지 논의가 있다. 국적이라는 법적 테두리로 위와 같은 '외국인'을 일반 일본국민과 구별·차별하는 입법기관 및 기타 권력기관의 결정에 대하여 사법기관이 어느 정도에서는 제약 내지 억제의 역할을 해야 하는데, 사법소극주의의 태도로 일관하는 일본의 재판소는 지금까지 외국인의 인권 문제에 관하여 법령의 위헌판결을 내린 적은 없다[後藤·外国人の人権].

2. 법인의 인권

헌법이 보장하는 인권은 본디 자연인에게만 보장되는 권리다. 다만, 법인 등 단체가 사회적 실체로 인식되면서 자연인뿐만 아니라 자연인에 의해 구성된 법인이나 그밖의 단체 역시 헌법이 보장하는 인권의 주체가 될 수 있다는 논의가 전개되었다. 독일기본법은 법인의 인권에 대하여 명확하게 인정하고 있다. “기본권은 그 성질상 국내 법인에게 적용될 수 있는 한, 그에도 적용된다”(제19조 제3항). 일본국헌법은 법인의 인권에 관해서는 이를 언급하는 규정을 두고 있지 않다. 일본의 최고재판소는 1970년의 판례에서 처음으로 법인의 인권주체성을 인정한 바 있다.

법인의 인권 관련 판결 — 하야타제철사건(八幡製鐵事件, 최고재판소 1970년6월24일 대법정 판결)

사건 개요

주식회사의 대표이사(代表取締役)인 Y1와 Y2(피고, 항소인, 피상고인)는 회사를 대표하여 자유민주당에 정치자금으로 350만 엔을 기부하였다. 회사 주주 X는 이러한 기부가 회사 정관에서 정한 사업목적의 범위 밖의 활동이고 상법이 정한 이사(取締役)의 충실의무를 어겨 회사에 손해를 끼쳤다고 하면서 주주대표소송을 제기하였다.

제1심(동경지방재판소)은 회사가 무상으로 재산을 출연하는 비거래행위非取引行為는 회사의 영업목적에 반하는 것이지만 일부 ‘사회적 의무행위’로서의 기부는 그 예외로서 허용된다고 하면서도, 특정 정당에 대한 정치자금의 기부는 이러한 예외에 포함되지 않는다고 판단하였다(청구 인용). 이에 대해, 제2심(동경고등재판소)은 ‘독립된 사회적 존재’로서의 회사는 정관이 정한 사업목적과 관계없이 사회적으로 유익한 행위를 하는 능력을 가지고 있고 또한 정당은 대의민주제의 담지자로서 '공공의 이익에 봉사'하는 존재이므로, 회사가 정당에 정치자금을 기부하는 능력을 가지고 있다고 판단하였다(원심 파기, X의 청구 기각).

최고재판소의 판단

"헌법은 정당에 관하여 규정한 바가 없고 정당에 특별한 지위를 부여하지 않았지만 헌법이 정한 의회제민주주의는 정당을 무시하고는 도저히 그 원활한 운용을 기대할 수 없기 때문에, 헌법은 정당의 존재를 당연히 예정하고 있는 것으로 보아야 할 것이고 정당은 의회제민주주의를 지탱하는 불가결한 요소이다. 또한 동시에 정당은 국민의 정치의사를 형성하는 가장 유력한 매개체이므로 정당의 상황은 국민으로서는 중대한 관심사일 수밖에 없다. 따라서 정당의 건전한 발전에 협력하는 것은 회사로서도 사회적 실제로서 당연한 행위로 기대되는 바이고, 협력의 한 형태로서의 정치자금 기부 역시 예외는 아니다. [중략]

헌법상의 선거권 및 그밖의 이른바 참정권이 자연인인 국민에게만 인정된다는 것은 앞서 논한 바와 같다. 그러나 회사가 납세의 의무를 지는 자연인인 국민과 동일하게 국세 등의 부담을 갖는 이상, 납세자인 입장에서 국가나 지방공공단체의 정책에 대하여 의견의 표명 및 기타 행동에 나선다고 해도 이를 금지, 억압할 이유가 없다. 뿐만 아니라 헌법 제3장에서 규정하는 국민의 권리와 의무의 각 조항은 성질상 가능한 경우, 국내의 법인에게도 적용되는 것으로 해석해야 하기 때문에, 회사는 자연인인 국민과 마찬가지로 국가나 정당의 특정 정책을 지지, 추진 또는 반대하는 등의 정치적 행위를 하는 자유를 갖는 것이다. 정치자금의 기부도 마침 그 자유의 일환이고, 회사가 이를 행함에 따라 정치의 동향에 영향을 미치는 일이 생기더라도 이를 자연인인 국민에 의한 기부와 달리 취급해야 하는 헌법상의 요청이 있는 것이 아니다. [중략]

이상 설시한 바와 같이, 주식회사에 의한 정치자금의 기부는 우리 헌법에 반하는 것이 아니고, 따라서 그러한 기부가 헌법에 반한다는 것을 전제로 민

법 제90조에 위반된다는 논지는 그 전제를 결여한 것이라고 말할 수밖에 없다." (상고 기각)

법인의 인권향유주체성을 정면으로 긍정하였다고 알려진 이 판결에서, 최고재판소는 헌법의 권리조항은 '성질상 가능한 범위'에서 법인에게도 적용되고 회사는 자연인과 마찬가지로 국가와 정당의 특정 정책을 지지 또는 반대하는 정치적 자유를 가진다고 하였다.

학설은 법인의 인권에 대하여 법인은 주로 재산권의 주체인 점에 그 의미가 있기 때문에, 우선 재산법상 권리의무에 관한 조항은 법인에게도 적용된다고 한다. 예컨대 재산권, 영업의 자유, 거주이전의 자유 등이 바로 그것이다. 청원권, 재판을 받을 권리, 국가배상청구권과 같은 국무청구권 및 형사절차상의 각종 권리도 법인에게 적용된다. 그밖에 정신적 자유권에 관해서는 종교법인에게는 신앙의 자유가, 학교법인에게는 학문과 교육의 자유가 보장되고 표현의 자유는 법인 일반 모두에게 보장된다. 반대로 생명이나 신체에 관한 자유권, 생존권 및 선거권과 피선거권 관련 헌법조항은 그 권리의 성질상 법인에게 적용되지 않는다.

다만 법인은 자연인과 마찬가지로 일부 헌법적 권리의 향유주체로 될 수는 있으나 자연인과 동등한 정도로 보장받는 것은 아니고 그 보장 정도에는 일정한 한계가 있다고 여겨진다. 즉 법인의 인권행사가 자연인의 인권을 부당하게 제한하는 형태로 이루어지지 않도록 해야 하므로, 법인의 권리행사는 자연인과 다른 별도의 규제를 받아야 하고 또한 법인 내부 구성원의 인권과의 조정을 전제로 해야 한다[野中·憲法 I p.232-236].

3. 천황·황족의 인권

이른바 상징천황제를 시행하고 있는 일본의 현행 헌법체제하에서 천황 및 황족皇族이 헌법에서 말하는 '국민'에 포함되는지 여부 및 인권의 주체가 될 수 있는지 여부가 문제된다. 이에 관한 최고재판소의 판례는 아직 존재하지 않는다.

천황과 황족의 인권향유 가능성에 대한 학설은 긍정설과 부정설로 나뉘지만 통설은 긍정설을 취하고 있다. 즉, 천황과 황족도 일본의 국적을 보유하고 있는 일본국민이고, 인간으로서 향유해야 하는 권리가 보장된다. 다만 헌법과 황실 관련 법률에 따라 각종 제약을 받는다. 예컨대 천황의 경우 선거권과 피선거권이 인정되지 않고 혼인의 자유, 재산권, 언론의 자유 등도 제한된다. 천황 외의 황족남성의 경우 혼인은 황실회의의 심의를 거쳐야 하고(황실전범, 제10조), 황실 재산의 양도와 양수는 일부의 경우를 제외하고 국회의 의결을 거쳐야 하며 황족의 각종 지출 역시 별도의 법규정에 따른다(헌법 제8조, 황실경제법 각 조항)[芦部·憲法 p.88-89].

제2절 사인 간 인권의 보장

헌법의 기본적 인권 규정은 공권력과의 관계에서 국민의 권리와 자유를 보호하는 것으로 생각되어 왔다. 하지만 대기업 등 거대한 힘을 가진 사적 단체가 생겨나면서 국민의 인권이 사적단체에 의해 위협, 침해당하는 사태가 발생하게 된다. 이러한 사회적 권력 — 국가 등의 공권력을 직접적으로 대표하지는 않지만 국가권력과 유사한 권력을 갖는 단체 — 에 의한 인권침해로부터 국민을 보호함에 있어서 헌법의 관련 규정을 직접 적용할 수 있는가가 문제된다. '인권의 또는 헌법의 사인 간 효력', '사법질서에 있어서 기본권의 효력' 등에서 논의되는 문제다.

이와 관련하여, 헌법의 인권 규정은 사인 간에는 적용되지 않는다는 무효력(적용)설은 일본에서는 더 이상 주장되지 않으므로, 현재 학설은 크게 직접효력(적용)설과 간접효력(적용)설로 나뉜다. 즉, 전자는 국가권력과 마찬가지로 사회적 권력에 대해서도 헌법규정이 직접 적용된다고 주장하는 반면, 후자는 사인 간에는 원칙적으로 사적자치에 따르는 것이 원칙이지만 헌법 규정은 예컨대 민법 제90조(公序良俗의 규정)와 같은 규정을 통해 사인 간의 관계에도 '간접적으로' 효력을 미칠 수 있다고 주장한다.

사인간 인권의 보장에 관한 판결 — 미쓰비시수지사건(三菱樹脂事件, 최고재판소 1973년12월12일 대법정 판결)

사건 개요

X(원고, 피항소인/항소인, 피상고인)는 대학을 졸업하고 주식회사 Y에 3개월의 수습기간을 조건으로 채용되었지만, 입사시험 때 신상명세서를 일부 허위로 기재하고 면접에서도 학생운동 경력 등을 숨겼다는 이유로 수습기간의 만료직전에 본채용을 거부한다는 통보를 받게 된다. 이에 대하여 X는 노동계약관계 존재의 확인 등을 구하는 소를 제기하였다.

제1심(동경지방재판소)은 Y의 해지권 행사가 고용권의 남용에 해당하는 것으로 보고 원고 청구를 대체로 인용하였다. 제1심 판결에 대해 쌍방 모두 항소를 제기하였는바, 제2심(동경고등재판소)은 ① 헌법 제19조가 보장하는 사상, 신조의 자유는 사인 간의 경우에도 한쪽이 다른 쪽보다 우월한 지위에 있을 시 그 의사에 반하여 함부로 침해해서는 안 되고, ② 신문사나 학교 등과 달리 일반적인 회사에서는 노동자의 정치적 사상, 신조 때문에 사업수행에 지장이 생긴다고 생각되지 않기에, ③ 입사시험 때 응모자의 정치적 사상, 신조에 반하는 사항을 신고하도록 하는 것은 공서양속을 위반하는 것으로 보아 원고의 전면승소를 선고하였다.

최고재판소의 판단

“[헌법 제19조, 제14조 등] 규정은 동법 제3장의 그 밖의 자유권적 기본권의 보장규정과 마찬가지로, 국가 또는 공공단체의 통치행위에 대하여 개인의 기본적인 자유와 평등을 보장하는 목적에서 나온 것으로 오로지 국가 또는 공공단체와 개인과의 관계를 규율하는 것이지, 사인 상호간의 관계를 직접 규율하는 것을 예정하고 있지 않다. 이 점은 기본적 인권이라는 관념의 성립 및 발전의 연혁에 비추어보아도, 또한 헌법에서의 기본권 규정의 형식, 내용을 고려해보아도 명백하다 …… 사인 간의 관계에 있어서 개개인이 가지고 있는 자유와 평등의 권리 자체가 구체적인 경우에서 서로 모순, 대립할 가능성이 있고, 이러한 경우에 그 대립의 조정은 근대자유사회에 있어서는 원칙적으로 사적자치에 맡겨져 있되, 다만 한쪽의 다른 쪽에 대한 침해의 형태, 정도가 사회적으로 허용되는 일정한 한도를 넘을 경우에만 법이 이에 개입하여 그 사이에서 조정을 진행한다는 전제가 정해져 있으므로, 이 점에 있어서는 국가 또는 공공단체와 개인과의 관계의 경우와는 상이한 관점에서 고려할 필요가 있으며, 후자에 대한 헌법상의 기본권 보장규정을 그대로 사인 상호간의 관계에 대해서도 적용 내지 유추적용해야 한다고 하는 것은 결코 적절한 해석이라고 할 수 없다. [중략]

사적 지배관계에서 개인의 기본적인 자유나 평등에 대한 구체적인 침해 또는 침해의 우려가 있고 그 형태, 정도가 사회적으로 허용되는 한도를 넘을 때에는 이에 대한 입법조치에 의해 그 시정을 도모하는 것이 가능하고, 또한 경우에 따라서는 사적자치에 대한 일반적 제한규정인 민법 제1조, 제90조 및 불법행위에 관한 여러 규정 등의 적절한 운용을 통해 한편으로는 사적자치의 원칙을 존중하면서, 다른 한편으로는 사회적 허용성의 한도를 넘는 침해에 대하여 기본적인 자유나 평등의 이익을 보호함으로써, 그 사이의 적절한 조정을 도모하는 방법도 존재하는 것이다. [중략]

헌법은 사상, 신조의 자유나 법 앞의 평등을 보장하는 동시에, 제22조, 제29조 등에서 재산권의 행사, 영업 및 그 밖의 경제활동의 자유 역시 기본적 인권으로 넓게 보장하고 있다. 따라서 기업인은 이러한 경제활동의 일환으로 계약체결의 자유를 가지고 있고 자신의 영업을 위하여 노동자를 고용하는 데 있어 어떠한 자를 고용할지, 어떠한 조건으로 고용할지에 대하여 법률 및 기타 특별한 제한이 없는 한 원칙적으로 자유롭게 결정할 수 있으므로, 기업인이 특정 사상, 신조를 가지고 있는 자에 대해 그것을 이유로 고용을 거부한 경우에도, 이를 당연히 위법이라고 할 수 없는 것이다. …… 또한 사상, 신조를 이유로 한 고용의 거부를 바로 민법상의 불법행위이라고 할 수 없는 점은 명확하고, 그 밖에 이를 공서양속의 위반이라고 해석할 근거도 찾아낼 수 없다" [파기 환송]

이 판결에 따라 일본의 최고재판소는 헌법규정의 사인 간 적용에 관한 문제에 대하여 이른바 간접적용설을 취하는 것으로 평가되고 있다. 그 외 민법 제90조의 적용에 관련하여 일본의 최고재판소는 사적단체인 회사가 정년연령에 있어서 남녀를 구분하는 것은 "성별만에 의한 불합리한 차별을 규정한 것으로 민법 제90조의 규정에 반해 무효이다"라고 판단한 적이 있다(최고재판소 1981년3월24일 제3소법정 판결).

학설은 최고재판소가 취하고 있는 간접적용설을 대체로 지지하면서 일부 권리의 경우에는 헌법의 직접적인 효력을 인정해야 한다고 본다. 우선 일본국헌법에서 사인 간 직접적인 효력을 명확히 규정한 권리인 경우이다. 여기에는 노예적 구속과 의사에 반한 노역을 받지 않을 권리(헌법 제18조), 근로자의 단결 및 단체교섭 등 단체행동 권리의 보장(헌법 제28조), 선거인이 선거에서의 선택으로 인한 공적 또는 사적인 책임을 지지 않을 권리(제15조 제4항)가 포함된다.

그 외 간접적용설을 취할 경우에도 인권침해행위의 형태에 따라 구분하여 고려할 필요가 있다고 한다. 즉 그러한 인권침해가 ① 법률행위에 기인한 경우(예컨대 노동계약의 체결 또는 해제), ② 사실행위에 기인하였지만 그 사실행위 자체가 법령 등의 조문에 근거를 둔 경우(예컨대 학칙에 의한 퇴학처분)에는 관련 법률 등을 해석하는 과정에서 헌법의 인권조항을 감안하고 그 규정을 간접적으로 적용할 수 있다. 그러나 ③ 인권침해가 사적단체의 순수한 사실행위에 기인하는 경우에는 간접적용설에 따르는 경우 헌법문제로서 정면으로 다툴 여지가 없다.

이에 관해서는 미국의 국가행위이론state action doctrine을 참조하여 사인간 행위의 위헌성을 판단할 필요가 있다는 주장이 제기된다. 이 이론에 따르면, 공권력이 사인의 사적인 행위에 극히 중요한 정도까지 개입되어 있는 경우 또는 사인이 국가의 행위에 준하는 고도의 공적기능을 행사하는 경우에는, 해당 사적 행위를 국가행위와 동일시하여 헌법의 규정을 직접 적용해야 한다는 것이다. 다만, 일본의 최고재판소가 이 이론을 부연하거나 인용한 판례는 아직 없다[君塚·私人間における権利の保障].

제3절 특별 법률관계에 있어서의 인권(공무원의 인권)

일반 국민의 인권이 헌법에 의해 보장되는 데 반해, 공무원과 같은 일부 공권력과 특수한 관계에 놓여있는 자에 대해서는 인권 제한이 광범위하게 허용된다. 이를 정당화하기 위해 개발된 것이 이른바 '특별권력관계이론特別權力關係の理論'이다. 이에 따르면 공권력과 특별권력관계에 놓인 경우에는 일반 법 원리와는 다른 특수한 법리가 작동한다. 즉 ① 공권력은 법률의 근거가 없어도 포괄적인 지배권을 행사할 수 있고(법치주의 배제),

② 기본적 인권을 광범히 제한할 수 있으며(인권보장의 배제), ③ 공권력 행위의 적법성에 관하여 재판소에 의한 심사를 받지 않는다(사법심사의 배제). 메이지헌법체제 하에서는 공무원과 더불어 수감자, 전염병 등의 이유로 강제입원당한 환자, 국공립대학의 학생 등이 특별 법률관계의 전형적인 예로 거론되었다.

이 이론에 대해서는 공무원이나 수감자와 같이 서로 이질적인 각종 법률관계를 '특별권력관계'라는 하나의 카테고리로 통일적으로 설명할 수 없다는 비판이 제기되었고, 각종 공법관계에 대해서는 관련 법규에 근거하여 개별적으로 검토해야 한다고 하였다. 현재 특별 법률관계와 관련하여 주로 논의되는 것은 공무원의 인권문제, 즉 공무원에 대한 인권제한이 어느 정도까지 허용되는가의 문제이다.

일본에서는 공무원의 정치행위는 국가공무원법, 인사원규칙人事院規則 및 지방공무원법에 의해 광범위하게 금지되어 있고 노동기본권 역시 관련 법규에 따라서 크게 제한되고 있다. 이러한 제한규정의 위헌성에 대하여 일본 최고재판소는 다음과 같이 해석, 판단하고 있다[松本·特別権力関係と人権].

공무원의 정치행위 관련 판결 — 사루후쓰사건(猿払事件, 최고재판소 1974년11월6일 대법정 판결)

사건 개요

Y(피고인)는 홋카이도 사루후쓰촌(猿払村)의 우체국에서 근무하는 사무관이고 사루후쓰지구노동조합협의회의 사무국장을 맡고 있다. 1967년 중의원선거에 있어서 피고인은 동 협의회의 결정에 따라 일본사회당을 지지하는 목적으로 사회당 공인후보자의 선거용 포스터 6매를 공영게시장에 게시하고, 동 포스터 약 184매를 다른 사람에게 의뢰하여 배포하였다. Y는 이러한 행위가

정치행위를 금지하고 이에 대한 처벌을 규정하는 국가공무원법 제102조 및 인사원규칙에 위반하는 것으로 기소되었다.

제1심(아사히카와(旭川)지방재판소)은 국가공무원법 제102조 제1항이 피고인의 행위에 적용되는 한도에 있어서는 합리적이고 필요한 최소의 한도를 넘어 헌법 제21조, 제31조에 반하는 것이어서 피고인은 무죄라고 판단하였다. 제2심(삿포로고등재판소)은 제1심의 판단이 결론에 있어서 타당하다고 판단하였다. 이에 대하여 검찰 측은 헌법의 해석에 오류가 있다는 이유로 상고하였다.

최고재판소의 판단

"국가공무원법 제102조 제1항 및 규칙에 의해 공무원에게 금지되는 정치적 행위 역시 정도에 따라 정치적 의견의 표명을 내포하는 행위이기에, 만일 이러한 행위가 국민 일반에 대하여서도 금지된다면 헌법위반의 문제가 생기는 것은 말할 나위도 없다. 그러나 국가공무원법 제102조 제1항 및 규칙에 의한 정치적 행위의 금지는 원래 국민 일반에 향한 것이 아니라 공무원만을 향한 것이다. 그런데 국민의 신탁에 의한 국정이 국민전체에 대한 봉사를 취지로 삼아 행해져야 하는 것은 당연한 이치이고, '모든 공무원은 전체의 봉사자이지 일부의 봉사자가 아니'라는 헌법 제15조 제2항의 규정으로부터도 역시 공무는 국민의 일부에 대한 봉사로서가 아니라 그 전체에 대한 봉사로서 운영되어야 하는 것으로 이해할 수 있다. 공무 중에서도 행정 분야에서의 공무는 헌법이 정한 통치조직의 구조에 비추어, 의회제민주주의에 근거한 정치과정을 거쳐 결정된 정책의 충실한 수행이 기대되고, 오로지 국민 전체에 대한 봉사를 취지로 정치적 편향을 배제한 채 운영되어야 하는 것으로 이해되고, 이를 위해서는 각각의 공무원이 정치적으로 일당일파에 편향되지 않고 엄격히 중립적인 입장을 견지하여 그 직무의 수행에 임하는 것이 필요하다. 즉 행정의 중립적 운영이 확보되고 이에 대한 국민의 신뢰가 유지되는 것은 헌법의 요청에 부합하는 것이고, 공무원의 정치적 중립성이 유지되는 것이 국민 전체의 중요한 이익이라고 해야 할 것이다. 그러므로 공무원의 정치적 중립성을 해할 우려가 있는 정치적 행위를 금지하는 것은, 그것이 합리적이고 필요한 한도에 그치는 한 헌법이 허용하는 점이라고 말해야 할 것이다.

국가공무원법 제102조 제1항 및 규칙에 의한 공무원에 대한 정치적 행위의 금지가 위와 같은 합리적이고 필요불가결한 한도에 그치는가 여부를 판단함에 있어서는, 금지의 목적, 그 목적과 금지되는 정치적 행위와의 관련성, 정치적 행위를 금지함으로써 얻을 수 있는 이익과 금지함으로써 잃을 수 있는 이익과의 균형이라는 3가지 점을 검토할 필요가 있다.

우선 금지의 목적과 그 목적과 금지된 행위와의 관련성에 대해서 살펴보면, 만일 공무원의 정치적 행위의 전부가 자유롭게 방임될 경우에는 공무원의 중립성이 스스로 훼손되고 이로써 그 직무의 수행 나아가서 그가 속하는 행정기관의 공무운영에 당파적 편향을 초래할 우려가 있고, 행정의 중립적 운영에 대한 국민의 신뢰가 훼손될 수밖에 없다. …… 이러한 폐해의 발생을 방지하고 행정의 중립적 운영과 이에 대한 국민의 신뢰를 확보하기 위하여, 공무원의 정치적 중립을 해칠 우려가 있는 정치적 행위를 금지하는 것은 바로 마침 헌법의 요청에 응하여 공무원을 포함한 국민 전체의 공동이익을 옹호하기 위한 조치이고, 그 목적은 정당한 것이라고 해야 할 것이다. 또한 위와 같은 폐해의 발생을 방지하기 위하여 공무원의 정치적 중립성을 해칠 우려가 있다고 인정되는 정치적 행위를 금지하는 것은 금지 목적과 합리적 연관성이 있다고 인정되는바, 비록 그러한 금지가 공무원의 직종, 직무권한, 근무시간 내외, 국가시설의 이용 여부를 구분하지 않고 또는 행정의 중립적 운영을 직접적으로, 구체적으로 해치는 행위에만 한정되지 않는다고 하더라도, 위의 합리적 관련성은 상실되는 것이 아니다." [파기 자판. 피고인 유죄, 벌금형 선고]

공무원의 노동기본권 관련 판결 — 전농림경직법사건(全農林警職法事件, 최고재판소 1973년4월25일 대법정 판결)

사건 개요

Y 등(피고인)은 비현업 국가공무원인, 농림성의 직원들로 구성된 전농림노동조합의 임원이다. Y 등은 농림성 직원들에게 경찰관직무집행법의 개정안(1958년)에 반대하기 위한 직장대회에 참가하도록 종용하였다는 이유로, 위법한 쟁의행위를 선동한 행위에 대한 형사처벌을 정한 국가공무원법 제110조 제1항에 근거하여 기소되었다.

제1심(동경지방재판소)은 국가공무원법 제110조 제1항 제17호의 대상이 되는 행위를 한정적으로 해석하여 Y 등에 대하여 무죄를 선고하였으나, 제2심(동경고등재판소)은 제1심의 한정해석을 부정하고 Y 등에게 5만 엔의 벌금형을 선고하였다.

최고재판소의 판단

"공무원은 사기업의 노동자와 달리, 국민의 신뢰를 바탕으로 국정을 담당하는 정부에 의해 임명된 자이지만, 헌법 제15조가 나타내듯이 실질적으로 그 사용자는 국민 전체이고 공무원의 노무제공의무는 국민 전체에 지고 있는 것이다. 물론 이러한 이유만으로 공무원에 대해 단결권을 비롯한 기타 일체의 노동기본권을 부정하는 것은 용납될 수 없으나, 공무원의 지위의 특수성과 직무의 공공성에 비추어볼 때, 이를 근거로 공무원의 노동기본권에 대해 필수불가결한 한도의 제한을 부가하는 것은 충분히 합리적인 이유가 있다. 왜냐면 공무원은 공공의 이익을 위하여 근무하는 자이고 공무의 원활한 운영을 위해서는 그가 담당하는 직무내용과 상관없이 각자의 직무에 있어서 그 직책을 수행하는 것이 필요불가결하고, 공무원이 쟁의행위에 참여하는 것은 그 지위의 특수성 및 직무의 공공성과 맞지 않을 뿐만 아니라 다소 공무의 정폐停廢를 초래하거나 초래할 우려가 있기 때문이다. …… 공무원에 대해서도 헌법에 의해 그 노동기본권이 보장되는 이상, 이러한 보장과 국민 전체의 공공이익의 옹호 간에 균형이 유지되는 것을 필요로 하는 것은 헌법의 취지라고 해석되므로 그 노동기본권을 제한함에 있어서 이를 대체할 상응조치가 강구되지 않으면 안 된다. [중략]

위에서 설명한 바와 같이 공무원이 종사하는 직무에는 공공성이 있는 한편, 법률에 의해 그 주요한 근무조건이 정해져있고 신분이 보장되어 있는 외에 적절한 대상조치가 강구되어 있기 때문에, 국가공무원법 제98조 제5항이 이러한 공무원의 쟁의행위 및 그 선동행위 등을 금지하는 것은 노동자를 포함한 국민 전체의 공동이익의 견지에서 보면, 부득이한 제약이라고 봐야 하고, 헌법 제28조에 위반하는 것은 아니라고 해야 한다. …… 위법한 쟁의행위를 선동하는 등의 행위를 한 자는 위법한 쟁의행위에 대하여 원동력을 제공한 자로서 단순한 쟁의참가자에 비하여 사회적 책임이 무겁고, 쟁의행위의 개시 또는 그 수행의 원인을 만드는 것이므로 이러한 선동 등의 행위자에게 책임을 물음과 동시에 위법한 쟁의행위를 방지하기 위하여 그들에게 특별히 처벌의 필요성을 인정하고 벌칙을 규정하는 것에는 충분히 합리성이 있다고 할 수 있다.” [상고 기각]

이처럼 위의 두 사건에서 제1심판결은 정치행위나 쟁의행위 및 그 선동행위를 행한 공무원에 대하여 무죄로 판결한 데 비해, 최고재판소는 관련 법률의 위헌성을 인정하지 않고 피고인에게 유죄판결을 선고하였다. 근로자로서의 공무원의 인권보호보다 행정체계의 안정과 중립성을 중요시하고 법률에 대한 위헌성 판단을 회피한 것이다. 하급재판소에 비해 최고재판소의 사법소극주의 내지 보수주의적 태도가 엿보이는 대목이다.

공무원의 헌법적 권리에 관해 일본의 최고재판소가 이 두 판결에서 보인 해석태도는 오랫동안 유지되어 왔다. 최고재판소가 구성한 법리는 대체로 다음과 같다. 헌법에서 보장되는 각 권리는 공무원에 대해서도 부정되지는 않지만 공무원 신분의 특수성에 의해 제약을 받는다. 공무원은 '국민 전체의 봉사자'이고 '공공의 이익'을 위해 근무하는 자이기에 공무원의 정치적 중립성을 해치는 공무원의 정치행위의 금지나 노동기본권의 제한은 그 합리성이 있다. 비록 이러한 금지, 처벌 규정이 공무원의 헌법적 권리를 제한하겠지만 공무원 지위의 특수성과 직무의 공공성을 감안하면 부득이하다. 그 외 이익균형의 관점에서 보더라도 공무원의 권리를 제한하여 잃을 수 있는 이익에 비해 '행정의 중립적 운영과 그에 대한 국민의 신뢰 확보'라고 하는, 이를 통해 얻을 수 있는 이익이 더욱 크다. 따라서 관련 법 규정의 위헌성은 인정되지 않는다(그 외 공무원의 노동기본권 제한에 관해서는 아래 제4장 제3절 내용 참조).

제2장
포괄적 기본권과 법 앞의 평등

제1절 생명, 자유 및 행복추구권

일본국헌법은 국민의 개별적인 권리를 열거하기에 앞서 "모든 국민은 개인으로서 존중된다. 생명, 자유 및 행복추구에 대한 국민의 권리에 관해서는 공공의 복지에 반하지 않는 한 입법 및 그 밖의 국정에서 최대한 존중되어야 한다."라고 하는 포괄적인 규정을 두고 있다(제13조). 미국의 독립선언문 나아가 로크의 자연권 이론에서 유래하였다고 알려진 이 조항은 전반부에서 국민은 개개인으로서 존중된다고 하는 개인주의원리를 명확히 하였고, 후반부에서는 '생명, 자유 및 행복추구에 대한 국민의 권리'에 대하여 언급하고 있다.

여기서 언급된 생명, 자유 및 행복추구에 대한 권리(흔히 '행복추구권幸福追求權'으로 통칭)의 법적 성격, 즉 이 규정을 단지 일반적 원리의 표명으로 보아야 하는지 아니면 이로부터 구체적 권리를 도출할 수 있는지가 문제된다. 초기의 학설은 제13조가 규정한 행복추구 등의 권리는 각종 헌법적 권리의 근저에 놓인 원리에 대한 선언에 불구하고, 이 규정만을 근거로 구체적인 권리를 주장하거나 재판을 통한 구제를 구할 수 없다고 하였다. 그 후 사회변화와 함께 각종 새로운 권리를 인정할 필요성이 제기되고 학설은 점차 행복추구권에서 파생된 일부 권리를 인정하기에 이른다. 현재 통설은 행복추구권은 헌법에 열거되지 않은 새로운 권리의 근거가 되는 포괄적 권리이고, 행복추구권을 통해 근거지워지는 일부 개별적 권리는 헌법상의 권리, 즉 재판상 구제를 받을 수 있는 권리로 해석되어야 한다고 한다.

제13조가 보장하는 행복추구권에 포함된 구체적 권리의 유형에 관해서는 견해가 엇갈린다. 일반적으로 행복추구권과 관련하여 논의되는 권리로서 인격적 권리에 포함되는 명예권, 초상권, 프라이버시권, 자기결정권 및 기타 새로운 권리, 예컨대 환경권, 일조권, 정온권靜穩權, 조망권眺望權, 평화적 생존권 등이 있다. 그중 일본의 최고재판소가 헌법 제13조를 인용하여 정면으로 인정한 권리는 프라이버시권(사생활의 자유로서의 '초상권' 언급)과 자기결정권('자기결정권'이라는 표현을 직접 사용하지는 않음)이 있고 '인격권으로서의 명예의 보호'가 헌법 제13조와 연관된다는 점을 언급한 적이 있다[高井·幸福追求權].

프라이버시권(초상권) 관련 판결(최고재판소 1969년12월24일 대법정 판결)

사건 개요

학생데모에 참여한 Y(피고인)는 데모행렬을 사진촬영하고 있는 경찰에 대해 항의하였고 그 과정에서 경찰을 폭행한 혐의로 공무집행방해죄와 상해죄로 기소되었다. 제1심(교토지방재판소)과 제2심(오사카고등재판소)은 모두 피고인에게 유죄를 선고하였고 피고인은 상고하였다.

최고재판소의 판단

"[헌법 제13조는] 국민의 사생활상의 자유가 경찰권 등 국가권력의 행사에 대해서도 보호되어야 한다는 점을 규정하고 있다는 것이라고 말할 수 있다. 그리고 개인의 사생활상의 자유의 하나로서 그 누구도 자신의 승낙 없이 함부로 자신의 용모, 자태(이하 '용모 등'으로 칭함)를 촬영당하지 않을 자유를 가지고 있다고 해야 할 것이다.

이를 초상권이라고 칭하는지 여부와는 별도로, 적어도 경찰관이 정당한 이유도 없음에도 불구하고 개인의 용모 등을 촬영하는 일은 헌법 제13조의 취지에 반하고 허용되지 않는 것이라고 말하지 않을 수 없다. 그러나 개인이 가지고 있는 이러한 자유도 국가권력의 행사로부터 무제한적으로 보호되는 것은 아니고 공공의 복지를 위해 필요한 경우에는 상당한 제한을 받는 것은 이 조항의 규정에 비추어 보면 명백하다. 그리고 범죄를 수사하는 일은 공공의 복지를 위하여 경찰에 부여된 국가작용의 하나이고 경찰로서는 이를 수행해야 하는 책무가 있기에(경찰법 제2조 제1항 참조), 경찰관이 범죄수사의 필요상 사진을 촬영할 때 그 대상에 범인뿐만 아니라 제3자인 개인의 용모 등이 포함되어도 이것이 허용되는 경우가 있을 수 있다고 해야 한다." (상고 기각)

일본의 최고재판소는 이 판결에서 처음으로, 본인의 승낙 없이 용모 등을 함부로 촬영당하지 않는 권리가 개인의 사생활의 자유의 하나로서 헌법 제13조에 의해 보장된다는 점을 인정하였다. 이 판결을 통해 '프라이버시권' 내지 '프라이버시에 관한 권리'로 불리는 일부 권리가 헌법 제13조로부터 도출될 수 있게 되었다. 그 후 최고재판소는 전과 및 범죄경력의 조회에 관한 판결에서 "전과 및 범죄경력은 사람의 명예, 신용에 직접 관계되는 사항이므로 전과 등이 있는 사람이라고 할지라도 이를 함부로 공개되지 않을 법률상 보호가치가 있는 이익을 가지고 있다"고 하였고(최고재판소 1981년4월14일 제3소법정 판결), 지방공공단체가 주민기본대

장네트워크시스템을 통하여 정보를 관리하는 제도가 헌법 제13조에 위반하는지에 관한 소송에서는 "헌법 제13조는 국민의 사생활상의 자유가 공권력의 행사에 대해서도 보호되어야 한다는 점을 규정하고 있고, 개인의 생활상의 자유의 하나로서 그 누구도 개인에 관한 정보를 함부로 제3자에게 개시 또는 공표되지 않을 자유를 가진다고 해석된다"고 하였다(최고재판소 2008년3월6일 제1소법정 판결).

이처럼 비록 '프라이버시권'이라는 용어는 사용되지 않았지만, '자신의 사생활을 함부로 공개당하지 않는 법적 보장 내지 권리'가 판례에 의해 인정되었다. 이에 관하여 학설은 프라이버시권을 일반적으로 '자기에 관한 정보를 통제하는 권리'로 해석한다. 이로써 한국과 달리 '사생활의 비밀과 자유'에 관한 헌법조항을 가지고 있는 않는 일본에서도, 사생활의 권리는 개인의 존엄을 유지하고 행복의 추구를 보장하는 데 필수적인 것으로서 인식되고 헌법이 보장한 행복추구권에서 파생하는 권리로서 자리매김하게 되었다[實原·判例評釋].

자기결정권 관련 판례(최고재판소 2000년2월29일 제3소법정 판결)

사건 개요

A(원고, 항소인, 피상고인)는 '여호와의 증인'의 신자로서, 종교상의 신념에 따라 어떠한 경우에도 수혈을 받지 않는다는 강한 의사를 갖고 있다. 악성 간혈관종의 진단을 받은 A는 해당 병원으로부터 수혈을 받지 않을 경우 수술이 불가능하다고 통보받고 퇴원하였다. 그 뒤 A는 국가가 개설한 B병원의 C의사가 '여호와의 증인'의 신자에게 수혈을 동반하지 않은 수술을 했다는 소식을 듣고, B병원에 입원하고 무수혈의 취지를 C의사에게 전달하여 본인의 의사를 존중한다는 취지의 응답을 받았다.

B병원에서는 환자가 '여호와의 증인'의 신자인 경우에는 환자의 의사를 존

중하여 가능한 수혈을 하지 않겠지만, 수혈 외의 구명수단이 없을 때에는 환자 및 그 가족의 승낙과 관계없이 수혈한다는 의료방침을 정하고 있었다. 다만 이러한 방침은 A와 그 가족에게 전달되지 않았다. 그 후 실제 수술 과정에서 A의 출혈이 예상보다 많아, 담당의사인 C등 의사는 수혈하지 않으면 죽음에 이른다는 판단 하에 수혈을 하였다. A는 병원을 운영하는 국가에 대해 진료계약의 특약을 위반한 채무불이행행위가, C의사 등에 대해서는 개인의 자기결정권 및 종교상 양심의 자유를 침해한 불법행위가 있다고 하여 손해배상청구의 소를 제기하였다.

제1심(동경지방재판소)은 원고의 청구를 기각한 데 반하여, 제2심(동경고등재판소)은 위의 제2항(개인의 자기결정권 침해)에 관해 "[수술에는 환자의 동의가 필요하고] 이러한 동의는 개개인이 가지고 있는 자기의 삶의 방식(라이프 스타일)을 자기가 결정할 수 있다는 자기결정권에서 유래하는 것이다. …… 의사는 여호와의 증인 환자에 대하여 수혈이 예측되는 수술에 앞서 동 환자가 판단능력이 있는 성인일 경우에는 수혈거부의 의사意思의 구체적 내용을 확인함과 동시에 의사의 무수혈에 관한 치료방침을 설명할 필요가 있다"고 판단하였다(불법행위로 인한 손해배상 일부 인정).

최고재판소의 판단

"본 사건에 있어서 C의사 등이 A의 간장종양을 적출하기 위하여 의료수준에 따른 상당한 수술을 하려고 한 것은 인간의 생명 및 건강을 관리해야 하는 업무에 종사하는 자로서 당연한 일이라고 말할 수 있다. 그러나 환자가 수혈을 받는 것이 자신의 종교상의 신념에 반한다고 하면서 수혈을 동반한 의료행위를 거부하는 명확한 의사意思를 가지고 있는 경우, 이러한 의사결정을 내릴 권리는 인격권의 한 내용으로서 존중받아야 한다. …… C의사 등은 수술 중에 수혈 이외에는 구명수단이 없는 사태가 발생할 가능성을 부정하기 어렵다고 판단한 경우에는, A에 대하여 B병원으로서는 그러한 경우에 이르게 된다면 수혈할 방침을 갖고 있다는 점을 설명하고, 병원에 계속 입원하면서 C의사 등에게 이 사건 수술을 받을지 여부는 A자신의 의사결정에 맡겨야 한다고 해석하는 것이 상당하다.

그러나 C의사 등은 이 사건 수술에 이르기까지의 1개월 동안 수술 중에 수혈을 필요로 하는 사태가 생길 가능성이 있음을 인식했음에도 불구하고, A에 대하여 B병원이 채용하고 있는 위와 같은 태도를 설명하지 않고, 피상고인 등에 대하여 수혈할 가능성이 있음을 알리지 않은 채로 이 사건 수술을 시행하고 위 방침에 따라 수혈을 하였다. 사정이 이와 같다면 이 사건에 있어서 C의사 등은 위의 설명을 태만함으로써, A가 수혈을 동반할 가능성이 있는 이 사건 수술을 받을지 여부에 관한 의사결정을 내릴 권리를 빼앗은 것이라고 할 수밖에 없고, 이 점에서 A의 인격권을 침해한 것으로, A가 이로써 입은 정신적 고통에 대한 위자료의 책임을 져야 할 것이다.” (상고 기각)

최고재판소는 이 판결에서 항소심과 달리 ‘자기결정권’의 표현은 사용하지 않았지만, ‘의사결정을 내릴 권리’가 인격권의 일부이고 이러한 권리를 부정하는 것은 인격권의 침해이며 이에 따른 손해배상책임을 져야 한다고 보았다. 자기결정권은 개인이 일정한 사적 사항에 관하여 공권력의 간섭 없이 스스로 결정할 권리, 자유이다. 이러한 자기결정권은 자율적인 존재로서의 개인이 자신의 인격을 형성함에 있어서 빼놓을 수 없다. 물론 헌법에서 보장하고 있는 각종 자유권 역시 넓은 의미에서는 자기결정권의 영역에 포함되지만, 여기서 말하는 자기결정권의 문제는 헌법이 규정하고 있지 않는 사항에 관하여 개개인이 스스로 결정할 권리가 제13조의 행복추구권으로부터 도출될 수 있는지 여부이다. 현재 자기결정권으로 논의되는 사항에는 ① 자기의 생명, 신체의 처분에 관계되는 치료거부, 안락사, 자살 등이, ② 차세대의 재생산에 관계되는 출산 여부, 피임, 낙태, 자녀의 양육과 교육 등이, ③ 가족의 형성과 유지에 관계되는 결혼, 이혼 등이, ④ 그 외 복장, 흡연과 음주, 성적 자유, 취미 등이 포함된다[野中·憲法 I p.274-275].

제2절 법 앞의 평등

평등은 자유와 함께 근대입헌주의와 인권의 역사에서 가장 중요한 두 가지 이념 내지 실현해야 하는 목표이다. 이른바 근대의 시민혁명은 기존의 신분제사회의 여러 가지 차별을 타파하고 '평등한 시민'의 창출을 그 목적으로 하고 있다. "인간은 자유롭고 권리에 있어서 평등하게 태어나고 존재한다"(프랑스인권선언 제1조). 그 후 평등원칙 또는 법 앞의 평등은 각국의 헌법에서 보편적으로 추구하는 기본원리로 인식되었다. 하지만 얼핏 당연한 것으로 생각되는 법 앞의 평등은 실제 적용에 있어서는 그렇게 쉬운 문제가 아니다.

우선 평등에는 여러 가지 뜻이 있다. 예컨대 모든 인간에 대해 그들이 가지고 있는 각종 현실적인 차이를 사상捨象하고 일률적으로 동일하게 취급하는 형식적 평등과, 그들이 가지고 있는 현실적인 차이에 주목하고 그에 알맞은 시정是正을 통해 실현하는 실질적 평등이 구분된다. 또한 현실에서 인간을 — 남성과 여성, 미성년자와 성인, 재산과 소득이 많은 자와 적은 자, 범죄자와 일반인 등의 구분 없이 — 절대적으로 평등하게 대우하는 것은 오히려 불평등한, 불공정한 결과를 초래하기 십상이다. 따라서 평등은 실제로 이러한 절대적 평등이 아닌 합리적인 구분에 기초한 상대적 평등을 의미할 수밖에 없다.

상대적 평등의 기본 원리는 "동일한 것은 동일하게 취급하고, 동일하지 않은 것은 동일하지 않게 취급한다"로 개괄된다. 평등 원칙은 인간의 모든 합리적인 구분을 무시한, 절대적인 평등을 요구하는 것이 아니라 상대적인 평등, 즉 '불합리한 차별'의 금지를 요구하는 데 지나지 않는다는 것이다. 따라서 법 앞의 평등은 결국 관련된 각종 구별이 불합리한 차별에 속하는지 여부의 문제, 보다 구체적으로는 그러한 구별의 합리성에 대한 판단의 문제로 귀결된다.

일본국헌법의 평등 조항은 다른 국가의 헌법의 규정과 크게 다르지 않다. "모든 국민은 법 앞에 평등하고 인종, 신조信條, 성별, 사회적 신분 또는 문벌門閥에 의해 정치적, 경제적 또는 사회적 관계에서 차별받지 아니한다"(제14조). 이 조항에서 열거한 인종, 신조, 성별, 사회적 신분 또는 문벌과 같은 사항을 어떻게 해석할 것인가에 대해서 통설은 이른바 예시사유특별설例示事由特別說을 취하고 있다. 이에 따르면 이 조항의 후반부 규정은 전반부의 평등원칙에 관해 예시적으로 설명하기 위한 것으로 여기에 열거되지 않은 사항에 관해서도 평등원칙은 마찬가지로 적용된다. 다만, 인종이나 성별과 같은 헌법에서 예시된 사유에 대해서는 특별한 의미가 부여되고 이러한 사유에 근거한 차별은 원칙적으로 불합리한 차별로 추정되며 관련 법령의 위헌성 심사에 있어서 보다 엄격한 심사기준을 요구한다고 한다.

그 외 평등에 관한 헌법의 요청은 법 적용의 평등뿐만 아니라 법 내용의 평등도 포함한다. 행정권과 사법권이 법의 집행에 있어서 평등원칙을 준수해야 하는 것은 물론이고, 입법권(국회) 역시 평등원칙을 위반할 가능성이 있고 법률의 내용은 재판소의 위헌심사권을 통해 평등원칙에 부합하는지에 대해 심사받는다.

법 앞의 평등 관련 판결 — 존속살인중벌규정위헌판결(최고재판소 1973년4월4일 대법정 판결)

사건 개요

Y(피고인)는 14살쯤에 친아버지로부터 강제추행을 당한 후 그 후 10여 년간 부부와 같은 생활을 강요당하고 그 사이 5명의 자녀까지 두게 되었다. Y가 직장에서 만난 청년과 결혼을 하려 하자 친아버지는 10일간 협박, 학대를 가하게 된다. Y는 친아버지를 살해하고 즉시 자수하였다.

제1심(우쓰노미야(宇都宮)지방재판소)은 존속살인에 관한 형법 제200조가 위헌이라는 이유로 일반살인을 규정한 제199조를 적용하고, 과잉방어와 심신미약 등을 이유로 피고인의 형을 면제하였다. 제2심(동경고등재판소)은 형법 제200조를 합헌이라고 보았으며 과잉방어를 인정하지 않고 법률규정상 최저형량인 3년 6개월의 실형을 선고하였다. 이에 Y는 형법 제200조의 위헌을 주장하면서 상고하였다.

최고재판소의 판단

"헌법 제14조 제1항은 국민에 대하여 법 앞의 평등을 보장하는 규정으로, 동 조항 후반부에 열거한 사항은 예시한 것이라는 점, 또한 평등의 요청은 사항의 성질에 상응한 합리적인 근거에 기초하지 않는 한 차별적인 취급을 하는 것을 금지한다는 취지로 해석해야 한다는 점은 이 재판소의 판결에서 제시한 바 있다(최고재판소 1964년5월27일 대법정 판결). [중략]

존속의 살해는 통상의 살인에 비하여 일반적으로 고도의 사회적, 도의적 비난을 받아야 하므로 이를 그 처벌에 반영시킨다 하더라도 반드시 불합리하다고는 할 수 없다. …… 보통살해와 별도로 존속살해라고 하는 특별한 죄를 만들어 그 형을 가중하는 것 자체가 바로 위헌이라고 할 수는 없지만, 그러나 형벌가중의 정도에 따라서는 이러한 차별의 합리성을 부정해야 하는 경우가 없지 않다. 즉 가중의 정도가 극단적이고 앞에서 제시하듯이 입법목적을 달성하는 수단으로서 현저하게 균형을 잃었으며, 이를 정당화하는 근거가 보이지 않는 경우에는 그 차별은 현저하게 불합리한 것이라고 말할 수밖에 없고, 이러한 규정은 헌법 제14조 제1항에 위반하여 무효라고 해야 한다. [중략]

이렇게 보면, 존속살해의 법정형이 사형 또는 무기징역에 한정되어 있다는 점(현행 헌법상 이는 외환유치죄를 제외하고는 가장 무거운 것이다)에 있어서 너무나 가혹한 것이라 해야 하고, 위와 같은 입법목적, 즉 존속에 대한 경애나 보은이라고 하는 자연적 정서 내지 보편적 윤리의 관점만을 가지고는 이를 충분히 납득시킬 수 있는 설명이 이루어지지 않은 점이 있으며, 합리적 근거에 기초한 차별적 취급으로서 정당화하는 것은 도저히 되지 않는다." (파기 자판, 징역 2년 6개월, 집행유예 3년)

(다나카 지로(田中次郞) 재판관의 보충의견, 기타 2명 재판관 동조)

"[다수의견의] 결론에는 찬성하지만 다수의견이 형법 제200조를 위헌무효라고 하는 이유에는 동조할 수 없다. 즉 다수의견은 요약하자면 형법 제200조에 있어서 보통살인과 구별하여 존속살인에 관한 특별한 죄를 정하고 그 형을 가중하는 것 자체가 바로 위헌이 아니라고 하면서, 다만 그 형의 가중의 정도가 너무나도 가혹하다는 점에 있어서 동 조항은 헌법 제14조 제1항에 위반된다고 하였다. 이에 대하여 나는 보통살인과 구별하여 존속살인에 관한 규정을 두고 존속살인이라는 이유로 차별적 취급을 인정하는 것 자체가 법 앞의 평등을 정한 헌법 제14조 제1항에 반하는 것으로 해석해야 한다고 생각한다. …… 헌법의 취지를 감안하면, 존속이 오직 존속이라는 이유로 특별한 보호를 받아야 한다든지, 본인 이외 배우자를 포함한 비속의 존속살인은 그 도덕위배성이 현저하고 특히 강한 도덕적 비난을 받아야 한다는 이유에 의하여 존속살인에 관하여 특별한 규정을 두는 것은 일종의 신분제 도덕의 견지에 입각한 것으로 봐야 하고, 앞에 언급한 옛 가족제도의 윤리관에 입각하는 것이어서 개인의 존엄과 인격가치의 평등을 기본적인 출발점으로 삼는 민주주의의 이념에 저촉될 가능성이 매우 농후하다고 말하지 않을 수 없다."

일본의 최고재판소가 법률을 위헌이라고 판단한 첫 사례로 평가되는 이 판결에서, 최고재판소는 존속살해를 보통살해에 비해 엄하게 처벌하는 것 자체는 사회적 도의 등을 고려하면 합리적인 입법목적을 인정할 수 있다면서도 그 법정형이 사형과 무기징역에 한정되어 있다는 점이 그 목적을 달성하는 수단으로서 필요한 한도를 초월하므로 위헌, 무효에 해당한다고 하였다. 입법목적의 합리성을 인정한 다수의견에 반하여, 일부 보충의견에서는 살인 등 범죄에서 존속이라는 이유로 구별하고 일반 살인과 별도의 형을 두는 것 자체가, 즉 그러한 입법목적이 위헌이라고 판단하였다.

이처럼 어떠한 법률의 '구별 규정'이 합리적인 취급인지 아니면 불합리한 차별인지에 대한 판단 역시 결국 해당 법률의 입법목적과 이를 달성하는 수단과의 관계에 대한 해석에 달려 있다. 즉 입법목적이 합리적이고 필요한지 그리고 이러한 입법목적을 실현하기 위한 수단으로서 관련 규제가 필요하고 적당한지를 판단해야 한다. 이는 평등 관련 조항뿐만 아니라 그밖의 법령의 위헌성을 판단할 시에도 동일하게 적용되는 형식적인 2단계 심사구조이다.

한편으로 평등문제에 관련한 구체적인 사안에 있어서 합리적 구별과 불합리한 차별의 선긋기는 여러 가지 실질적인 요소를 고려하여 종합적으로 판단할 수밖에 없다. 예컨대 헌법이 주창하고 있는 민주주의, 법치주의, 자유, 개인의 존중 및 인간 존엄과 같은 각종 이념은 중요한 고려 요소이다. 또한 국민의식이나 여론, 사회적 통념, 지금까지의 관행과 그 변천의 역사, 여러 외국의 제도 등도 감안하지 않을 수 없다. 물론 평등 문제에 대한 국민의식과 여론, 사회적 통념은 변화한다. 불과 한 세기 전까지만 해도 이른바 헌법 선진국에서조차 여성에게 참정권을 부정, 제한하는 것은 일반적이었고 미국의 헌법역사에서 보다시피 인종에 근거한 제도적 차별이 없어지는 데에는 오랜 시간이 필요하였다.

일본의 최고재판소 역시 시대의 변화와 사회적 인식의 변화에 따라, 지금까지 합리적이라고 해석한 '구별'을 — 헌법판례의 변경을 통해 — 불합리한 차별이므로 위헌이라고 판단한 경우가 있다.

법 앞의 평등 관련 판결 — 비적출자법정상속결정위헌결정(최고재판소 2013년9월4일 대법정 결정)

사건 개요

피상속인 A의 유산에 관해 적출 자녀인 Y 등은 적출이 아닌 자녀 X 등(항고인)에 대하여 상속재산분할의 심판을 제기하였다. 원심(동경고등재판소)은 비적출자의 상속분을 1/2로 하는 민법 제900조 제4호의 단서 규정은 헌법 제14조 제1항에 위반되지 않고 따라서 이에 따라 A의 상속재산을 분할해야 한다고 하였다. 이에 대하여 X 등은 특별항고를 제기하였다.

최고재판소의 판단

"[최고재판소 1995년7월7일 대법정 결정은] 적출이 아닌 자의 법정상속분을 적출자의 1/2로 정한 이 사건 규정에 대하여 '민법이 법률혼주의를 채택한 이상, 법정상속분은 혼인관계에 있는 배우자와 그 자녀를 우대하여 이를 규정하는 한편, 비적출자에게도 일정한 법정상속분을 인정함으로써 그 보호를 도모하였다'고 하면서, 이 규정이 입법부에 부여된 합리적인 재량판단의 한계를 넘은 것이라고 할 수 없어 헌법 제14조 제1항에 반하는 것이라고 할 수 없다고 판단하였다.

그러나 법률혼주의 하에서도 적출자와 적출이 아닌 자의 법정상속분을 어떻게 정할 것인가에 대해서는, 위에서 설시한 사항을 종합적으로 고려하여 결정해야 하고 또한 이러한 사항은 시대와 더불어 변천하는 것이기도 하기에, 그 합리성에 대해서는 개인의 존엄과 법 앞의 평등을 정한 헌법에 비추어 부단히 검토되고 음미되어야 한다. [중략]

쇼와 22년(1947년) 민법개정 이후 현재에 이르기까지의 사회의 변동, 우리나라에 있어서 가족형태의 다양화 및 이에 동반한 국민의 의식의 변화, 여러 외국의 입법의 추세 및 우리나라가 비준한 조약의 내용과 이를 토대로 설치한 위원회로부터의 지적, 적출자와 적출이 아닌 자녀의 구별에 관한 법제도의 변화 나아가 지금까지의 이 재판소 판례에 있어서 여러 차례의 문제 지적 등을 종합적으로 고찰하면, 가족이라고 하는 공동체에서 개인의 존중이 보다 명확히 인식되어 왔다는 점은 명백하다고 할 수 있다. 그리고 법률혼이라고 하는 제도 자체가 우리나라에 정착되어 있다고 하더라도 위와 같은 인식변화에 더불어 위의 제도 하에서 부모 간에 혼인관계가 없다고 하는, 자녀에 있어서는 스스로 선택 또는 수정할 여지가 없는 사항을 이유로 그 자녀에게 불이익을 가하는 것은 허용되지 않고, 자녀를 개인으로서 존중하고 그의 권리를 보장해야 한다는 생각이 확립되어 왔다고 할 수 있다.

이상을 종합하면, 늦어도 A 등의 상속이 개시된 헤이세이 13년(2001년) 7월의 시점에 있어서는, 입법부의 재량을 고려하더라도 적출자와 적출이 아닌 자의 법적상속분을 구분하는 합리적인 근거는 상실되었다고 해야 할 것이다."
(원 결정 파기 송환)

제3장
자유권: 정신적 자유권과 경제적 자유권

제1절 정신적 자유권(1): 표현의 자유

현재 일본헌법학에서는 헌법이 보장하는 권리를 포괄적인 기본권과 법 앞의 평등 외에, 크게 자유권, 사회권, 참정권(국무청구권은 참정권과 별도)으로 구분하고 자유권을 정신적 자유권, 경제적 자유권 및 인신자유 관련 권리로 구분하여 논한다.

정신적 자유는 다시 내면의 자유와 외부로의 표출, 즉 표현의 자유로 구분되는데 내면의 자유의 전형으로 사상과 양심의 자유, 종교 신앙의 자유 및 학문의 자유가 있다. 표현의 자유에는 언론 및 출판과 같은 좁은 의미의 표현의 자유 외에도 집회의 자유나 결사의 자유 및 통신비밀의 보장이 포함된다.

표현의 자유에 관한 일본국헌법의 규정은 이렇다. "집회, 결사 및 언론, 출판 그 밖의 모든 표현의 자유를 보장한다. 검열은 해서는 아니 된다. 통신의 비밀은 침해해서는 아니 된다"(제21조). 현대 사회에서 표현의 자유를 지탱하는 가치 또는 표현의 자유를 두텁게 보장해야 하는 근거로 다음과 같은 몇 가지가 주로 언급된다. 첫째, 개인이 자유로운 언론활동을 통해 자신의 인격을 발전시키는 개인적인 가치 즉 자기실현의 가치. 둘째, 국민이 언론활동을 통해 국가의 정치적 의사결정에 관여할 수 있는 사회적인 가치 즉 자기통치의 가치. 마지막으로 개개인이 각자의 의견을 자유롭게 표명하고 이를 경쟁시킴으로써, 진리에 도달하거나 보다 가까워질 수 있다는 이른바 '사상의 자유시장이론'이 있다[野中·憲法 I p.352-353].

이하에서는 표현의 자유와 명예훼손, 검열 및 외설 문서에 관한 일본 최고재판소의 몇몇 판례를 통해 표현의 자유를 둘러싼 논의가 일본에서 어떻게 전개되고 있는지에 대하여 간단히 살펴보도록 한다.

표현의 자유와 사전금지 관련 판결 — 북방저널사건(北方ジャーナル事件, 최고재판소 1986년6월11일 대법정 판결)

사건 개요

X(원고, 항소인, 상고인)는 『북방저널』이라고 하는 잡지의 발행인이다. 이 잡지는 1979년 4월에 시행하는 홋카이도 도지사선거에 출마한 Y(피고)에 관한 기사를 실을 예정이다. 기사에는 Y에 대하여 "거짓과 허풍 그리고 부정행위를 교묘하게 하는 소년"이고, "타고난 거짓말쟁이자 아름다운 가면 뒤에 숨겨져 있는 추악한 성격을 지니고 있으며", "죄 없는 부인과 비열한 수단을 이용하여 이별하고 자살하게 하였다" 등의 기술이 포함되었다. 이를 알게 된 Y는 잡지의 인쇄, 제본, 판매 및 배포의 금지를 포함한 가처분 신청을 제기하였고 삿포로 지방재판소는 가처분 결정을 내렸다. 이에 대해 X는 Y와 국가에 대하여 손해배상청구를 청구하였다.

제1심(삿포로지방재판소) 및 제2심(삿포로고등재판소)은 X의 청구를 기각하였다. 이러한 가처분 결정이 헌법 제21조에 반한다고 상고하였다.

최고재판소의 판단

"헌법 제21조 제2항 전반부에서 말하는 검열이란 행정권이 주체가 되어 사상, 내용 등의 표현물을 대상으로 그 전부 또는 일부의 발표의 금지를 목적으로 하여 대상이 되는 일정한 표현물을 망라적으로, 일반적으로 발표 전에 그 내용을 심사한 후 부적당하다고 인정되는 것의 발표를 금지하는 것을 그 특질로 한다는 점은 앞의 대법정이 판시한 바 있다. 그러나 일정한 기사를 게재한 잡지 그밖의 출판물의 인쇄, 제본, 판매, 반포頒布 등의 가처분에 의한 사전금지는 재판의 형식에 의한 것이기는 하나, 구두변론 내지 채무자의 심문을 필요로 하지 않고 입증에 관해서도 소명으로 충분하다고 하는 등 간략한 절차에 따르는 것이고 또한 이른바 만족적 가처분으로 다툼이 있는 권리관계를 잠정적으로 규율하는 것으로 비송적인 요소를 가진다는 점은 부정할 수 없지만, 가처분에 의한 사전금지는 표현물 내용의 망라적, 일반적 심사에 근거한 사전규제가 행정기관에 의해 그 자체를 목적으로 하여 행해지는 경우와 달리, 개별적인 사인간의 분쟁에 대하여, 사법재판소에 의하여, 당사자의 신청에 근거한 사전금지청구권 등의 사법상 피보전권리의 존부, 보전의 필요성의 유무를 심리, 판단하여 행해지는 것으로, 위에서 말하는 '검열'에 해당하지 않는다고 해야 할 것이다. [중략] 인간의 품성, 덕행, 명성, 신용 등의 인격적 가치에 관하여 사회로부터 받는 객관적 평가인 명예를 위법으로 침해당한 자는 손해배상(민법 제710조) 또는 명예회복을 위한 처분(동법 제723조)을 요구할 수 있는 외에, 인격권으로서의 명예권에 기초하여 가해자에 대해 현재 일어나고 있는 침해행위를 배제하고 또한 장래에 일어나게 될 침해를 예방하기 위하여 침해행위의 금지를 요구할 수 있다고 해석하는 것이 상당하다. 왜냐하면 명예는 생명, 신체와 함께 극히 중대한 보호법익이고 인격권으로서의 명예권은 물권의 경우와 마찬가지로 배타성을 가진 권리라고 해야 하기 때문이다.

그러나 언론, 출판 등의 표현행위에 의하여 명예침해가 이루어지는 경우에는 인격권으로서의 명예의 보호(헌법 제13조)와 표현의 자유의 보장(동 제21조)이 충돌하고 그 조정을 요하는 것으로, 어떠한 경우에 침해행위로서 그 규제가 허용되는가에 대해서는 헌법상 신중한 고려가 필요하다. [중략]

출판물의 반포 등에 대한 사전금지는 이러한 사전억제에 해당하는 것이고 특히 그 대상이 공무원 또는 공직선거의 후보자에 대한 평가, 비판 등의 표현행위에 관한 경우에는 그것 자체로서 일반적으로 공공의 이해에 관한 사항이라고 할 수 있으며, 위에서 말한 헌법 제21조 제1항의 취지에 비추어 그 표현이 사인의 명예권에 우선하는 사회적 가치를 포함하고 헌법상 특히 보호되어야 한다는 점을 고려하면, 해당 표현행위에 대한 사전금지는 원칙적으로 허용되지 않는다고 해야 한다. 하지만 그러한 경우일지라도, 표현내용이 진실이 아니거나 오로지 공익을 도모할 목적이 아닌 점이 명백하고, 또한 피해자가 중대하고 현저한, 회복하기 어려운 피해를 입을 우려가 있을 때에는 해당 표현행위의 가치가 피해자의 명예에 비해 후순위에 있다는 점이 명확하고 유효적절한 구제방법으로서의 사전금지의 필요성이 긍정되기 때문에, 이러한 실체적 요건을 구비하는 경우에 한해서 예외적으로 사전금지가 허용된다고 해야 할 것이고, 이렇게 해석해도 위에서의 설시와 관련한 헌법의 취지에 반한다고 할 수 없다. (상고 기각)

이 판결은 우선 검열에 대한 최고재판소의 기존의 정의를 확인하고 재판소에 의한 출판물 등 표현행위에 대한 사전금지처분은 검열에 해당하지 않는다고 하였다. 그리고 표현행위에 의한 명예훼손이나 프라이버시권의 침해에 관해서는 민법상 불법행위에 의한 손해배상청구, 사죄광고 등 사후적인 조치와 더불어 사전의 구제조치로서 재판소에 의한 사전금지 역시 가능하다고 판단하였다. 물론 그 대상이 공무원이거나 기타 공공의 이해에 관련되는 경우에는 이러한 표현행위에 대한 사전금지는 원칙상 허용되지 않아야 할 것이나, 일정한 엄격한 요건이 구비된다면 즉 ① 표현내용이 진실이 아니거나 오로지 공익을 도모할 목적이 아닌 점이 명백하고 ② 피해자가 중대하고, 회복하기 어려운 피해를 입을 우려가 있는 경우에는 예외적으로 이를 인정하여도 헌법에 위반되지 않는다고 하였다.

검열에 관해서는 이른바 교과서검정소송에서 교과서에 대한 국가의 검정제도는 '일반 도서로서의 발행을 전혀 방해하는 것이 아니고, 발표금지의 목적이나 발표 전의 심사 등의 특성'이 없기에 검열에 해당하지 않으며 헌법 제21조 제2항 전반부의 규정에 위반하는 것이 아니라고 판시하였다(최고재판소 1993년3월16일 제3소법정 판결).

표현의 자유와 명예훼손 관련 판결 — 「석간와카야마시사」사건(「夕刊和歌山時事」事件, 최고재판소 1969년6월25일 대법정 판결)

사건 개요

Y(피고인, 항소인, 상고인)는 자신이 발행하고 있는 『석간와카야마시사夕刊和歌山時事』에서 「흡혈귀 A의 죄업」이라는 기사를 연재하여, 폭로성기사를 주업으로 하는 언론인인 A의 자세를 비판하였다. 이 기사에는 A와 A의 지시를 받은 기자가 와카야마 시청 모 과장에게 "낼 것을 낸다면 눈감아 주겠으나 찔끔찔끔 거리니 이렇게 되는 것"이라고 들으라는 마냥 내뱉더니, 이번에는 상층의 모 주필을 향하여 "오는 정이 있으면 가는 정도 있다고들 하는데, 어때, 너도 오직汚職의 혐의가 있으니, 자리를 옮겨서 한잔하면서 이야기해볼까"라고 하였다고 보도하였다. Y는 이 기사가 A의 명예를 훼손하였다는 혐의로 기소되었다.

제1심(와카야마지방재판소)은 이 기사가 공공의 이해에 관한 것이고 그 목적이 오로지 공익을 위한 것이 명확하지만, 사실의 진실성이 입증되지 않았다고 하면서 명예훼손죄를 인정하였다. 제2심(오사카고등재판소)은 '피고인이 적시한 사실이 진실인 점이 증명되지 않은 이상, 피고인이 진실이라고 오신하였다고 하더라도 고의를 조각하지 않고, 명예훼손의 형사책임을 면할 수 없다'는 최고재판소의 판례에 따라 항소를 기각하였다.

최고재판소의 판단

"형법 제230조의2의 규정은 인격권으로서의 개인의 명예의 보호와 헌법 제21조에 의한 정당한 언론의 보장과의 조화를 도모한 것이고, 이 양자 간의 조화와 균형을 고려한다면, 가령 제230조의 2의 제1항에서 말하는 사실이 진실인 점이 증명되지 않은 경우에라도, 행위자가 그 사실을 진실이라고 오신하고 그 오신한 것에 대해 확실한 자료, 근거에 비추어 상당한 이유가 있을 때에는 범죄의 고의가 없고, 명예훼손죄는 성립하지 않는다고 해석하는 것이 상당하다. 이와 달리, 이러한 오신이 있다고 하더라도 대체로 사실이 진실인 점이 증명되지 않은 이상 명예훼손죄의 면책을 피할 수 없다고 한 본 재판소의 앞의 판례(1959년5월7일 제1소법정 판결)는 이를 변경해야 함을 인정한다. 따라서 원판결의 앞의 판단은 법령의 해석적용을 잘못하였다고 해야 한다." (파기 환송)

일본의 형법은 명예를 훼손한 행위에 대한 처벌조항에서 "공연히 사실을 적시하여 명예를 훼손한 자는 그 사실의 유무에 관계없이" 처벌한다고 규정하였다가 전후의 개정을 통해 제230조의2를 추가하여 그러한 행위가 "공공의 이해에 관한 사실에 관계되고, 그 목적이 오로지 공익을 도모한 것이라고 인정되는 경우에는, 사실의 진실 여부를 판단하여 진실임이 증명되었을 때는 이를 처벌하지 않는다"고 하였다. 즉 타인의 명예를 훼손한 경우일지라도 ① 그것이 공공의 사실에 관계되고(사실의 공공성) ② 그 목적이 오로지 공익을 도모한다는 점이 인정되며(목적의 공익성) 및

③ 진실 여부를 판단하여 진실이라는 점이 증명되는 경우에는(진실성의 증명) 형사책임을 면한다고 함으로써 인격권의 보호와 표현의 자유의 관계를 조정하기 위한 기본적인 틀을 마련하였다.

위의 명예훼손의 면책요건 중 특히 '진실성의 증명'을 실제로 어느 정도로 요구해야 하는지가 문제된다. 일본의 최고재판소는 1959년 판결에서 '피고인이 적시한 사실이 진실이라는 점이 증명되지 않은 이상, 피고인이 진실이라고 오신하였다고 하더라도 고의를 조각하지 않고, 명예훼손의 형사책임을 면할 수 없다'고 한 데 대하여, 이 사건 판결은 판례변경을 통해 관련 사실이 진실로 증명되지 않는 경우일지라도 진실로서 오신하였다는 '상당한 이유相当の理由'가 있는 경우에는 형사책임을 지지 않는다고 함으로써, 명예훼손죄에 있어서의 '진실성 증명'의 요건을 완화시키고 표현의 자유에 대한 이 조항의 위축효과를 어느 정도 억제할 수 있도록 하였다.

그 후 위의 '상당한 이유' 내지 '상당성의 요건'의 해석에 있어서 일본의 재판소는 조금씩 다른 입장을 취해왔지만, 이 판결을 통해 확정된 표현의 자유와 명예훼손(공공의 이해 관련 및 공익성 목적 도모의 경우)의 관계에 관한 기본적인 해석의 틀은 현재까지도 유지되고 있다고 할 수 있다[上村·判例評釋].

외설 문서 관련 판결—「악덕의 번영」사건(「悪徳の栄え」事件, 최고재판소 1969년10월15일 대법정 판결)

사건 개요

번역가 Y1는 출판사를 경영하는 Y2의 요청에 따라 프랑스 작가 마르키 드 사드의 저작인 『악덕의 번영』을 번역하였고 Y2는 이를 상, 하권으로 출간하여 판매하였다. Y1와 Y2는 이 책의 곳곳에 성에 관한 노골적인 묘사가 있어 형법 제175조의 '외설 문서'에 해당한다고 하여 기소되었다.

제1심(동경지방재판소)은 최고재판소가 제시한 '외설'의 3가지 요건에 비추어 해당 번역서가 외설 문서에 해당하지 않는다고 보고 피고인의 무죄를 선고하였다. 제2심(동경고등재판소)은 제1심 판결을 파기하고 유죄판결을 선고하였다.

최고재판소의 판단

"예술적·사상적 가치가 있는 문서라도 이것이 외설성을 갖는 것으로 보는 것에는 아무런 지장이 없다고 해석된다. 물론 문서가 가지고 있는 예술성·사상성이 문서의 내용인 성적 묘사에 의한 성적 자극을 감소·완화시키고 형법이 처벌의 대상으로 삼는 정도 이하로 외설성을 해소시키는 경우가 있을 수 있지만, 이러한 정도로 외설성이 해소되지 않는 한 예술적·사상적 가치가 있는 문서라도 외설 문서로서의 평가를 면할 수 없다. [중략]

출판 및 기타 표현의 자유나 학문의 자유는 민주주의의 기초를 이루는 극히 중요한 것이지만 절대, 무제한적인 것은 아니고 그 남용은 금지되어 있으며 공공의 복지라는 제한 하에 놓여있음은 이 재판소 소화32년(1957년)3월13일 대법정 판결의 취지이다. 그리고 예술적·사상적 가치가 있는 문서에 관해서도 그것이 외설성을 갖는 경우에는 성생활에 관한 질서 및 건전한 풍속을 유지하기 위하여 이를 처벌의 대상으로 삼아도 국민생활 전체의 이익에 합치하는 것으로 인정되기 때문에, 이를 감안하면 헌법 제21조, 제23조에 위반한다고 할 수 없다." (상고 기각)

일본의 형법 제175조는 외설 문서 등의 반포, 판매 행위를 처벌한다고 규정하고 있는데, 이러한 처벌이 헌법 제21조에서 보장하고 있는 표현의 자유에 대한 이른바 '내용규제'가 되지 않는가가 문제된다. 일본 최고재판소는 이전의 판결에서(채털리사건チャタレイ事件, 최고재판소 1957년3월13일 대법정 판결) 외설의 개념에 관해 "공연히 성욕을 흥분 또는 자극시키고,

보통사람의 정상적인 성적 수치심을 해하며, 선량한 성적 도덕관념에 반하는 것”(외설성을 판단하는 3요소)으로 규정하면서, 표현의 자유 역시 공공의 복지에 의해 제한받을 수밖에 없으므로 사회의 성적 질서와 성적 도덕을 유지하기 위해 외설 문서에 해당하는 해당 도서의 출판을 처벌하는 것은 헌법에 위배되지 않는다고 하였다.

본 판결은 기본적으로 위의 최고재판소의 판단을 답습하면서, 예술적·사상적 가치가 있는 작품의 경우 그 외설성은 일정 부분 완화, 해소될 수도 있으나 외설 문서로서 반드시 처벌되지 않는 것은 아니라고 판단하였다. 이로써 예술성, 사상성이 있는 작품을 포함한 특정 문헌의 출판 등 표현행위에 있어서 그러한 문헌이 형법 제175조가 규정한 외설 문서에 해당하는지 여부가 문제의 핵심으로 되고, 관련 논의는 외설의 개념과 판단기준을 중심으로 전개되었다.

그 후 최고재판소는 외설성을 판단함에 있어서는 “해당 문서의 성에 관한 노골적이고 상세한 묘사서술의 정도와 그 수법, 위 묘사서술이 문서 전체에서 차지하는 비중, 문서에 표현된 사상 등과 위 묘사서술과의 관련성, 문서의 구상과 전개, 나아가 예술성·사상성 등에 의한 성적 자극의 완화 정도, 이러한 관점에서 해당 문서를 전체로서 보았을 때 주로 독자의 호색적인 흥미에 호소하는 것으로 인정되는지 여부 등” 각종 요소를 종합적으로 검토하고, “그 시대의 건전한 사회적 통념에 비추어, 그것이 ‘공연히 성욕을 흥분 또는 자극시키고, 보통사람의 정상적인 성적 수치심을 해하고, 선량한 성적 도덕관념에 반하는 것’인지 여부를 결정해야 한다”고 하였다(최고재판소 1980년11월28일 제2소법정 판결). 이처럼 최고재판소는 ‘외설 문서’의 개념구성을 위해 여러 가지 기준, 판단요소를 제시하고 있지만, 외설성의 판단기준은 여전히 불명확한 점이 많고 결국 ‘사회적 통념’에 근거한 판단으로 귀결될 수밖에 없다[建石·判例評釋].

제2절 정신적 자유권(2): 종교의 자유와 정교분리

종교의 자유는 양심의 자유와 함께 근세 이래의 종교적 자유를 요구하는 항쟁에 그 연원을 두고 있다. 종교 전쟁 및 그 후의 종교 개혁을 통해 확립된 종교의 자유는 근대 헌법의 보편적인 원리의 하나로서 각국의 헌법에 규정되었다.

메이지 헌법은 종교의 자유에 관해 규정하고 있었지만 당시 정부는 신도神道는 종교가 아니고 신사神社는 종교시설이 아니라는 인식 하에서 국가와 신도의 관계를 문제 삼지 않았다. 전전戰前의 국가와 신도의 이러한 관계에 대한 반성에서 일본국헌법은 종교 및 신앙의 자유는 물론 국가와 종교의 관계에 대하여 보다 엄격한 규정을 두게 된다. 우선, 헌법 제20조는 "① 종교 및 신앙의 자유는 누구에 대해서도 이를 보장한다. 어떠한 종교단체도 국가로부터 특권을 받거나 정치적 권력을 행사해서는 아니 된다. ② 누구든지 종교적 행위, 축전, 의식 또는 행사에 참가할 것을 강제당하지 아니한다. ③ 국가 및 그 기관은 종교 교육 그밖의 어떠한 종교적 활동도 해서는 아니 된다"고 규정하였다. 따라서 헌법이 보장하고 있는 종교의 자유에는 종교를 내심으로 신앙하는 자유뿐만 아니라 예배 등 각종 종교적 행위의 자유 및 종교단체의 설립 등 종교 결사의 자유가 포함되고, 이러한 자유는 국가는 종교 활동을 할 수 없고 종교단체는 정치적 권력을 행사할 수 없다는 정교분리원칙에 의해 보장받는다.

다음으로, 헌법은 "공금 그 밖의 공적 재산은 종교상의 조직 및 단체의 사용, 편익, 유지를 위하여 또는 공적 지배에 속하지 아니하는 자선, 교육 및 박애 사업을 위하여 지출되거나 그 이용을 위하여 제공되어서는 아니 된다"(제89조)는 규정을 통해 종교단체를 위한 공금, 공적 재산의 사용을 금지함으로써 위의 정교분리원칙을 한층 명확히 하였다.

종교의 자유를 확실히 보장하기 위해서는 국가, 즉 공권력과 종교의 관계를 어떻게 조정할지가 중요하다. 현재 국가와 종교의 관계에 있어서 각국의 제도는 크게 3가지 유형으로 나뉠 수 있다. ① 국교제도國敎制度를 시행하는 한편, 국교 이외의 종교에 대해서도 광범위한 종교적 관용을 인정하므로 실질적으로 종교의 자유를 보장하는 유형(영국), ② 국가와 종교는 각각의 고유 영역에서 독립적임을 명확히 하고, 교회는 공법인으로서 헌법상의 지위를 보장받아 그 고유의 영역에서는 독자적으로 운영되며, 양자의 경합사항에 관하여는 특별한 협정을 체결하여 처리하는 유형(독일, 이탈리아), ③ 국가와 종교를 분리하고 국가에 의한 종교 활동을 원칙적으로 금지하는 유형(미국, 프랑스).

일본국헌법 규정을 보면 국가와 종교의 관계에 있어서 일본은 세 번째 유형의 국가에 속한다고 할 수 있다. 그런데 국가와 종교를 분리한다고 해서 국가 등 공권력에 의한 종교 활동을 일절 금지하거나 국가와 종교의 모든 관계를 단절시키는 것은 현실적으로 불가능하다. 국가와 종교의 분리를 어디까지 엄격하게 관철할 것인가는 나라마다 다르고 이를 둘러싼 학설도 일치하지 않는다.

국가의 종교 활동이 정교분리원칙에 위반하는지 여부의 판단에 관하여 미국의 판례에서 확립된 이른바 목적·효과기준이 하나의 출발점이 된다. 이에 따르면 종교와 관련된 국가의 행위가 헌법이 정한 정교분리원칙에 위반하는가의 판단은 다음과 같은 3가지 요소를 종합적으로 고려해야 한다. ① 해당 국가행위의 목적이 세속적일 것, ② 국가행위의 주요 효과가 종교를 원조, 조장 또는 억압하는 것이 아닐 것, ③ 국가행위와 종교 간에 과도한 관련성이 없을 것.

아래 판례에서 보다시피 일본 최고재판소는 위의 목적·효과기준과 비슷한 방법으로 정교분리원칙을 해석하고 있다[野中·憲法 I p.324-329].

정교분리 관련 판결 — 에히메현옥관료소송
(愛媛県玉串料訴訟, 최고재판소 1997년4월2일 대법정 판결)

사건 개요

에히메현은 Y1가 도지사 재직 기간 중, 종교법인 야스쿠니신사가 거행한 춘추의 예대제例大祭 때 옥관료, 헌등료의 명목으로 7만 6000엔을, 에히메현 호국신사에서 거행된 춘추의 위령대제 때 공물료의 명목으로 9만 엔을 현의 공금으로 지출하였다. 에히메현 주민 X등은 이 사건 지출이 헌법 제20조 제3항 및 제89조에 위반한다고 주장하면서, Y1과 당시 실무를 처리한 현의 생활복지부 노인복지과장 Y2 등에 대하여, 지방자치법 제242조의2 제1항 제4호(2002년 개정 전)에 근거하여 손해배상을 구하는 소를 제기하였다.

제1심(마쓰야마(松山)지방재판소)은 원고의 주장을 인용하여 위헌의 판단을 내렸지만, 제2심(다카마쓰(高松)고등재판소)은 이 사건의 지출행위가 사회적 의례에 해당한다고 하면서 제1심을 뒤집어 해당 행위가 헌법에 위반되지 않는다고 판단하였다.

최고재판소의 판단

"정교분리규정의 보장대상이 되는 국가와 종교 간의 분리에도 스스로의 일정한 한계가 있음을 피할 수 없고, 정교분리원칙이 현실의 국가제도로서 구현되는 경우에는 각국의 사회적·문화적 여러 조건에 비추어 국가가 실제 종교와 일정 정도의 관련성을 가질 수밖에 없다는 점을 전제한 이상, 그러한 관련성이 종교 신앙의 자유의 확보라고 하는 제도의 근본목적과의 관계에 있어서 어느 경우에 어느 정도까지 허용되지 않는가가 문제될 수밖에 없다. 이러한 견지에서 생각하면, 헌법의 정교분리규정의 기초가 되고 그 해석의 기본원리가 되는 정교분리원칙은 국가가 종교적으로 중립적일 것을 요구하지만 국가가 종교와의 관련성을 갖는 것을 전혀 허용하지 않은 것이 아니라, 종교와의 관련성을 초래하는 행위의 목적 및 효과에 비추어 고려하고, 그러한 연관성이 우리나라의 사회적·문화적 여러 조건에 비추어 상당한 한도를 넘었다고 인정될 경우에 이것을 허용하지 않는다고 하는 것으로 해석해야 한다.

위의 정교분리원칙의 의의에 비추어보면, 헌법 제20조 제3항에서 말하는 종교적 활동이란 대체로 국가 및 그 기관의 활동으로 종교와의 관련성을 갖는 모든 행위를 가리키는 것이 아니라, 그 관련성이 위에서 말하는 상당한 정도를 넘는 것에 한정해야 하고, 해당 행위의 목적이 종교적 의의를 가지고 그 효과가 종교에 대한 원조, 조장, 촉진 또는 압박, 간섭 등으로 되는 행위를 말하는 것으로 해석되어야 한다. 그리고 어떠한 행위가 위에서 말하는 종교적 활동에 해당하는지를 검토함에 있어서는 해당 행위의 외형적 측면에만 얽매일 것이 아니라 해당 행위가 행해지는 장소, 해당 행위에 대한 일반인의 종교적 평가, 해당 행위자가 해당 행위를 행하는 의도, 목적 및 종교적 의식의 유무, 정도, 해당 행위가 일반인에게 미치는 효과, 영향 등 여러 가지 사정을 고려하고, 사회통념에 따라 객관적으로 판단해야 한다. [중략]

이상의 사정을 종합적으로 고려하여 판단하면, 현이 이러한 옥관료 등을 야스쿠니신사 또는 호국신사에 위와 같이 봉납하는 것은, 그 목적이 종교적 의의를 갖는다는 점을 면할 수 없고 그 효과가 특정한 종교에 대한 원조, 조장, 촉진으로 된다고 인정해야 하며, 이를 통해 이루어지는 현과 야스쿠니신사 등과의 관계는 우리나라의 사회적·문화적 여러 조건에 비추어 상당하다고 하는 한도를 넘은 것으로, 헌법 제20조 제3항에서 금지하는 종교적 활동에 해당한다고 해석하는 것이 상당하다. 그렇다면 본 사건의 지출은 동항에서 금지하는 종교적 활동을 행한 것이고 위법이라고 해야 할 것이다." (일부 파기자판, 일부 기각)

제3절 | 경제적 자유권

경제적 자유권에 포함되는 권리로서 일본국헌법에 규정된 내용은 크게 3가지, 즉 거주·이전의 자유(외국 이주, 국적 이탈 포함), 직업선택의 자유 및 재산권의 보장이다(헌법 제22조, 제29조). 이중에서 경제적 자유권에 관한 헌법학적 논의는 주로 직업선택의 자유와 그 한계를 둘러싸고 전개된다.

헌법 제22조 제1항이 보장하는 직업선택의 자유는 개개인이 각자 종사하는 직업을 결정하는 자유를 의미한다. 이러한 직업의 의미에 대해 최고재판소는 "[직업이라 함은] 인간이 자기의 생계를 유지하기 위해 행하는 지속적인 활동인 동시에, 분업사회에 있어서는 이를 통해 사회의 존속과 발전에 기여하는 사회적 기능분담의 활동으로서의 성질을 가지고 있고, 개개인이 자기가 가지고 있는 개성을 발휘하는 장소로서 개인의 인격적 가치와도 불가분의 관련이 있는 것이다."(최고재판소 1975년4월30일 대법정 판결)라고 하면서 직업의 경제적, 사회적 성질과 함께 개인의 인격적 발전에 대해 갖는 의미를 강조하였다. 그 외 영업의 자유는 일본국헌법에서 명확히 언급하고 있지 않지만 통설은 자신이 선택한 직업을 수행하는 자유로서 헌법 제22조가 보장한 직업의 자유에 포함된다고 해석한다.

직업선택의 자유나 영업의 자유를 포함한 경제적 자유는 일반적으로 정신적 자유에 비해 더 강한 규제를 받을 수 있다고, 즉 자유제한의 근거인 '공공의 복지'의 요건을 보다 광범위하게 해석할 수 있다고 여겨지고 있다. 직업선택의 자유에 대해 국가가 실제로 시행하고 있는 각종 규제수단은 크게 ① 신고제, ② 허가제, ③ 자격 등록제, ④ 특허제, ⑤ 국가독점 등이 있다. 이러한 규제는 그 규제목적에 따라 소극적 목적에 근거한 규제와 적극적 목적에 근거한 규제로 나눌 수 있다.

소극적 목적에 근거한 규제는 국민의 건강이나 생명의 대한 위험을 방지하기 위해 국가가 부과한 규제이다. 예컨대 국민의 건강과 안전을 위해 약국이나 음식점의 개설에 행정청의 허가를 요구하거나 의사나 변호사와 같이 일정한 국가인증자격을 요구하는 등의 규제가 이에 포함된다. 이에 대해 적극적 목적에 근거한 규제는 사회국가의 이념에 입각하여 경제의 조화로운 발전을 실현하고 공공의 편의를 최대화하거나 사회약자를 보호하기 위해 이루어지는 규제이다. 대형 슈퍼와 같은 거대자본으로부터 영세기업을 보호하기 위해 시행되는 일련의 규제, 공평한 서비스의 제공 또는 국가세수의 확보 등의 목적을 위한 각종 특허제 또는 국가독점제를 통한 규제가 이에 포함된다.

직업선택의 자유를 규제하는 법령의 합헌성에 대해 일본의 최고재판소는 초기에 '합리성'의 기준을 일률적으로 적용하여 판단하였다. 이는 해당 법령의 입법목적과 그 목적을 달성하는 수단에 대해, 일반인의 기준으로—관련 입법사실을 검토하거나 입법목적과 수단 간의 실질적인 연관성을 검토하지 않고—그 합리성 여부를 판단하고 입법부가 내린 결정의 합리성을 1차적으로 인정하는 기준이다(합헌성추정의 원칙).

1970년대 이후 최고재판소는 경제활동에 대한 규제를 그 목적에 따라 구분하고 합헌성의 판단에 있어서도 서로 다른 기준을 적용해야 한다는 입장을 취하기 시작하였다[芦部·憲法 p.216-222].

경제적 자유 관련 판결(적극적 목적 규제)—소매시장사건 (小売市場事件, 최고재판소 1972년11월22일 대법정 판결)

사건 개요

소매상업조정특별조치법 제3조 제1항은 도도부현 지사가 소매시장의 허가 규제를 담당하게 하고 있는데, 오사카부 소매시장허가규제내규에 따르면 소매시장 간의 거리제한은 700미터이다. 피고인 X회사는 시장경영 등을 업으로 하는 법인이고 Y는 동 법인의 대표자이다. X와 Y는 오사카부 지사의 허가를 받지 않음에도 소매시장을 위한 건물을 짓고 이를 소매상인들에게 임대하였다는 이유로 기소되었다. 제1심(동오사카간이재판소)이 각각 15만 엔의 벌금을 부과한데 대해, X와 Y는 항소하였으나 항소심(오사카고등재판소)은 항소를 기각하였다.

최고재판소의 판단

"개인의 경제활동에 대한 법적 규제는, 개인의 자유로운 경제활동이 초래하는 여러 가지 폐해가 사회공공의 안전과 질서를 유지하고자 하는 견지해서 간과할 수 없는 경우에 소극적으로 이러한 폐해를 제거 또는 완화하기 위해 필요하고 합리적인 규제에 한하여 허용된다고 해야 함은 물론이다. 뿐만 아니라 헌법의 기타 조항을 함께 고찰하면, 헌법은 전반적으로 복지국가의 이상理想하에서 사회경제의 균형이 이루어진 조화적인 발전을 도모하고 있고, 이러한 견지에서 보자면 모든 국민에게 이른바 생존권을 보장하고 그 일환으로 국민의 근로권을 보장하는 등 경제적 열세에 놓인 자에 대하여 적절한 보호정책을 요청하고 있다는 점은 명백하다. 이러한 점을 종합적으로 고찰하면, 헌법은 국가의 책무로서 적극적인 사회경제정책의 실시를 예정하고 있는 것이라고 할 수 있고, 개인의 경제활동의 자유에 관한 한 개인의 정신적 자유 등에 관한 경우와 다르게 위의 사회경제정책의 실시를 위한 하나의 수단으로서 이에 일정한 합리적 규제조치를 강구하는 것은 애당초 헌법이 예정하고 또한 허용하는 점이라고 해석하는 것이 마땅하고, 국가는 적극적으로 국민경제의 건전한 발달과 국민생활의 안정을 꾀하며, 이로써 사회경제전체의 균형이 이루어진 조화적인 발전을 도모하기 위하여, 입법을 통해 개인의 경제활동에 대하여 일정한 규제조치를 강구하는 것도 그것이 위의 목적달성을 위해 필요하고 합리적인 범위에 머무는 이상 허용되어야 하고, 결코 헌법이 금지하는 것이 아니라고 해석해야 한다. 다만 개인의 경제활동에 대한 법적 규제는 결코 무제한으로 허용되는 것이 아니라 그 규제의 대상, 수단, 형태 등에 있어서도 스스로 일정한 한계가 있다고 해석해야함이 마땅하다.

그런데 사회정책의 분야에 있어서 법적규제조치를 강구할 필요가 있는지 여부 그러한 필요가 있다고 하더라도 어떤 대상에 어떠한 수단·형태의 규제조치가 적절, 타당한지는 주로 입법정책의 문제로서 입법부의 재량적 판단을 기다릴 수밖에 없다. …… 따라서 위에서 언급한 개인의 경제활동에 대한 법적 규제조치에 관해서는 입법부의 정책적, 기술적 재량에 맡길 수밖에 없고 재판소는 입법부의 이러한 재량적 판단을 존중하는 것을 전제로 하며, 다만 입법부가 그 재량권을 일탈하고, 해당 법적규제조치가 현저하게 불합리하다는 점이 명백한 경우에 한하여 이를 위헌이라고 하여 그 효력을 부정할 수 있는 것으로 해석함이 상당하다."(상고 기각)

비록 이 판결에서는 합리성기준에 따라 관련 규제의 위헌성이 인정되지는 않았지만, 경제활동에 대한 규제를 규제목적에 따라 사회공공의 안전과 질서의 유지를 위한 소극적인 규제와 복지국가의 이념에 따른 사회경제정책의 실시를 위한 적극적인 규제로 구분한 점에는 의미가 있다.

그 후 위헌성의 심사기준에 있어서, 적극적인 규제의 경우에는 '해당 규제 조치가 현저하게 불합리한 것이 명백한 경우'에 한하여 위헌이라고 하는 '합리성의 기준'을 적용하는 한편, 소극적인 규제의 경우에는 보다 엄격한 심사 기준, 즉 규제목적과 수단의 합리성뿐만 아니라 입법사실을 토대로 한, 입법목적과 수단 간의 실질적인 연관성에 대해 또는 해당 수단에 비해 보다 제한적인 조치가 있는지 여부에 대해 심사해야 하는 '엄격한 합리성의 기준'이 적용된다고 하였다.

경제적 자유 관련 판결(소극적 목적 규제) — 약사법거리제한규정위헌판결 (최고재판소 1975년4월30일 대법정 판결)

사건 개요

1963년에 개정된 약사법은 약국 배치의 적정성이 결여된다고 인정될 경우 약국개설허가를 부여하지 않을 수 있다고 하고, 구체적인 배치기준은 도도부현의 조례에 따르도록 하였다. 히로시마현 조례는 기존의 약국으로부터 '대략 100미터'의 거리제한을 규정하였다. 원고 X(피항소인, 상고인)는 약국개설 허가신청을 했지만, 히로시마 지사로부터 배치기준에 적합하지 않는다는 이류로 불허가처분을 받고, 처분취소의 소를 제기하였다.

제1심(히로시마지방재판소)은 처분은 신청 시(개정 전)의 허가기준에 의해야 한다면서, 헌법판단을 하지 않은 채, 본 건 불허가처분을 취소한다고 판시하였다. 제2심(히로시마고등재판소)은 약사법 등 규정은 헌법에 위한되지 않는다고 하면서 1심 판결을 파기하고, 원고 패소 판정을 내렸다.

최고재판소의 판단

"직업은 그 자체로서 일정한 제약의 필요성이 내재한 사회적 활동이지만 그 종류, 성질, 내용, 사회적 의의 및 영향이 극히 다양하기 때문에 그 규제를 요구하는 사회적 이유 내지 목적도 국민경제의 원만한 발전이나 사회공공 편의의 촉진, 경제적 약자의 보호 등 사회정책과 경제정책상의 적극적인 것에서부터, 사회생활에 있어서 안전의 보장이나 질서의 유지 등 소극적인 것에 이르기까지 천차만별이고 그 중요성도 다양하다. 그리고 이에 대응하여 현실적으로 직업의 자유에 대하여 가해지는 제한도, …… 각각의 사정에 대응하여 각종 각양의 형태를 취하게 된다.[중략]

일반적으로, 허가제는 단순한 직업활동의 내용 및 형태에 대한 규제를 넘어 좁은 의미의 직업선택의 자유 그 자체에 제약을 가하는 것으로 직업의 자유에 대한 강력한 제약이기 때문에, 그 합헌성을 긍정받기 위해서는 원칙적으로 중요한 공공의 이익을 위한 필요하고 합리적인 조치일 것임을 요하고 또한 그것이 사회정책 내지 경제정책상의 적극적인 목적을 위한 조치가 아니고 자유로운 직업활동이 사회공공에 초래한 폐해를 방지하기 위한 소극적, 경찰적 조치인 경우에는 허가제에 비하여 직업의 자유에 대한 보다 느슨한 제한인 직업활동의 내용 및 형태에 대한 규제를 통해서는 위의 목적을 충분히 달성할 수 없다고 인정되는 것을 필요로 한다고 할 것이다. 그리고 그 요건은 허가제 그 자체에 대해서 뿐만 아니라 그 내용에 대해서도 요구되는 것으로, 허가제의 채용 자체가 시인되는 경우일지라고 각각의 허가조건에 대해서 또한 개별적으로 위의 요건에 비추어 그 적부를 판단하지 않으면 안 된다. [중략]

[약국개설의 거리제한이] 헌법상 인정되기 위해서는 단순히 위의 의미에서 국민보건을 위한 필요성이 없지 않다고 말할 수 있는 정도로는 충분하지 않고, 이러한 제한을 시행하지 않으면 위 조치에 의한 직업의 자유의 제약과 균형을 잃게 되는 정도로 국민의 보건에 대한 위험을 초래한다는 우려가 합리적으로 인정될 필요가 있다. …… 경쟁의 격화 — 경영의 불안정 — 법규위반이라고 하는 인과관계에 따라 불량 의약품이 공급될 위험성이 약국 등에 있어서 상당 정도의 규모로 발생할 가능성이 있다고 하는 것은 단순히 관념상의 상정에 지나지 않고, 확실한 근거에 기초한 합리적인 판단이라고 인정하기 어렵다고 할 수밖에 없다.[중략]

위와 같이 약국의 개설 등의 허가기준의 하나로서 지역적 제한을 정한 약사법 제6조 제2항, 제4항(이를 준용한 동 법 제26조 제2항)은 불량의약품 공급의 방지 등의 목적을 위한, 필요하고 합리적인 규제라고 할 수 없기에 헌법 제22조 제1항에 위반하여 무효이다."(파기자판)

이 판결에서 일본의 최고재판소가 경제활동의 규제입법에 대한 위헌심사기준을 그 목적에 세분화한 점은 높게 평가받았으나 최고재판소가 이러한 기준이론을 그 후의 기타 판결에서도 체계적으로 적용하지는 않았다. 또한 규제목적을 소극목적과 적극목적으로 나누는 규제이분론에 대해서는, 실제로 존재하는 다양한 규제입법을 이 두 부류로 명확히 구분할 수 있는지 및 소극목적을 위한 규제에 비해 적극목적을 위한 규제에 대하여 보다 느슨한 위헌심사기준을 적용해야 하는 이유가 반드시 충분하지 않다는 비판이 제기되었다.

제4장
참정권, 국무청구권 및 사회권

제1절 참정권

1. 참정권의 내용과 선거권의 법적 성격

참정권은 국민이 주권자로서 직접 또는 대리인을 통해 국가의 정치에 참여하는 권리이다. 참정권은 근대 이래로 점차 확대되어 왔다. 현재 민주주의 국가에서는 보편적이고 평등한 선거가 정기적으로 치루어지는 등 참정권이 국민의 기본적인 권리로서 민주정치를 실현하는 데 필수적인 요소로 인식되고 있다. 참정권 중 가장 대표적인 것이 선거권 및 피선거권이다. 그 외에도 국민투표권, 공무담임권 등이 있다.

참정권과 관련하여 일본국헌법은 공무원의 선정과 파면(제15조 제1항), 국회의원의 선출(제43조 제1항), 지방공공단체의 장과 지방의회의 의원, 그 밖의 지방공무원 선거(제93조 제2항), 최고재판소 재판관에 대한 국민심사(제79조 제2항) 및 헌법 개정에 대한 국민투표(제96조 제1항)에 대하여 규정하고 있다.

선거권은 선거인으로서 선거에 참가할 수 있는 자격 또는 지위를 의미한다. 선거권은 참정권의 핵심적인 내용이다. 선거권의 성격에 대하여 역사적으로 이른바 '권리설' 및 '공무설'이 전개되어 왔다. 선거권을 국가의 의사형성 또는 국정에 참가하는 국민의 주관적 권리로 보는 전자에 비하여, 후자는 선거권을 일종의 공무수행, 즉 선거인의 지위에 근거하여 국가공직자의 선정에 관여하는 공무의 집행으로 해석하였다. 이래로 선거권의 권리성을 완전히 부정하는 이론은 더 이상 주장되지 않고 선거권에 관하여 권리와 공무수행의 성격이 이중으로 인정된다는 이원설과 권리일원설權利一元說이 대립하고 있다.

일본에서의 통설은 이원설이다. 이원설에 의하면, 선거권은 국민의 기본적 권리이지만 국가기관을 선정하는 권리이므로 순수한 개인적인 권리와는 달리 공무의 수행이라는 성격을 가지고 있고 그에 따라 일련의 특별한 제약을 동반하게 된다. 예컨대 공직선거법은 성년피후견인, 수감자, 일부 선거사범의 선거권을 부정하고 있는데 이는 선거권의 공무적 성격에 의하여 정당화된다.

일본의 최고재판소는 선거권에 관련한 판결에서 대체로, 선거권이 의회민주주의의 근간을 형성하는 국민의 기본적 권리이라는 점을 강조하는 한편으로 선거의 공정성 확보 등을 위한, 입법부의 재량권에 의한 제약을 광범위하게 인정하였다. 다만 최고재판소는 아래에서 살펴볼 2005년의 재외국민선거권규정위헌판결에서 선거권을 제한하는 입법에 대하여 비교적으로 엄격한 심사기준을 적용한 바 있다[日野田·選挙権·被選挙権の性質].

선거권 관련 판례 — 재외국민선거권규정위헌판결 (최고재판소 2005년9월14일 대법정 판결)

사건 개요

X 등(원고, 항소인, 상고인)은 해외에 거주하고 있다는 이유로 1996년 10월에 시행된 중의원의원선거에서 선거권을 행사할 수 없었다. 1998년에 공직선거법이 개정되어 재외국민도 선거권의 행사가 가능하게 되었지만, 당분간은 중의원 및 참의원의 비례대표선거로 한정되었다.

X 등은 국가(피고)를 상대로 ① 1998년 개정 전의 공직선거법이 그들의 선거권을 부정한 것은 위법이라는 확인, ② 개정 후의 공직선거법이 중의원소선거구선출의원의 선거 및 참의원선거구선출의원의 선거에서 선거권을 행사하지 못하게 하는 것은 위법이라는 확인, ③ 차기 중의원소선거구선출의원의 선거 및 참의원선거구선출의원의 선거에서 선거권을 행사하는 권리가 있음의 확인을 구하는 한편으로, ④ 입법부인 국회가 공직선거법의 개정을 태만하여 이 사건 선거에 투표하지 못하게 되어 손해를 입었다는 이유로 손해배상 등을 청구하였다. 제1심(동경지방재판소)과 제2심(동경고등재판소)은 국가배상청구를 기각하고 기타 청구에 대해서는 '법률상의 쟁송'에 해당하지 않으므로 부적법하다는 이유로 각하하였다.

최고재판소의 판단

"국민의 대표자인 의원을 선거에 의해 선정하는 국민의 권리는 국민이 국정에 참가할 기회를 보장하는 기본적 권리로서, 의회제민주주의의 근간을 형성하는 것으로 민주국가에 있어서는 일정한 나이에 도달한 국민 모두에게 평등하게 부여되어야 한다. …… 헌법은 국민주권의 원리에 기초하여 양원 대의원의 선거에서 투표함으로써 국가의 정치에 참가할 수 있는 권리를 국민의 고유한 권리로서 보장하고 있고, 그 취지를 확고히 하기 위하여 국민에 대하여 투표할 수 있는 기회를 평등하게 보장하고 있다고 해석하는 것이 상당하다.

헌법의 이러한 취지에 비추어보면, 스스로 선거의 공정을 해치는 행위를 한 자 등의 선거권에 대하여 일정한 제한을 두는 것은 별론으로 국민의 선거권 또는 그 행사를 제한하는 것 자체는 원칙적으로 허용되지 않고, 국민의 선거권 또는 그 행사를 제한하기 위해서는 그러한 제한을 두는 것이 불가피하다고 인정되는 사유가 있어야 한다고 보아야 한다. 그리고 그러한 제한을 하지 않을 경우 선거의 공정을 확보하면서 선거권의 행사를 인정하는 것이 사실상 불가능하거나 현저하게 어렵다고 인정되는 때가 아닌 이상 위의 불가피한 사유라고 할 수 없으며, 이러한 사유 없이 국민의 선거권을 제한하는 것은 헌법 제15조 제1항 및 제3항, 제43조 제1항 및 제44조 단서 규정에 반하는 것이다. 또한 이와 같은 점은 국가가 국민의 선거권의 행사를 가능케 하기 위하여 필요한 조치를 취하지 않은 부작위로 인하여 국민이 선거권을 행사할 수 없는 경우에도 마찬가지이다. [중략]

기록에 의하면 내각은 쇼와 59년(1984년) 4월27일 '우리나라의 국제관계가 긴밀화됨과 더불어 국외에 거주하는 국민이 증가하고 있는 것을 감안하면 이러한 사람들에 대하여 선거권을 행사하는 기회를 보장할 필요가 있다'고 하면서 중의원의원 선거 및 참의원의원 선거 전반에 있어서의 재외선거제도의 창설을 내용으로 하는 「공직선거법의 일부를 개정하는 법률안」을 제101회 국회에 제출하였으나, 동 법률안은 그 후 105회 국회까지 계속 심사가 이루어졌지만 실질적인 심의는 이루어지지 않았고 1986년 6월 2일에 중의원이 해산되면서 자동 폐기되었으며, 그 후 이 사건 선거가 시행된 1996년 10월 20일의 시점까지 재외국민이 선거권을 행사할 수 있도록 하는 법률개정은 이루어지지 않았다는 점은 명백하다. …… 국회가 10년 이상의 장기간에 걸쳐 재외선거 제도를 전혀 창설하지 않은 채 방치하고 이 사건 선거에 있어서 재외국민이 투표할 수 있도록 인정하지 않는 것에 대해서는, 불가피한 사유가 있다고는 도저히 볼 수 없다. 따라서 이 사건 개정 전의 공직선거법이 이 사건 선거 당시 재외국민이던 상고인 등의 투표를 전혀 인정하지 않은 점은 헌법 제15조 제1항 및 제3항, 제43조 제1항 및 제44조 단서 규정에 위반한다고 보아야 할 것이다. [중략]

국가배상법 제1조 제1항은 국가 또는 지방공공단체의 공권력을 행사하는 공무원이 개별 국민에 대하여 부담하는 직무상의 법적의무를 위배하여 해당 국민에게 손해를 가한 경우, 국가 또는 지방공공단체는 이를 배상할 책임을 진다고 규정하고 있다. 따라서 국회의원의 입법행위 또는 입법부작위가 위 조항의 적용에 있어서 위법에 해당하는지 여부는 국회의원의 입법과정에서의 행동이 개별 국민에 대하여 부담하는 직무상 법적의무에 반하는가의 문제이고, 해당 입법의 내용 또는 입법부작위의 위헌성 문제와는 구별되어야 하며, 가령 해당 입법의 내용 또는 입법부작위가 헌법의 규정에 반하는 것이라고 하더라도 그로 인하여 국회의원의 입법행위 또는 입법부작위가 바로 위법의 평가를 받는 것은 아니다. 그러나 입법의 내용 또는 입법부작위가 국민에게 헌법상 보장되어 있는 권리를 위법하게 침해하는 것이라는 점이 명백한 경우나, 국민에게 헌법상 보장되어 있는 권리행사의 기회를 보장하기 위해 요구되는 입법조치를 취해야 하는 것이 필요불가결하고 명백함에도 불구하고 국회가 정당한 이유 없이 장기간에 걸쳐 이를 태만히 한 경우에는, 예외적으로, 국회의원의 입법행위 또는 입법부작위가 국가배상법 제1조 제1항 규정의 적용에 있어서 위법하다는 평가를 받는 것으로 해석해야 한다." (일부 파기 자판, 일부 상고 기각)

최고재판소는 위 판결에서 개정 전의 공직선거법이 재외국민의 선거권 행사를 인정하지 않는 것은 위헌이고 이에 관하여 장기간에 걸친 국회의 입법부작위가 국가배상법상 위법성 요건을 충족한다고 판단하였다. 그 밖에도 개정 후의 공직선거법이 제외국민의 선거권행사를 당분간 비례대표선출의원의 선거에 한정한 규정 역시 위헌이고 재외국민이 차기 선거구선거에서 투표할 수 있는 지위를 가지고 있다고 확인하였다.

이 판결에서 최고재판소는 의회민주주의의 근간을 이루는 국민의 기본적 권리인 선거권에 대한 제약은 '불가피한 사유'에 해당하는 경우에만 인정된다고 하고 이러한 사유의 범위를 엄격하게 한정하는 등 기존의 합리성의 기준에 비하여 보다 엄격한 심사기준을 적용하였다. 또한 재외국민의 선거권 제한 규정의 입법역사를 구체적으로 검토한 후 국회의 입법부작위, 즉 태만행위가 위법하고 이에 대한 국가의 손해배상책임을 인정하였다. 이는 오랫동안 사법소극주의 경향을 보여준 일본의 최고재판소가 내린 판결로서는 상당히 이례적이라고 할 수 있고, 이 것이 본 판결이 일부 학자들에 의해 '획기적인 의미를 가지는 중요한 판결'로 평가받는 이유이기도 하다.

2. 일본의 선거제도 관련 판결

위의 제1부에서 언급했다시피, 일본 국회의원의 선거는 현재 중의원의 경우 소선거구小選擧區와 비례대표를 결합한 제도(소선거구 289석, 비례대표 176석, 총 465석)를, 참의원의 경우에는 도도부현선거구都道府県選擧區와 전국단위 비례대표선거를 결합한 제도(도도부현선거구 148석, 전국단위 비례대표선거 100석, 총 248석)를 시행하고 있다. 중의원의 소선거구 선거는 인구를 토대로 전국을 289개의 선거구로 나누고 각 선거구에서 1명의 중의원 의원을 선출하며, 비례대표 선거는 전국을 11개의 비례대표 권역으로 나누어 각 권역에 의원정수를 할당하는 식이다. 참의원선거구선출의원의 경우 47개 도도부현都道府県을 선거구로 하여 각 선거구에 인구수 등을 고려한 의원정수가 할당된다(제1부 제3장 제1절 참조).

국회의원의 선거를 포함하여 각종 선거에 관한 근대법의 기본원리로는 일반적으로 보통선거, 평등선거, 자유선거, 직접선거 및 비밀투표의 원칙을 들 수 있다. 현재 선거와 관련하여 주로 문제가 되는 것이, 전국을 복수의 선거구로 획정하여 의원정수를 할당하는 현행 제도 하에서 필연적으로 발생하게 되는 선거구간 인구비례의 불균형 및 나아가 이른바 투표가치의 차이라는 현상으로 이것이 위의 평등선거의 원칙 및 헌법이 정한 법 앞의 평등원리에 위반되는지 여부이다. 일본의 최고재판소가 내린 몇 없는 법령위헌판결 중 두 판결이 바로 공직선거법의 의원정수배분규정에 관한 것이다(선거관계소송의 절차에 관해서는 제1부 제5장 제2절 참조).

선거제도 관련 판례 — 의원정수배분규정위헌판결
(議員定数配分規定違憲判決1, 최고재판소 1976년4월14일 대법정 판결)

사건 개요

1972년 12월 10일에 실시된 중의원의원선거에 관하여 지바현 제1구의 선거인인 X 등(원고, 상고인)은 지바현선거관리위원회(피고)를 상대로 선거무효확인의 소를 제기하였다. 당시 선거에서 의원정수를 규정한 공직선거법 별표1 등의 규정에 따르면 중의원의원 1인당 유권자수의 불균형이 최대 1:4.81에 달한 상태였다. 제1심(동경고등재판소)은 투표가치의 불평등이 아직 용인될 수 없을 수준에는 도달하지 않았다는 이유로 원고의 청구를 기각하였다.

최고재판소의 판단

“헌법 제14조 제1항에서 규정한 법 앞의 평등은 선거권에 관하여서는 국민이 모든 정치적 가치에 있어서 평등해야 한다는 철저한 평등화를 지향하는 것으로, 위의 제15조 제1항 등의 규정은 문언상으로는 단순히 선거인자격에 관하여 차별의 금지가 정해져있을 따름이지만 그에 그치는 것이 아니라 선거권의 내용에 대해서도, 즉 각각의 선거인이 한 투표가 가지는 가치의 평등 역시 헌법이 요구한다고 해석하는 것이 상당하다.

그러나 위의 투표의 가치 평등은 각각의 투표행위가 선거에 미치는 영향력이 수적으로 완전히 동일하도록 요구하는 것으로는 볼 수 없다. 그 이유는 투표의 가치란 선거제도의 구조와 밀접히 연관되어 있어 그 구조에 따라 결과적으로 위의 투표의 영향력에 관하여 일정한 차이가 생겨나는 것은 불가피한 일이기 때문이다.

대표민주제하에서 선거제도는 선출된 대표자를 통하여 국민의 이해나 의견을 공정하고 효과적으로 국정의 운영에 반영시키는 것을 목적으로 하는 한편으로 정치에 관하여 요구되는 안정성을 고려하여 각 나라가 나라마다의 사정에 맞추어 구체적으로 결정해야 하는 것으로 이 부분에 있어서 논리적으로 요청되는 일정한 불변의 형태가 존재하는 것은 아니다.[중략]

이처럼 중의원의원의 선거에 있어서 선거구획정과 의원정수배분의 결정에는 극히 다종다양하고 복잡, 미묘한 정책적, 기술적 고려요소가 포함되어 있고 이러한 여러 가지 요소의 각각을 어느 정도 고려하여 이를 구체적 결정에 어디까지 반영시킬 것인가에 관해서는 애당초 엄밀히 정해진 객관적 기준이 존재하는 것이 아니므로, 결국은 국회가 구체적으로 결정한 것이 재량권의 합리적인 행사로서 인정될 수 있는지 여부에 따라 결정될 수밖에 없으며 나아가 사안의 성질상 그 판단에 관하여서는 각별한 신중성이 요청되어 한정된 자료에 기초한 제한된 관점으로는 쉽사리 그 결정의 당부를 판단할 수 없다는 점은 말할 나위도 없다. 그러나 이러한 견지에서 생각하더라도, 구체적으로 결정된 선거구획정과 의원정수의 배분에 있어서 선거인의 투표가치 간 불평등이 국회에서 통상 고려할 수 있는 제반사정을 참작하더라도 도저히 일반적인 합리성을 가지는 것으로 볼 수 없는 정도에 이른 경우 이미 국회의 합리적인 재량행사의 한계를 넘은 것으로 추정해야 하며, 이러한 불평등을 정당화할 수 있는 특단의 사정이 제시되지 않는 한 헌법위반이라고 판단할 수밖에 없다고 보아야 한다.[중략]

위와 같이 이 사건 의원정수배분규정은 이 사건 선거 당시에는 전체적으로 보아 위헌이라고 해야 할 것이지만 이에 따라 이 사건 선거의 효력이 어떠한 영향을 받는지 여부에 대해서는 별도의 고찰이 필요하다. …… 행정처분의 적합여부를 다투는 소송에 관한 일반법인 행정사건소송법은 제31조 제1항 전반부에서 해당 처분이 위법하더라도 이를 취소하게 되면 공공의 이익에 장해가 발생하는 것이 명백할 때, 제반 사정에 비추어 위 처분의 취소가 공공복리에 적합하지 않다고 인정되는 경우 재판소는 이를 취소하지 않을 수 있다고 정하고 있다.[중략]

이 사건에 대하여 생각해보면, 이 사건 선거가 헌법에 반하는 의원정수배분규정에 근거하여 실시된 것이라는 점은 위에서 언급한 바와 같으나, 이를 이유로 이 사건 선거를 무효로 하는 판결을 내리는 경우 이에 따라 그 즉시 위헌의 상태가 시정되는 것은 아니며 오히려 헌법에서 요구하는 바와는 적합하지 않은 결과를 낳는 것 역시 위에서 살펴본 것과 같다. 이러한 사정을 고려할 때, 이 사건에서는 앞서 본 법리에 따라 이 사건 선거에 관하여 헌법에 반하는 의원정수규정에 기초하여 실시되었다는 점에서 위법이라는 취지를 판시하는 것에 그치고 선거 자체는 무효로 하지 않는 것이 마땅하며, 또한 이 경우 선거를 무효로 하는 취지의 판결을 구하는 청구를 기각함과 동시에 해당 선거가 위법이라는 취지를 주문으로 선언하는 것이 상당하다"(파기자판, 상고인 청구기각, 본 건 선거 위법).

일본에서 의원정수불균형에 관한 선례로서 알려진 이 판결에서 최고재판소는 ① 선거권의 평등은 선거권 자격에 대한 각종 제한의 철폐를 의미할 뿐만 아니라, 선거권 내용의 평등, 즉 선거인의 투표행위간 가치의 평등 역시 의미한다고 한다고 판단하였다. 다시 말하면 선거인은 선거의 결과에 미치는 영향력에 있어서 평등해야 하므로, 국회의원 등 피선거인 1인을 선출하는 선거권자 수는 가능한 한 동일해야 한다. ② 한편, 투표가치의 실현은 선거제도의 구조와 밀접하게 관련되어 있어 각국의 사정에 맞추어 여러 가지 요소를 종합적으로 고려해서 결정하여야 하고, 따라서 결과적으로 투표의 가치간 차이가 생겨날 수밖에 없다. 또한 어떠한 선거제도를 시행할 것인가에 관한 결정은 원칙적으로 입법기관인 국회의 재량에 맡겨져야 한다. ③ 그러나 선거권의 중요성을 감안 할 때, 투표가치의 불평등을 초래하는 선거제도의 결정에 있어서 국회는 해당 제도가 '중요한 정책목표 또는 이유에 기초한 결과로서 합리적으로 용인' 될 수 있다는 점을 입증해야 하고, 그렇지 못하는 경우 위헌의 가능성이 존재한다. ④ 마지막으로 최고재판소는 행정소송법에 관한 사정판결의 법리를 원용하여 선거가 헌법에 반하여 위법이더라도, 선거 자체는 무효가 아니라고 보았다.

위 판결에서 최고재판소는 중의원선거에서 선거구간 유권자수의 불균형이 최대 1대 4.81에 달한 선거구획정규정을 위헌이라고 보았는데 그 후의 판결에서 중의원선거에 관하여 최대 격차가 1대 2.92인 경우에는 이를 합헌이라고 한 반면, 1대 3.18의 경우에는 이를 위헌으로 판단하였다. 참의원선거에 대해서는 참의원의 특수성이 감안되어 최고재판소는 최대 격차 5.85배는 합헌, 그러나 격차가 6.59배에 이른 경우에 대해서는 위헌이라고 판단하였다. 따라서 일본에서는 대체로 중의원선거의 경우 의원정수 1인당 선거권자의 격차가 3배, 참의원선거의 경우에는 6배가 해당 규정이 위헌인지 여부를 판단하는 기준으로서 인식되고 있다. 물론 합헌 여부를 판가름하는 이러한 기준에 대하여 논리적으로 설명할 수 있는 이유가 있는 것은 아니다[和田·議員定数配分の不均衡].

제2절 국무청구권

일본에서 수익권受益權으로 불리기도 하는 국무청구권은 국민이 국가에 대하여 무엇인가를 하도록 요구할 수 있는 권리이다. 이러한 의미에서 생존권과 같이 복지국가의 이념에 기초한 일련의 수익적인 권리 역시 넓은 의미에서 국무청구권에 속한다고 볼 수 있겠지만, 그러한 권리는 일반적으로 사회권이라는 별도의 권리유형으로 분류되고 여기서 말하는 국무청구권이란 사회권을 제외한 권리만을 지칭한다. 일본국헌법에서 규정하는 국무청구권에는 크게 청원권, 재판을 받을 권리, 국가배상청구권 및 형사보상청구권이 포함된다.

청원권에 대하여 일본국헌법에서는 "누구든지 손해의 구제, 공무원의 파면, 법률, 명령 또는 규칙의 제정, 폐지 또는 개정 그 밖의 사항에 관하여 평온하게 청원할 권리를 가지며, 누구든지 이러한 청원을 이유로 어떠한 처벌대우도 받지 아니한다"(제16조)고 규정하고 있으며, 헌법의 시행과 함께 별도의 「청원법請願法」이 제정되었다. 청원권은 국민의 정치참여가 보장되지 않고 민의를 반영하는 각종 제도가 미비하였던 시대에는 중요한 의미를 가지는 권리였지만 보편적인 참정권이 보장되고 행정소송, 행정불복심사제도 등이 정비되면서 점차 그 중요성을 잃게 되었다. 현재 일본에서는 청원법과 더불어 국회법, 중의원규칙, 참의원규칙 및 지방자치법에서 청원의 수리 및 처리절차에 대하여 규정하고 있다. 그러나 이러한 법에서는 청원의 채택과 사후처리 관련 업무를 각 기관의 판단에 일임하고 있고 청원에 대한 조사, 처리 등의 법적의무를 규정하고 있지 않아 청원권제도가 실제로는 유효하게 작동되지 않는 것으로 평가된다.

다음으로 재판을 받을 권리에 관하여서 일본국헌법은 여러 조항에서 이와 관련한 규정을 가지고 있다. 첫째, 국민은 누구든지 '재판소에서 재판을 받을 권리'가 있고(제32조) 그 중 형사사건의 피고인은 '공평한 재판소에서 신속한 공개재판을 받을 권리'를 가지고 있다(제37조 제1항). 둘째, 재판소라 함은 최고재판소 및 법률에 따라 설치된 하급재판소를 의미하는바 그 밖의 특별재판소는 금지되고 행정기관을 종심으로 하는 재판은 인정되지 않으며 모든 재판관은 양심에 따라 독립하여 권한을 행사하고, 오로지 헌법과 법률에만 구속된다(제76조 제3항). 그 밖에도 재판의 심리 및 판결은 공개법정에서 이루어져야 하고(제82조), 최고재판소 재판관 및 하급 재판소 재판관의 구성, 임명 등도 헌법의 명확한 규정에 따라야 한다(제79조, 제80조).

일본은 사법제도개혁의 일환으로 2004년에 「재판원이 참가하는 형사재판에 관한 법률裁判員の参加する刑事裁判に関する法律」을 제정하여 2009년부터 시행하였다. 형사재판에 일반 시민을 참여시키는 참심제인 이른바 재판원제도裁判員制度를 도입한 것이다. 이 제도에 따르면, 특정 형사사건의 재판에 있어서 일반 유권자로부터 임의로 선출된 6인의 재판원과 3인의 재판관이 합의체를 구성하여 사실의 인정, 법령의 적용, 형의 확정 등 재판권을 행사하게 된다. 이때 이러한 재판원으로 구성된 합의체가 '재판소'가 아니기 때문에 헌법이 보장한 재판소에서 재판을 받을 권리를 침해하는지 여부 및 이러한 재판원제도가 헌법에 위배되는지 여부가 문제될 여지가 있다. 최고재판소는 이에 관한 최근의 사건에서 대법정 재판관 전원일치로 합헌의 판단을 내렸다.

재판원제도의 합헌성 관련 판례
(최고재판소 2011년11월16일 대법정 판결)

사건 개요

형사판결에서 징역형을 선고받은 피고인이 「재판원이 참가하는 형사재판에 관한 법률」(이하 「재판원법」으로 칭함)이 헌법위반이라고 주장하면서 상고하였다. 주요 이유는 다음과 같다. ①일반 국민이 참여하여 구성된 재판합의체는 헌법에서 말하는 '재판소'가 아니므로, 이러한 재판원제도는 재판소에서 재판을 받을 권리를 보장하는 헌법 제32조, 형사사건의 피고인이 공평한 재판소에서 신속한 공개재판을 받을 권리를 보장하는 헌법 제37조 제1항에 반하고, ② 재판원제도에 의하면 재판관은 재판원의 판단에 영향받고, 구속되는데 이는 재판관의 권한행사에 관하여 독립을 보장한 헌법 제76조 제3항에 반하며, ③ 재판원이 참가하는 재판합의체는 통상 재판소의 계열 밖에 위치하는 것으로서 헌법 제76조 제2항에 의해 그 설치가 금지된 특별재판소에 해당하고, ④재판원제도는 재판원으로 선정되는 국민에게 헌법상 근거가 없는 부담을 가하는 것으로 본인의 의사에 반한 노역을 금지하고 있는 제18조 후단에 반한다는 것이다.

최고재판소의 판단

"국민의 사법참가와 적정한 형사재판을 실현하기 위한 각종 원칙은 충분히 서로 조화시키는 것이 가능하고, 헌법상 국민의 사법참가가 무릇 금지되어 있다고 해석해야 할 이유는 존재하지 않으며, 국민의 사법참가에 관계되는 제도의 합헌성은 구체적으로 설치된 제도가 적정한 형사재판을 실현하기 위한 각종 원칙에 저촉되는지 여부에 따라 결정되어야 한다. 다시 말하면, 헌법은 일반적으로 국민의 사법참가를 허용하고 있는바 이를 인정함에 있어, 상기의 각종 원칙이 확보되어 있는 한 배심제로 할 것인가 참심제를 할 것인가 여부를 포함하여 그 내용은 입법정책에 맡겨져 있는 것으로 해석하여야 한다.[중략]

재판원재판의 대상사건을 처리하는 재판체裁判體는 신분보장을 받는, 독립적으로 권한을 행사하는 것이 보장되는 재판관과 공정성, 중립성을 확보할 수 있도록 배려된 절차에 따라서 선임된 재판원으로 구성된다. …… 이러한 재판원제도의 구조를 고려하면, 공평한 '재판소'에 있어서 법과 증거에 기초한 적정한 재판이 진행되는 것(헌법 제31조, 제32조, 제37조 제1항)이 제도적으로 충분히 보장되어 있는 이상, 재판관이 형사재판의 기본적인 담지자担い手라는 점이 인정되며 헌법이 정한 형사재판의 제 원칙을 확보했다는 점에 관하여 어떠한 지장도 초래하지 않는다고 말할 수 있다. 따라서 헌법 제31조, 제32조,

제37조 제1항, 제80조 제1항을 위반한다는 주장에는 이유가 없다.[중략]

헌법 제76조 제3항에 따르면 재판관은 헌법 및 법률에 구속된다. 그렇다면 이미 언급한바와 같이 헌법이 일반적으로 국민의 사법참가를 허용하고 있고 재판원법이 헌법에 적합하도록 이를 제도화한 이상, 재판원법이 규정한 평결제도 하에서 재판관이 때로는 자신들의 의견과는 다른 결론에 따를 수밖에 없는 경우가 생기더라도, 이는 헌법에 적합한 법률에 구속되는 결과이고 위 규정에 반한다는 평가를 받을 여지는 존재하지 않는다. 본디, 헌법 제76조 제3항은 재판관의 권한행사의 독립성을 확보함으로써 외부로부터의 간섭이나 압력을 받지 않고 재판이 법에 기초하여 공정, 중립적으로 진행될 수 있도록 보장하는 것으로서 재판원제도 하에서도 법령의 해석에 관한 판단이나 소송절차에 관한 판단을 재판관의 권한으로 하는 등 재판관을 재판의 기본적인 담지자로 하고 있고 법에 기초한 공정, 중립적인 재판의 실현이 도모되고 있으므로, 이러한 점에 있어서도 재판원제도는 위 규정의 취지에 반하는 것이 아니다.[중략]

재판원제도에 의한 재판체는 지방재판소에 속하는 것이고 그 제1심 판결에 대해서는 고등재판소로의 항소 및 최고재판소로의 상고가 인정되어 있어, 재판관과 재판원에 의해 구성된 재판체는 특별재판소에 해당하지 않는다는 점이 명확하다." (상고 기각)

마지막으로 일본국헌법은 국무청구권의 내용으로 국가배상청구권 및 형사보상청구권을 보장하고 있다. 형사배상에 관해서 헌법은 다음과 같이 규정하였다. "누구든지 억류 또는 구금된 후 무죄재판을 받았을 때에는 법률이 정하는 바에 따라 국가에 그 보상을 청구할 수 있다."(제40조). 이 조항의 내용을 구체화하기 위하여 일본에서는 「형사보상법刑事補償法」이 제정되어 시행되고 있다(일본의 국가배상제도 관해서는 제1부 제5장, 제2절 내용 참조).

제3절 | 사회권

국가의 개입에 대하여 배제를 요구하는 자유권과는 달리, 사회권은 국가로 하여금 복지국가의 이념에 기초하여 일정한 행위를 하도록 요구하는 권리이다. 일본국헌법에서 규정한 생존권, 교육을 받을 권리, 노동기본권 등이 이와 같은 사회권으로 분류되는 권리이다.

1. 생존권

국민의 생존권과 관련하여 일본국헌법은 다음과 같이 규정하고 있다. "① 모든 국민은 건강하고 문화적인 최저한도의 생활을 영위할 권리를 가진다. ② 국가는 모든 생활부분에서 사회복지, 사회보장 및 공중위생의 향상 및 증진을 위하여 노력하여야 한다"(제25조). 여기서 언급하고 있는 국민의 '건강하고 문화적인 최저한도의 생활을 영위할 권리' 및 이를 실현하기 위하여 국가가 짊어져야 하는 의무의 법적 해석과 관련하여 여러 가지 논의가 제기된다. 예컨대 위 규정에서 보장하고 있는 생존권이 구체적으로 무엇을 지칭하는지, 위 규정을 근거로 국민 개개인은 국가에 대하여 무엇을 요구할 수 있는지, 국가는 이에 응해야 하는 법적의무가 있는지 아니면 정치적·도덕적 의무의 이행에 그치는지 여부 등이 바로 그것이다.

이러한 국민의 생존권의 성질에 관하여 학설은 크게 세 가지로 나뉜다. ① 프로그램규정설プログラム規定説. 헌법 제25조는 국민의 생존을 보장해야 하는 국가의 정치적·도덕적 의무를 일반적으로 규정한데 불과하고 개개인은 이를 근거로 국가에 대하여 어떠한 청구권도 주장할 수는 없다. ② 추상적 권리설. 위 규정은 국민이 '최저한도의 생활'을 위한 입법 및 기타 필요한 조치를 요구할 수 있는 권리를 보장한 것으로 국가는 그

에 응할 법적 의무를 지닌다. 다만 이 헌법 규정은 추상적인 규정에 불과할 뿐 개별적인 청구권을 주장하기 위해서는 이를 구체화하는 입법이 필요하다. ③ 구체적 권리설. 헌법 제25조는 추상적 권리 이상의 내용을 담고 있다. 국가가 위 규정을 실현하기 위한 입법 등의 조치를 취하지 않은 경우, 입법부작위의 위헌성 확인을 청구할 수 있는 등의 권리가 제25조로부터 직접적으로 도출될 수 있다.

일본의 학설은 대체로 추상적 권리설이 타당하다고 보고 있다. 헌법이 규정한 생존권의 법적성격에 관해 일본 최고재판소의 판례는 구체적 권리설을 정면으로 부정하는 한편으로, 프로그램규정설을 취하는 해석에서 추상적 권리설을 연상시키는 해석으로 바뀌어 가고 있다고 평가받는다[葛西·判例評釋].

생존권 관련 판례 — 아사히소송
(朝日訴訟, 최고재판소 1967년5월24일 대법정 판결)

사건 개요

X(원고, 피항소인, 상고인)는 국립요양소에 입소하여, 생활보호법에 근거하여 후생대신이 설정한 생활부조기준에 따라 월 최고금액 600엔의 생활부조와 의료부조를 받고 있다. 1956년 7월에 시의 사회복지사무소장은 X의 친형에게 월 1,500엔을 X에게 송금하도록 명하였다. 그리고 위 소장은 8월 1일부터의 X의 생활부조를 폐지하고 위 송금액 1,500엔에서 일용품비용 월 600엔을 공제한 900엔을 의료비의 일부자기부담액으로서 X에게 부담시키고, 이를 제한 나머지 부분을 의료부조하는 내용으로 보호변경결정을 내렸다. X는 현 지사에게 불복신청을 제기하였으나 현 지사는 각하결정을 내렸고, 이에 대해 X는 후생대신 Y(피고)에게 불복신청을 제기하였으며 Y는 이 불복신청을 각하하는 재결을 내렸다. X는 600엔의 기준금액이 생활보호법이 규정한 건강하고 문화

적인 최저한도의 생활수준을 유지하는데 부족하므로 위법하다는 취지로 재결 취소의 소를 제기하였다.

제1심(동경지방재판소)은 후생대신에 의한 보호기준의 설정은 헌법 제25조에 유래한 생활보호법 제3조, 제8조 제2항의 규정에 의해 구속되는 이른바 기속행위羈束行爲로 보아, 이 사건 보호변경결정이 위법하다고 하여 Y의 재결을 취소하였다. 제2심(동경고등재판소)은 후생대신에 의한 보호기준의 설정은 기속재량행위에 속한다고 하고 이 사건 보호기준이 위법이라고 단정할 수 없다는 이유로 제1심 판결을 취소하고 X의 주장을 각하하였다. 이에 대해 X는 상고하였으나 심리 중 사망하였다.

최고재판소는 당사자의 사망으로 본 건 소송은 종료되었다고 하는 한편, 이 사건의 생활부조기준의 적법성에 대해서는 '만일의 경우를 대비하여念のために'의 형식으로 의견을 덧붙였다.

최고재판소의 판단

"[헌법 제25조 제1항의]규정은 모든 국민이 건강하고 문화적인 최저한도의 생활을 영위할 수 있도록 국정을 운영해야 함을 국가의 책무로서 선언한데 그치고, 직접 개개인의 국민에 대하여 구체적 권리를 부여한 것이 아니다(1948년9월29일 대법정 판결). 구체적 권리는 헌법 규정의 취지를 실현하기 위해 제정된 생활보호법에 의하여 비로소 부여되었다고 해야 한다. …… 애당초 후생대신이 정한 보호기준은 [생활보호]법 제8조 제2항에서 정한 사항을 준수할 것을 요하고 결국에는 헌법이 정한 건강하고 문화적인 최저한도의 생활을 유지함에 있어서 충분하지 않으면 아니 된다. 그러나 건강하고 문화적인 최저한도의 생활이라는 것은 추상적이고 상대적인 개념이고 그 구체적인 내용은 문화의 발달, 국민경제의 진전에 따라 향상되는 것은 물론이고 다수의 불특정한 요소를 종합적으로 고려한 후에야 결정할 수 있는 것이다. 따라서 무엇이 건강하고 문화적인 최저한도의 생활인가의 인정판단은 원칙적으로 후생대신의 합목적적인 재량에 맡겨져야 하고, 그 판단은 당부당의 문제로서 정부의 정치책임이 추궁되는 경우가 있을지언정 곧바로 위법의 문제를 발생시키는 것은 아니다. 다만 현실의 생활조건을 무시하고 현저하게 낮은 기준을 설정하는 등 헌법 및 생활보호법의 취지·목적에 반하여, 법률에 의해 부여된 재량권의 한계를 넘은 경우 또는 재량권을 남용한 경우에는 위법의 행위로서 사법심사의 대상으로 되는 것을 피할 수 없다.[중략]

원 판결이 확정한 사실관계 하에서, 이 사건 생활부조기준이 입원입소환자의 최저한도의 일용품비용을 지출하는데 충분하다고 본 후생대신의 인정판단은, 부여된 재량권의 한계를 넘었거나 재량권을 남용한 위법이 있다고는 도저히 단정할 수 없다.

그 후 장애복지연금을 받는 여성이 별도의 아동부양수당을 받을 자격이 있는지에 관한 사건의 상고심에서 최고재판소는 "헌법 제25조의 규정은 국가권력의 작용에 대하여 일정한 목적을 설정하고 그 실현을 위한 적극적인 발동發動을 기대하는 성질을 갖는다. 게다가 위 규정에서 말하는 '건강하고 문화적인 최저한도의 생활'이라 함은 극히 추상적·상대적 개념으로 그 구체적 내용은 그때그때의 문화의 발달정도, 경제적·사회적 조건, 일반적인 국민생활의 상황 등과의 상관관계에 비추어 판단, 결정되어야 할 뿐만 아니라 위 규정을 현실의 입법으로 구체화함에 있어서는 국가의 재정상황을 무시할 수 없고, 또한 다방면에 걸친 복잡, 다양한 고도의 전문기술적인 고찰과 그에 기초한 정책적 판단을 필요로 하는 것이다. 따라서 헌법 제25조의 취지에 부응하여 구체적으로 어떠한 입법조치를 강구할 것인가의 선택결정은 입법부의 광범위한 재량에 맡겨져 있고 그것이 현저하게 합리성을 갖추지 못하였고 명백히 재량의 일탈·남용으로 볼 수밖에 없는 경우를 제외하고는 재판소가 심사판단하기에는 적합하지 않는 사항이라고 말하지 않을 수 없다"고 하였다(최고재판소 1982년7

월7일 대법정 판결).

2. 교육을 받을 권리

국민의 교육을 받을 권리 역시 일본국헌법에 의해 보장된다. "모든 국민은 법률이 정하는 바에 의하여 그 능력에 따라 동등하게 교육을 받을 권리를 가진다"(제26조 제1항). 이에 대응하여 무상 의무교육 및 자녀에게 보통교육을 받도록 해야 하는 부모의 의무가 헌법에 규정되어 있다(제26조 제2항). 사회권으로 분류되는 교육을 받을 권리는 일단 교육의 기회균등, 무상의무교육 등을 실현하기 위한 경제적 배려를 국가에 대해 요구할 수 있는 권리로 인식된다.

한편, 미성년자에 대한 교육의 시행에 있어서 부모 및 교사 등 교육종사자의 권리는 사회권이 아닌 국가의 개입을 배제하는 자유권적 성질을 가지고 있다. 여기서 이른바 교육권의 소재의 문제, 즉 구체적인 교육내용의 결정, 시행에 있어서 주로 국가가 교육권을 가져야 하는가 아니면 부모와 같은 국민이 교육권을 가져야 하는가의 논쟁이 발생한다.

교육권 관련 판례 — 아사히가와학력테스트사건 (旭川學テ事件, 최고재판소 1976년5월21일 대법정 판결)

사건 개요

1961년에 시행된 전국중학교통일학력조사에 대하여 아시히카와旭川시의 한 사립중학교에서 실력으로 저지행동에 나선 노조임원 4명이 건물침입, 공무집행방해 및 공동폭행죄로 기소되었다. 제1심(아사히카와지방재판소)은 공무집행방해죄의 성립을 부정하였으나 건물침입과 공동폭행죄를 인정하여 두 피고에게 벌금형, 다른 두 피고에 대해서는 집행유예의 징역형을 선고하였다. 제2

심(삿포로고등재판소)은 제1심의 판단을 유지하였다. 이에 대해 검찰측과 피고인측 모두 상고하였다. 최고재판소는 공무집행방해죄의 성립을 인정함과 동시(건물침입과 공동폭행죄에 관해서는 원심 인용)에 교육기본법의 해석과 관련하여 아래와 같은 헌법론을 전개하였다.

최고재판소의 판단

"우리나라의 법제도상 아동교육의 내용을 결정하는 권능이 누구에게 귀속되어야 하는가에 대해서는 2개의 극단적으로 대립하는 견해[국가의 교육권설과 국민의 교육권설]가 있는데, …… 이 재판소는 두 견해 모두 일방적인 것으로 그 중 어느 것도 전면적으로는 채용할 수 없다고 생각한다.[중략]

[헌법 제26조의] 규정은 복지국가의 이념에 기초하여, 국가가 적극적으로 교육에 관한 제반 시설을 만들어 국민이 이용하도록 제공해야하는 책무를 지는 점을 명확히 하는 한편, 어린이에 대한 기초적 교육인 보통교육의 절대적 필요성을 고려하여 부모에 대하여 자신의 자녀에게 보통교육을 받도록 하는 의무를 부과하고 또한 그 비용을 국가가 부담해야 함을 선언한 것이지만 그 배후에는 국민 각자가 한 인간으로서 또한 한 시민으로서 성장, 발달하고 자신의 인격을 완성, 실현하기 위해 필요한 학습을 할 고유의 권리를 가진다는 점, 특히 스스로 학습을 할 수 없는 아동은 그들의 학습요구를 충족시키기 위한 교육을 자신을 대상으로 하여 시행할 것을 성인 일반에 대하여 요구할 수 있는 권리를 가진다는 관념이 존재한다고 보인다. 다시 말하면, 아동교육은 교육을 시행하는 자의 지배적인 권능이 아니라 무엇보다도 아동의 학습할 권리에 부응하여 그 충족을 도모해야 하는 입장에 있는 자의 책무에 속하는 것으로 인식된다.[중략]

헌법의 차원에 있어서 [교육권의 귀속] 문제의 해석으로서는, [아동교육에 이해와 관심을 가지는] 관계자가 각각 제기하는 주장이 기반하고 있는 헌법상의 근거에 비추어 각각의 주장이 타당한 범위를 확정하는 것이 가장 합리적인 해석이라고 해야 할 것이다.

그리고 이러한 관점에서 생각해보면, 우선 부모는 자녀에 대한 자연적 관계에 의해 자녀의 미래에 관하여 가장 깊은 관심을 가지고 있고 또한 배려해야 하는 입장에 놓여 있는 자로서 아동의 교육에 대한 일정한 지배권, 즉 자녀교육의 자유를 가지고 있다고 인정되지만, 이러한 부모의 교육의 자유는 주로 가정교육 등 학교 밖에 있어서의 교육이나 학교선택의 자유에서 나타나는 것으로 생각되고, 또한 사학교육에 있어서의 자유나 앞에서 언급한 교사의 교수敎授의 자유 역시 각각 한정된 일정한 범위에 있어서는 긍정하는 것이 마땅하겠지만, 그 외의 영역에 있어서는 일반적으로 사회공공의 문제에 관하여 국민전체의 의사를 조직적으로 결정, 실현해야 하는 입장에 있는 국가가 국정의 일부로서 광범위하게 적절한 교육정책을 수립, 실시해야 하고 또한 그러한 역량을 갖춘 존재로서 헌법상 또는 아동 자신의 이익의 옹호를 위하여 또는 아동의 성장에 대한 사회공공의 이익과 관심에 회답하기 위하여, 필요하고 상당하다고 인정되는 범위에 있어서 교육내용에 관해서도 이를 결정할 권능을 가진다고 해석해야 하고, 이를 부정할 이유 내지 근거는 어디서도 찾아볼 수 없다."(일부 상고 기각, 일부 파기자판)

최고재판소는 이 판결에서 헌법에서 명확히 언급한 동등하게 교육을 받을 권리와 무상 의무교육을 요구할 권리에 더불어 학습권, 즉 국민이 '자신의 인격을 완성, 실현하기 위해' 필요한 학습을 할 권리 및 어린이가 이러한 학습여건을 충족시키도록 어른들에게 요구할 수 있는 권리가 헌법 제26조 규정에서 도출될 수 있다고 보았다. 그리고 교육의 자유에 관해서는 교육권은 국가, 부모, 교사 등의 3자가 분담하고 이러한 교육권자의 권한은 헌법의 취지에 비추어 배분되어야 한다고 하면서도, 결론적으로는 국가의 교육권을 광범위하게 인정하고 부모의 교육의 자유 및 교사의 교육권은 한정적으로 해석하였다. 이에 대해 학설은 교육권의 배분에 있어서 국가, 부모, 교사의 분담역할을 설정한 이 사건 판결의 시각이 기본적으로는 타당하다고 보는 한편으로, 교육내용에 대한 국가의 개입권을 지나치게 광범위하게 인정했다는 점에 우려를 표하고 있다[米沢·判例評釋].

3. 노동권과 노동기본권

근로권勤勞權이라고도 하는 노동권은 노동의 자유를 전제로 하여 노동의 기회를 요구하는 권리이다. 일본국헌법은 국민의 근로의 권리와 함께 근로의 의무를 규정하고 국가는 법률을 통해 근로조건의 기준을 정한다고 하고 있다(제27조). 생존권 규정과 마찬가지로 이 조항 역시 국민의 어떠한 구체적인 권리를 인정한 것이 아니고, 국가에 대하여 국민이 노동을 할 수 있도록 일련의 정책조치를 취하도록 하는 정치적 또는 법적 의무를 부과하는데 그친다고 해석하는 것이 일반적이다.

이러한 노동권과 별도로 헌법은 노동자가 사용자와의 관계에 있어서 보장받아야 하는 권리를 규정하고 있다. 즉, '근로자의 단결할 권리 및 단체교섭 그 밖의 단체행동을 할 권리'이다(제28조). 이 조항을 통해 보장되는 권리를 일본에서는 통칭하여 노동기본권勞動基本權이라고 한다. 노동기본권은 흔히 노동삼권勞動三權이라고도 하는데 구체적으로는 단결권, 단체교섭권, 쟁의권을 포함한다. 노동기본권과 관련하여 헌법학에서 주로 논의가 되는 문제는 공무원의 노동기본권을 제한하는 법률의 합헌성 여부이다(공무원의 인권제한에 관해서는 위의 제1장 제3절 참조).

일본의 최고재판소는 초기의 판례에서 추상적인 '공공의 복지'론 또는 '전체의 봉사자'론에 근거하여 공무원의 노동기본권을 제한하는 법령의 합헌성을 넓게 인정하다가, 1966년의 아래 판결에서 공무원의 노동기본권의 법적성질을 명확히 하고 공무원의 노동기본권제한의 합헌성을 판단하는 기준을 새로이 제시하였다.

공무원의 노동기본권 제한 관련 판례 — 전체동경중우사건 (全逓東京中郵事件, 최고재판소 1966년10월26일 대법정 판결)

사건 개요

전국체신노동조합의 임원이었던 피고인 등 8인은 1958년 춘계투쟁 시 동경중앙우체국의 종업원들에 대하여 직장대회에 참가하도록 설득하여 일부 종업원들을 근무에서 이탈시켰다는 이유로, 우편물불취급죄郵便物不取扱罪의 교사에 해당한다고 기소되었다. 제1심(동경지방재판소)은 이 사건에서 우편물을 취급하지 않은 행위는 노동조합법 제1조 제2항에서 말하는 정당한 쟁의행위에 해당하여 죄가 성립하지 않는다는 이유로 피고인의 무죄를 선고하였다. 제2심은 공공기업체의 직원은 쟁의권자체가 인정되지 않으므로 노동조합법 제1조 제2항의 적용을 받지 않는 것으로 해석함이 상당하다고 하면서 제1심 판결을 파기하였다. 이에 대해 피고인은 공공기업체의 쟁의권을 부정한 「공공기업체등노동관계법公共企業體等勞動關係法」 제17조는 헌법 제28조에 반하여 무효라는 취지로 상고하였다.

최고재판소의 판단

"헌법 제28조는 이른바 노동기본권 즉 근로자의 단결하는 권리, 단체교섭 및 그 밖의 단체행동을 하는 권리를 보장하고 있다. 이 노동기본권 보장의 목적은 헌법 제25조에서 규정한 이른바 생존권 보장을 기본이념으로 삼아, 근로자에 대해 인간다운 생존을 보장해야 한다는 관점에 입각하여 한편으로는 헌법 제27조의 규정에 따라 근로의 권리와 근로조건을 보장함과 동시에, 다른 한편으로는 헌법 제28조의 규정에 따라 경제적으로 열세에 처한 근로자에 대하여 실질적인 자유와 평등을 확보하기 위한 수단으로서, 그들의 단결권, 단결

교섭권, 쟁의권 등을 보장하려고 하는 것이다.[중략]

위의 노동기본권은 단순히 사기업의 노동자에게만 보장되는 것이 아니라 공공기업체의 직원은 물론 국가공무원이나 지방공무원도 헌법 제28조에 말하는 근로자인 이상 원칙적으로는 그 보장을 받는다. '공무원은 전체의 봉사자이고 일부의 봉사자가 아니다'고 하는 헌법 제15조를 이유로 공무원에 대하여 위와 같은 노동기본권을 완전히 부정하는 것은 허용되지 않는다. 그저 공무원 또는 그에 준하는 자에 대해서는 직무의 내용에 따라 사기업의 노동자와 다른 제약을 내포하고 있을 따름이다.[중략]

[노동기본권은] 애당초 어떠한 제약도 허용되지 않는 절대적인 것이 아니고, 국민생활전체의 이익의 보장이라는 차원에서 이루어지는 제약을 당연히 내재적 제약으로서 내포하고 있다고 해석해야 한다. 다만 구체적으로 어떠한 제약이 합헌으로 해석되어야 하는가에 관해서는 제반의 조건, 특히 아래의 몇 가지 점을 고려하여 신중하게 결정할 필요가 있다.

① 노동기본권의 제한은 노동기본권을 존중, 확보해야 하는 필요와 국민생활전체의 이익을 유지, 증진하는 필요를 비교형량하여 양자가 적정한 균형을 유지하는 것을 목표로 결정해야 하지만, 노동기본권이 근로자의 생존권에 직결되고 생존권을 보장하기 위한 중요한 수단이라는 점을 고려하면 그 제한은 합리성이 인정되는 최소한의 필요한도에 머물러야 한다.

② 노동기본권의 제한은, 근로자에 제공하는 직무 또는 업무의 성질이 공공성이 강하고 따라서 그 직무 또는 업무의 정폐停廢가 국민생활전체의 이익을 해쳐 국민생활에 중대한 장애를 초래할 우려가 있을 경우 이를 회피하기 위한 필요불가결할 때에 고려되어야 한다.

③ 노동기본권의 제한을 위반하는 것에 수반하는 법률효과, 즉 위반자에 부과되는 불이익이 필요한 한도를 넘지 않도록 충분한 배려되어야 한다. 특히 근로자의 쟁의행위 등에 대해 형사제재를 가하는 것은 필요불가결한 경우에 한정되어야 하고 동맹파업, 태만과 같은 단순한 부작위를 형벌의 대상으로 하

는 데 대해서는 특별히 신중하지 않으면 안 된다.[중략]

④ 직무 또는 업무의 성질로 인하여 근로기본권을 제하는 것이 필요불가결한 경우에는, 이에 걸맞은 대상조치가 강구되지 않으면 아니 된다.

이어서 최고재판소는 이 사건에서 공공기업체 직원의 쟁의행위를 금지하고 있는 법률규정은 헌법 제28조에 위반하지는 않는다고 하는 한편, 정당한 쟁의행위는 노동조합법 제1조 제2항에 따라 형사처벌을 받지 않는다고 하면서 이 사건 근로자의 행위가 적당한 쟁의행위에 해당하는 여부는 구체적인 사실관계에 비추어 판단해야 하는 것으로 보아 사건을 파기송환하였다. 그 후 동경고등재판소는 피고인들에게 무죄를 선고하였다 [吉田·判例評釋].

제5장 통치기구(1): 국회와 내각

제1절 국회의원의 면책특권

일본의 정치제도, 국회의 지위와 권한 및 내각과의 관계에 대해서는 이미 논하였다(제1부, 3장 참조). 이하에서는 판례를 중심으로 하여 국회의원의 면책특권과 내각의 중의원해산권에 관한 문제에 대하여 살펴보도록 한다.

위에서 언급했다시피 일본에서 국회는 국민을 대표하는 기관이자 '유일한 입법기관'인 동시에 '국권의 최고기관'이고, 내각총리대신의 지명권 등 광범위한 권한을 행사한다. 한편으로 모든 국민의 대표자인 국회의원의 지위를 보장하기 위해 헌법은 국회의원에게 일부분 특권 또는 특전特典을 부여하였다. 일본국헌법이 명시한 국회의원의 특권에는 불체포특권, 발언과 표결의 면책특권 및 세비청구권(제49조~제51조)이 있다.

국회의원의 면책특권에 관해 헌법은 "양원의 의원은 원내에서 한 연설, 토론 또는 표결에 관하여 원외에서 책임을 지지 아니한다"고 규정하고 있는데 이러한 면책특권의 취지, 범위와 대상 등에 대해서는 일부 논의가 있다. 현재의 통설에 따르면, 국회의원에게 주어지는 면책특권은 국민대표라는 국회의원의 지위로부터 유래하는 것이고 특권의 주체는 국회의원에 한하며 기타 국무대신(국회의원 출신의 국무대신 인 경우, 국무대신 신분으로 발언 시에는 다른 국무대신과 동일), 정부위원, 증인 등에게는 적용되지 않는다. 이 조항에서 말하는 '원내'라 함은 건물로서의 국회의사당에 국한되는 것이 아니고 지방공청회 등 국회활동의 연장으로서 진행되는 활동 역시 포함되며 그 대상은 '연설, 토론 또는 표결' 활동에 국한되지 않고 국회의원의 직무행위에 부수하여 이루어지는 기타 활동도 넓게 포함된다고 보고 있다. 국회의원이 면제 받는 이러한 책임의 전형이 손해배상이나 명예훼손과 같은 일반국민이라면 당연히 져야 할 민사상, 형사상의 법률적 책임이다. 한편으로, 국회의원의 직무관련행위로 인해 일반국민의 사생활이나 명예가 훼손되는 등 심각한 권리침해가 생길 경우 국회의원의 면책특권이 인정되는지 여부 및 만일 면책특권이 인정된다면 피해를 입은 국민에 대해 어떠한 구제방법을 강구해야 하는지가 문제된다.

국회의원의 면책특권 관련 판결
(최고재판소 1997년9월9일 제3소법정 판결)

사건 개요

사건 당시 중의원의원이던 Y1(피고, 피항소인, 피상고인)은 의료법의 개정에 관한 국회의 논의에서 A병원 원장이 여성 환자들에 대하여 파렴치한 행위를 하고 원장 본인은 상습적으로 약물을 복용하는 등 정상적인 정신상태가 아니라고 하는 예를 들어, 이러한 의사에 대한 점검이 필요하다는 등의 발언을 하였다. 이튿날 A병원 원장은 자살하였다. A병원 원장의 부인인 X는 Y1에 대해서는 민법의 규정에 근거하여, Y2(국가)에 대해서는 국가배상법에 근거하여 각각 손해배상을 요구하는 소송을 제기하였다.

제1심(삿포로지방재판소)은 Y1의 발언이 헌법 제51조가 규정한 '연설'에 해당하고 제51조는 국회의원의 절대적인 면책특권을 규정한 것으로 해석할 수 있다고 하였다. 또한 제51조를 제한적인 면책특권의 규정이라고 해석하더라도, 본 사건에 있어서는 Y1가 그 내용이 허위임을 알면서 또한 허위여부에 관해 전혀 고려하지 않거나 불적절하고 위법한 목적을 위하여 발언을 하였다고 할 수 없다는 이유로, Y1에 대한 청구를 기각하였다. 한편으로 Y2에 대한 국가배상청구에 대해서는, Y1의 발언에 적시된 내용이 허위이거나 조사가 충분하지 않다는 사실이 인정되지 않기에 국가배상법상 직무상의 위법이 인정되지 않는다고 하여 기각하였다. 항소심(삿포로고등재판소)은 이 사건에서의 Y1의 발언이 면책대상에 포함되지 않는다고 하더라도 국가배상법상 공무원 개인의 배상책임은 인정되지 않는다는 이유로 항소를 기각하였다.

최고재판소의 판단

"[상고인의 주장은] 특정한 자를 비방하는 것에 불과한 이 사건 발언은 헌법 제51조가 규정한 '연설, 토론 또는 표결'에 해당하지 않음에도 불구하고 원심이 상고인의 피상고인 Y1에 대한 청구를 배격한 것은 부당하다는 것이다.

그러나 앞의 사실관계에 따르면 이 사건 발언은 국회의원인 피상고인 Y1에 의한, 국회의원으로서의 직무를 수행함에 있어서 행해진 것이 명백하다. 그렇다면 이 사건 발언이 피상고인 Y1의 고의 또는 과실에 따른 위법한 행위일지라도 피상고인인 국가가 배상책임을 지는 것은 별론으로 하고 공무원인 Y1 개인은 상고인에게 책임을 지지 않는다고 해석해야 한다(최고재판소 1955년4월19일 제3소법정 판결, 최고재판소 1978년10월20일 제2소법정 판결). 따라서 이 사건 발언이 헌법 제51조에 규정한 '연설, 토론 또는 표결'에 해당하지 여부는 논할 것도 없이, 상고인의 피상고인 Y1에 대한 이 사건 청구는 이유가 없다.[중략]

국가배상법 제1조 제1항은 국가 또는 공공단체의 공권력의 행사가 공무원이 개별 국민에 대해 부담하는 직무상의 법적의무에 반하여 해당 국민에 손해를 가한 경우, 국가 또는 공공단체가 이를 배상하는 책임을 진다고 규정하고 있다. 그리고 국회에서 한 국회의원의 발언이 이 조항의 적용상 위법으로 평가되는지 여부는, 그 발언이 국회의원으로서 개별 국민에 대해 부담하는 직무상의 법적의무에 반하여 이루어졌는지 여부의 문제이다.[중략]

국회의원은 입법에 관하여 원칙적으로 국민전체에 대한 관계에서 정치적 책임을 지는데 그치고 개별 국민의 권리에 대응한 관계에서 어떠한 법적의무를 지는 것은 아니며, 국회의원의 입법행위 그 자체는 입법의 내용이 헌법의 명확한 문언에 반함에도 불구하고 국회가 굳이 해당 입법행위를 행하는 등 쉽사리 상정하기 어려운, 예외적인 경우가 아닌 이상 국가배상법상 위법하다는 평가를 받지 않는다고 보아야 하고(최고재판소 1985년11월21일 제1소법정 판결), 그 법리는 오로지 입법행위뿐만 아니라 조약체결의 승인, 재정의 감독에 관한 결의 등 다수결원리에 의한 통일적인 국가의사를 형성하는 행위 일반에 관하여 타당한 것이다.

이에 반하여 국회의원이 입법, 조약체결의 승인, 재정의 감독 등의 심의 및 국정에 관한 조사 과정에서 진행하는 질의, 연설, 토론 등(이하 '질의 등'으로 칭함)은 다수결원리에 의해 국가의사를 형성하는 행위 그 자체는 아니고 국가의사의 형성에 향해진 행위이다. 본래 국가의사의 형성과정에는 국민사이에 존재하는 다원적인 의사 및 각종 이익이 반영되어야 하므로, 위와 같은 질의 등에 있어서도 현실사회에서 일어나는 광범위한 문제가 취급되고 그중에는 구체적인 사례에 관하여 또는 구체적인 사례가 섞인 질의 등이 충분히 존재할 수 있어, 질의 등의 내용이 국민의 권리 등에 직접 관계되는 일도 있을 수도 있다. 따라서 질의 등의 국면에 있어서 국회의원이 개별 국민의 권리에 대응하여 법적의무를 지는 것이 있을 수 없는 것은 아니다.

그러나 질의 등은 다수결원리에 의한 통일적인 국가의사의 형성과 밀접하게 관련되어 이에 영향을 미쳐야 하는 것이고, 국민 사이에 존재하는 다원적 인 의사 및 각종 이익을 반영시키기 위하여 온갖 측면에서 질의 등을 오롯이 하는 것 역시 국회의원의 직무 내지 사명에 속하는바, 질의 등에 있어서 어떠한 문제를 제기하고 어떤 식으로 할 것인가는 국회의원의 정치적 판단을 포함한 광범위한 재량에 맡겨져야 하는 일이라고 보아야 할 것이며, 비록 질의 등에 의하여 결과적으로 개별 국민의 권리 등이 침해되었다고 하더라도 곧바로 해당 국회의원이 그 직무상의 법적의무를 위반하였다고는 할 수 없다고 해석해야 한다. …… 다만 국회의원에게 위와 같은 광범위한 재량이 인정되는 것은 그 직권의 행사를 확실하게 수행하도록 하기 위한 요청에 의한 것이므로, 직무와는 관계없이 개별 국민의 권리를 침해하는 것을 목적으로 하는 등의 행위가 허용되지 않음은 물론이고 또한 굳이 허위의 사실을 적시하여 개별 국민의 명예를 훼손하는 행위는 국회의원의 재량에 속하는 정당한 직무행위라고는 말할 수 없다고 보아야 한다.

이상을 종합하면, 국회의원이 국회에서 행한 질의 등에 있어서 개별 국민의 명예나 신용을 저하시키는 발언이 있다고 하더라도 이로써 당연히 국가배상법 제1조 제1항의 규정에서 말하는 위법한 행위가 존재하여 국가의 손해배상책임이 발생하는 것은 아니고, 위의 책임이 긍정되기 위해서는 해당 국회의원이 직무와는 관계없이 위법한 또는 부당한 목적을 가지고 사실을 적시하거나 허위임을 알면서도 굳이 그 사실을 적시하는 등 국회의원이 그에게 주어진 권한의 취지에 명백히 반하여 이를 행사한 것으로 인정될 수 있는 등 특별한 사정을 필요로 한다고 해석하는 것이 상당하다. (상고 기각)

국회의원의 면책특권을 규정한 헌법 제51조에 관하여, 국회의원이 모든 직무관련행위에 있어서 법적 책임을 면한다고 해석하는 절대적 면책설과 국회의원의 직무관련행위라고 할지라도 국민의 명예권을 훼손하는 등의 발언은 면책되는 않는다는 상대적 면책설이 대립한다. 위 사건의 제1심은 대체로 절대적 면책설을 전제로 하고 있는 것으로 보인다. 이에 대하여 최고재판소는 우선, 공무원의 공무집행에 관한 손해배상은 공무원 본인에게 청구할 수 없다는 국가배상법의 법리를 인용하여 국회의원의 발언이 면책특권의 대상에 포함되는지 여부와 관계없이 국회의원 개인의 배상책임을 부정하였다. 그리고 국가배상법상의 책임에 대해서는 국회의원의 행위를 크게 입법 등 국가의사를 형성하는 행위와 질의, 연설, 토론과 같이 이러한 국가의사의 형성으로 향해진 행위로 구분하고 국회의원은 전자의 경우에는 — 개별 국민의 권리와 관계되는 법적 책임이 아니라 — 국민전체에 대하여 정치적인 책임만을 지지만, 후자의 경우에는 개별국민에 대하여 법적책임을 지게 되는 경우가 있을 수도 있다고 하면서도, 국회의원의 행위가 국가배상법에서 규정한 위법성의 요건을 충족하는지 여부의 판단은 극히 엄격한 기준에 따라, 즉 '국회의원이 그 직무와 관계없이 위법한 또는 부당한 목적을 가지고 사실을 적시하거나 허위임을 알면서 굳이 그 사실을 적시하는 등 국회의원이 그에게 부여된 권한의 취지에 명백히 반하여 이를 행사하는 경우'에만 인정되고 국가가 이에 대해 배상책임을 진다고 보았다.

국회의원의 면책특권을 광범위하게 인정하고 국회의원 개인이 아닌 국가에 대한 국가배상법상의 손해배상청구에 대해서도 엄격한 기준을 설정하는 일본 재판소의 태도는 민주주의사회에서 국회의 특별한 지위, 역할을 고려하였을 때 기본적으로 타당한 것으로 보아야 할 것이다. 다만 이 과정에서 권리를 침해당한 일반 국민에 대한 구제방법에 관하여 최고재판소가 주장한 엄격한 기준하의 국가배상책임 외에도 국회의원 개인의 불법행위책임도 예외적으로는 인정해야 한다는 목소리도 존재한다. 그밖에 최근에는 국회의원의 행위에 의해 명예를 훼손당한 개인은 전체의 이익, 즉 의회에서 자유로운 토론이 이루어지도록 보장하기 위하여 자신의 권익을 희생하였다는 점을 고려하여 '특별한 희생에 대하여 보상을 청구

하는 권리特別の犠牲に対する補償を請求する権利'를 피해자에게 새로운 인권으로서 보장해야 한다는 주장이 제기되고 있다[原田·判例評釋].

제2절 내각의 중의원해산권

일본국헌법은 국회와 내각의 관계에 대하여 일련의 규정을 두고 있는데 해석상 문제가 되는 것은 내각의 중의원해산권 규정이다. "내각은 중의원에서 불신임 결의안을 가결하거나 또는 신임 결의안을 부결한 때에는 10일 이내에 중의원이 해산되지 아니하는 한 총사직을 하여야 한다"(제69조). 또한 천황이 내각의 조언과 승인에 따라 행할 수 있는 국사國事에 관한 행위로서 중의원의 해산이 포함되어 있다(제7조 제4항). 나아가 헌법은 중의원의원의 임기는 해산의 경우 임기만료 전에 종료하고, 해산 후의 총선거의 절차에 대해서도 규정하고 있다(제45조, 제54조). 따라서 일본국헌법은 중의원의 해산을 상정하고 있으며, 중의원의 실질적인 해산권은 내각에게 부여되어 있다고 해석된다. 즉 내각은 중의원이 자신에 대한 불신임의 결의안을 가결한 경우(또는 신임 결의안을 부결한 경우), 스스로 총사퇴하거나 혹은 중의원을 해산하는 두 가지 가능성 중 하나를 선택해야 한다. 국회해산권은 역사적으로 영국에서 국왕이 의회를 견제하는 수단으로 이용되어 왔는바 현재는 정부가 의회를 억제하는 기능과 더불어 국회의 해산 및 그에 이은 총선거를 통하여 주권자인 국민의 뜻을 다시 묻는 역할을 하고 있다.

여기서 문제는 제69조 이외의 경우 즉 중의원이 내각 불신임안을 가결한 경우 이외에도 내각이 중의원을 해산할 수 있는지, 해산할 수 있다면 그 근거 및 그러한 해산에 한계가 있는지 여부이다.

내각의 중의원해산권 관련 판결
(동경지방재판소 1953년10월19일 판결, 동경고등재판소 1954년9월 22일 판결)

사건 개요

1952년 8월 28일 요시다내각吉田內閣은 소집된지 얼마 되지 않은 제14회국회의 중의원을 — 내각불신임의 결의안이 가결되지 않았음에도 — 헌법 제7조에 근거하여 해산하였다. 또한 이번 중의원해산은, 조서안詔書案에 각료 중 일부만의 찬성서명을 받고서는 곧바로 천황에 송부하여 재가를 얻은 후 임시각의에서 해산조서解散詔書의 즉시공포를 결정하는 등 과정을 거쳤다고 하여 '기습 해산抜き打ち解散'이라고 불렸다.

이번 해산에서 중의원직을 잃은 X(원고, 피항소인)는 헌법 제7조에 근거한 중의원해산은 위헌무효임을 주장하여 최고재판소에 직접 제소하였으나, 최고재판소는 재판소의 위헌심사권은 구체적 법률상 쟁송을 해결함에 있어서의 필요성을 전제로 해야 한다고 하여 소를 각하하였다. 그 후 X는 다시 Y(국가)에 대하여 중의원의원의 지위확인 및 의원세비 청구의 소를 제기하였다. 원고의 주장은 ① 헌법 제7조에만 근거한 이번 중의원해산은 헌법에 반하고, ② 천황의 국사행위는 내각의 조언과 승인이 필요하지만 이번 해산에서는 전 각료의 일치에 의한 각의결정이 이루어지지 않았다는 점을 이유로 들었다. 제1심은 내각의 해산권에 관해서는 정치적재량에 맡겨야 한다고 하면서도 해산절차상 일부 각료만의 찬성만을 얻은 점은 헌법 제7조에 위반하므로 해산이 무효라고 판단하여 X의 청구를 인용하였다. 제2심(동경 고등재판소)은 내각의 해산권에 관해서는 제1심의 판단을 인용하였지만, 각의결정 등 절차상 하자에 관해서는 제1심과 달리 이 사건에서 합법적인 내각의 조언과 승인이 있었다고 해석하여, 해산이 유효하다고 판단하였다.

내각의 해산권 관련 제1심 및 제2심의 판단

"어떠한 경우에 해산을 할 수 있는가에 관해서는 구 헌법과 마찬가지로 현행 헌법에서는 아무런 규정도 하고 있지 않다. 중의원해산은 존립하고 있는 중의원이 국내외의 문제에 관하여 국민이 가지고 있는 의사를 적정하게 반영, 구현하는데 적합하게 구성되어 있는지 여부를 국민에게 묻는 제도이다. 의원의 임기 중에는 선거를 통한 국민의 의사가 대표되어 있다고 보는 것이 법제도상의 전제이지만 위의 해산제도는 이러한 법제도상의 전제에 합치하지 않는, 변화된 정치정세에 대처하기 위한 것이다. 따라서 해산은 변화하는 사태를 정치적으로 판단하여 행해져야 하는 것이 명백하고 그 해산권의 행사를 법규를 통해 일률적으로 구속하는 것은 상당하지 않다고 말하지 않을 수 없다. 이렇게 볼 때, 현행 헌법은 어떠한 사태 하에서 해산을 해야 하는가의 판단을 전적으로 정치적 재량에 맡기고 있다고 보아야 하고 그 해산이 타당한지 여부 등은 애당초 재판소가 판단의 대상으로 삼을 수 있는 것이 아니다. 따라서 중의원에서 내각의 불신임결의안의 가결도, 신임결의안의 부결도 없음에도 불구하고 이 사건 해산이 행해졌다는 이유로는 이 사건 해산이 헌법에 반하는 것이라고 말할 수 없으므로, 이 점에 관한 원고의 주장은 받아들일 수 없다."

이에 대해 원고(피항소인)는 상고하였고 최고재판소는 통치행위의 법리를 인용하여 내각의 중의원해산권이 헌법에 반하여 무효인지 여부 등은 재판소의 심사권에 포함되지 않는다는 이유로 상고를 기각하였다(통치행위 이론에 관해서는 이하 제6장 제2절 참조).

"이 사건 해산이 헌법 제7조에 의거하여 이루어진 점은 이 사건에서 논쟁의 여지가 없는 것이고, 정부의 견해는 헌법 제7조에 의하여 — 즉 헌법 제69조에 해당하는 경우가 아닐지라도 — 헌법상 유효하게 중의원의 해산을 할 수 있다는 것인바, 이 사건 해산이 위의 헌법 제7조에 의거하여 또한 내각의 조언과 승인에 의해 적법하게 이루어진 것이라는 점은 명확하므로, 재판소로서는 위와 같은 정부의 견해를 부정하고 이 사건 해산을 헌법상 효력이 없다고는 할 수 없는 것이다."(최고재판소 1960년6월8일 대법정 판결)

그 후 헌법 제69조에 한정하지 않는 중의원의 해산, 즉 내각은 내각불신임의 가결을 반드시 전제로 하지 않고도 중의원을 해산할 수 있다는 것이 헌법상의 관행으로 굳어지게 된다. 실제로 현행 일본국헌법 하에서 일어난 중의원해산의 대부분이 내각불신임결의안의 가결과는 무관하게 이루어졌다. 학설도 내각의 중의원해산을 헌법 제69조의 경우로만 한정하는 69조한정설을 더 이상 주장하지 않게 되었다. 다만 이와 같은 내각의 중의원해산권의 근거에 관해서는 헌법 제7조에 근거하고 있다는 위의 제7조설과 더불어, 해산권은 입법권에도 사법권에도 해당하지 않기 때문에 행정권을 내각에 부여한 헌법 제65조에 따라 행정권에 포함된다고 보는 행정공제설行政控制說 및 중의원과 내각의 균형을 확보하는 중요한 수단인 내각의 해산권은 일본국헌법이 채택한 의원내각제의 본질에 그 근거가 있다는 이른바 제도설制度說 등이 대립한다.

원칙적으로 내각은 정치적 판단에 따라 중의원을 해산할 수 있고 중의원의 해산권행사는 재판소의 사법심사에 적합하지 않는 통치행위에 속한다고 보아야겠지만 이러한 내각의 해산권행사에도 일정한 한계가 있다. 중의원의 해산은 국권의 최고기관인 국회의 기능을 멈추게 하고 국민을 대표하는 국회의원의 직을 박탈하게 되는 결과를 초래하므로 내각의 해산권행사는 그에 상응한 이유에 근거하여 이루어져야 한다. 통설은 ① 내각의 중요한 법안이 중의원에서 부결되거나 심의가 마무리되지 않고 끝나는 경우, ② 정계재편 등에 의해 내각의 성격이 기본적으로 변한 경우, ③ 총선거의 쟁점이 아니었던 새로운 중요한 정치적 과제가 발생한 경우, ④ 내각이 기본정책을 근본적으로 변경한 경우, ⑤ 의원의 임기만

료시기가 가까워진 경우 등에 한하여 내각의 해산권행사가 허용될 수 있다고 보고 있다[上田·衆議院解散の根拠と限界].

제6장
통치기구(2): 재판소와 사법권

제1절 사법권의 개념

앞서 언급했듯이, 재판소와 사법권에 관하여 일본국헌법은 메이지헌법에 비해 일반 사법기관인 재판소의 권한, 즉 사법권의 범위를 크게 확대하였다고 할 수 있다. 사법권을 민사재판과 형사재판으로 한정한 메이지헌법과 달리, 일본국헌법은 사법권과 별개인 행정재판제도를 인정하지 않고 행정재판과 민사, 형사재판을 일원화시켰으며(前審으로서의 행정심판은 가능) 최고재판소를 비롯한 사법기관의 위헌심사권을 인정하였고 기타 모든 특별재판소의 설립을 금지하였다(제1부 제3장 제2절 참조).

그밖에도 일본국헌법은 사법기관의 독립성을 한층 강화시켰다. 우선 모든 재판관은 양심에 따라 독립하여 권한을 행사하고 헌법 및 법률에만 구속된다는 규정과 함께 재판관의 신분을 보장하고 행정기관에 의한 재판관의 징계처분을 금지하였다(제76조 제3항, 제78조). 최고재판소는 소송에 관한 절차, 재판소의 내부규율 및 사법사무의 처리 등에 관하여 규칙을 제정할 권한을 가지고 하급재판소 재판관을 지명한다(내각은 최고재판소의 지명자 명부에 따라 재판관 임명. 제77조 제1항, 제80조 제1항).

최고재판소를 비롯한 사법기관이 모든 사법권을 독점하여 행사하는 이러한 사법체제하에서는 사법권의 개념, 범위가 주로 문제된다. 특히 이른바 부수적 위헌심사제를 시행하는 일본에서는 위헌심사권이 사법권에 부수附隨되어 행사된다고 해석하므로 사법권을 어떻게 정의定義할 것인가가 위헌심사제도의 이해에 있어서 중요한 의미를 갖는다.

일본국헌법은 국회에 입법권을, 내각에 행정권을 부여함과 동시에 "모든 사법권은 최고재판소 및 법률이 정하는 바에 따라 설치하는 하급 재판소에 속한다"(제76조 제1항)고 규정하고 있다. 사법권은 일반적으로 입법, 행정과 대등한 국가작용으로서 이해되고 있으나 여기서 말하는 사법권이 무엇을 지칭하는가에 대해서는 여러 가지 논의가 이루어진다.

법률이나 입법의 개념과 마찬가지로 사법에 대해서도 우선 형식적 의미의 사법의 개념과 실질적 의미의 사법의 개념으로 구분해볼 수 있다. 형식적 의미의 사법권이라 함은 재판소와 같은 독립적인 사법기관이 행사하는 국가권력 또는 작용이다. 이러한 개념의 정의는 일종의 동어반복이므로 큰 의미가 없다. 결국 사법권에 대한 실질적인 정의가 필요하다. 일본에서는 오랫동안 사법권을 "구체적인 쟁송爭訟에 대하여, 법을 적용하고 선언함으로써 이를 재정裁定하는 국가작용"이라고 설명하는 기요미야 시로(清宮四郎, 1898~1989) 교수의 정의를 답습하였다. 여기서 말하는 '구체적인 쟁송'은 '법률상의 쟁송'과 동일한 의미를 가진다. 일본 재판소법(1947년 제정)에 따르면 "재판소는 일본국헌법에 특별한 규정이 있는 경우를 제외한, 모든 법률상의 쟁송을 재판하고 그밖의 법률에서 특별하게 규정하는 권한을 가진다"(제3조 제1항)고 하여 재판소가 행사하는 권한을 정의하였다. 따라서 사법권은 구체적인 쟁송 내지 법률상의 쟁송에 대하여 독립된 재판기구가 적절한 절차에 따라 법률을 적용하여 해결하는 국가작용이라고 할 수 있다.

이러한 사법권의 개념에 있어서는 구체적인 쟁송 또는 법률상의 쟁송이 핵심적인 요소인데, 이에 대하여 최고재판소는 "'법률상의 쟁송'이라 함은 법령을 적용함으로써 해결할 수 있는, 권리의무에 관한 당사자 간의 분쟁"이라고 정의하였다(최고재판소 1954년2월11일 제1소법정 판결). 즉 재판소의 권한대상인 '법률상 쟁송'은 우선 ① 당사자 간의 구체적인 법률관계 내지 권리의무의 존부에 관한 다툼이고 그리고 ② 이러한 분쟁은 법률의 적용에 의해 종국적으로 해결할 수 있는 것이야 한다. 종교 교의를 둘러싼 분쟁에 관한 아래의 판결에서 최고재판소는 이러한 해석을 보다 명확히 하였다.

사법권 개념 관련 판결 — '이타만다라'사건
(「板まんだら」事件, 최고재판소 1981년4월7일 제3소법정 판결)

사건 개요

X 등(원고, 항소인, 피상고인)은 종교법인 Y의 원 회원이다. Y는 본존本尊 '이다만다라'를 안치하는 정본당正本堂을 건설하고, 정본당의 건설은 교의에서 말하는 '광선유포廣宣流布'에 해당한다고 하면서, 회원들에게 기부금을 모금하였다. 그 후 '이다만다라'가 가짜라는 것이 판명되었다. X 등은 이 사건 기부행위가 착오에 따라 행해졌기에 효력이 없다고 주장하면서 기부금의 반환을 요구하였다. 제1심(동경 지방재판소)은 이 사건은 종교신앙의 진위 및 종교상 해결해야 하는 교의의 문제와 연관되어 재판소가 법령을 적용하여 종국적으로 해결할 수 있는 사안이 아니라고 하면서 X 등의 소를 각하하였다. 제2심(동경 고등재판소)은 이 사건의 청구권행사가 종교상 신앙대상의 진위 등에 관한 다툼이라고 할지라도 재판소에 재판권이 없다고 할 수 없다면서 제1심을 취소하였다.

최고재판소의 판단

"재판소가 그 고유의 권한에 기초하여 심판할 수 있는 대상은 재판소법 제3조에서 말하는 '법률상의 쟁송', 즉 당사자 간의 구체적인 권리의무 내지 법률관계의 존부에 관한 분쟁으로서 또한 그것이 법령의 적용에 의해 종국적으로 해결될 수 있는 것에 한한다(최고재판소 1966년2월8일 제3소법정 판결). 따라서 구제적인 권리의무 내지 법률관계에 관한 분쟁이라고 할지라도 법령을 적용함으로써 해결하는 것이 적합하지 않은 경우에는 재판소에서의 심판의 대상이 되지 않는다고 보아야 할 것이다.[중략]

이 사건 소송은 구체적인 권리의무 내지 법률관계에 관한 분쟁의 형식을 취하고 있고 그 결과 신앙의 대상이 가지는 가치 또는 종교상의 교의에 관한 판단이 청구의 당부를 결정하는데 있어서의 전제문제에 그치고 있지만, 이 사건 소송의 귀추를 좌우하는 필요불가결한 것으로 인정되고 또한 기록에 나타난 이 사건 소송의 경과를 살펴보면 이 사건 소송의 쟁점 및 당사자의 주장입증도 위의 판단에 관한 것을 핵심으로 삼고 있다고 인정되는 점을 고려하면, 결국 이 사건 소송은 그 실질에 있어서 법령의 적용에 의해 종국적으로 해결이 불가능한 것이고 재판소법 제3조에서 말하는 법률상의 쟁송에 해당하지 않는다고 할 수밖에 없다.(파기자판)

즉 재판소가 행사하는 사법권은 구체적인 권리의무 또는 법률관계의 분쟁에 대하여 법령의 적용을 통해 종국적으로 해결이 가능한 사안으로 한정된다. 따라서 다음과 같은 사건은 '법률상의 쟁송', 즉 사법권의 범위에 해당되지 않는다고 여겨진다. ① 구체적 사건성이 없는, 추상적인 법령의 해석 또는 법령의 효력을 다투는 사건, ② 단순한 사실의 존부, 개인의 주관적인 의견의 당부, 학문상 또는 기술상의 논쟁 등, ③ 순수하게 신앙의 대상이 가지는 가치나 종교적 교리에 관한 판단 그 자체를 요구하거나 종교상의 지위를 확인하는 요구 등.

이처럼 구체적인 권리의무의 분쟁 내지 법률관계의 분쟁을 사법권의 본질적인 요소로 해석할 경우, 행정소송에서 말하는 주민소송이나 기관소송과 같은 이른바 객관소송이—구체적인 권리의무나 법률관계의 분쟁이 직접 관계되지 않음에도 불구하고—어떻게 사법권의 범위에 포함될 수 있는지가 문제된다. 이에 대해서는 일반적으로 법률의 특별규정에 의한 수권, 즉 재판소법 제3조에서 말하는 '그 밖의 법률에서 특별하게 규정한 권한'에 의해 재판소가 이러한 권한을 행사한다고 설명하고 있다.

이러한 사법권의 해석에 대해서는 비판이 제기되기도 한다. 구체적인 권리의무 내지 법률관계의 분쟁을 그 본질요소로 하는 사법권의 개념은 지나치게 협소하고 결과적으로 국민의 재판을 받을 권리를 침해하게 된다는 것이다. 또한 사법권의 발동을 전제로 행사되는 위헌심사권 역시 마찬가지로 제한되고 국민의 헌법적 권리가 제대로 보장받지 못하게 된다. 근래 일본에서는 이러한 전통적인 사법권의 개념에 비해 보다 덜 제한적인, 새로운 정의가 시도되고 있다. 예컨대 사법권이라 함은 '적법한 제소提訴에 의하여, 법률의 해석·적용에 관한 다툼을 적절한 절차를 통해서 종국적으로 재정하는 국가작용이다'. 이에 따르면 '구체적인 권리의무 내지 법률관계에 관한 분쟁'은 사법권의 본질적 요소로 반드시 필요한 것은 아니게 된다[芦部·憲法 p.328-331, 高橋·憲法訴訟 p.32-35].

제2절 사법권의 한계

재판소가 법률상의 쟁송을 재판하는 권한, 즉 사법권을 행사한다고 하지만 모든 법률상의 쟁송이 재판소의 권한범위 안에 속하는 것은 아니다. 사법권의 정의에 따르면 비록 재판소의 권한에 포함되고 재판소가 해결할 수 있는 사항에 해당하더라도 각종 사유에 따라 사법권의 범위

밖에 놓이게 되는 경우가 있다. 이러한 사항에는 크게 헌법의 규정에 의한 예외사항과 비록 헌법이나 법률의 명문 규정은 없지만 사항의 성격상 재판소의 심사에 적합하지 않는 사항이 포함된다.

1. 헌법의 규정에 의한 예외

일본국헌법은 우선 국회의원의 자격에 관련한 쟁송의 재판권을 국회 양원에게, 재판관의 파면에 관련한 재판권을 양원 의원으로 조직되는 별도의 탄핵재판소에 부여하였다(제55조, 제64조). 또한 국회의장의 선거, 국회의원의 징계, 국회내부의 규율 등에 관한 사항은 국회 스스로가 결정한다고 함으로써(제58조), 이러한 사항에 관해 분쟁이 생기더라도 그 해결은 국회의 자율에 맡기도록 하였다.

행정권과 관련해서는 내각총리대신이 국무대신을 임명하고 국무대신은 재임 중 내각총리대신의 동의가 없으면 소추되지 않는다고 규정하여(제68조, 제75조), 행정권에 대한 사법권의 일정한 한계를 설정하였다.

그밖에 헌법은 국제조약과 국제법규의 준수의무를 규정하고 있기에(제98조 제2항) 국제법상의 관례에 따른 외교사절의 외교특권, 조약에 근거하여 재판권을 배제한 경우와 같이 일본의 사법권이 미치지 않는 일부 예외가 인정된다.

마지막으로 헌법의 명문 규정은 아니지만 헌법이 정한 민주주의나 삼권분립의 구조, 논리로부터 사법기관은 입법부와 행정부가 각자의 권한 영역에서 내린 결정에 대하여 해당 국가기관의 자유재량을 우선적으로 존중하고 이러한 재량권이 남용되거나 그 행사가 현저히 부당하지 않는 한 개입하지 않는다는 재량권의 법리가 존재한다. 다만 여기서 입법부와 행정부의 결정이 재량권남용에 해당하는지 여부, 즉 관련 사안이 사법부의 심사권한에 포함되는지 여부는 구체적 사안에 따라 판단되어야 함은 물론이다.

2. 헌법 규정이 없는 예외: 통치행위 이론과 부분사회의 법리

사법권의 한계에 있어서 헌법 또는 법률에 명문의 규정은 없지만 일부 법률상의 쟁송은 '사안의 성질상事柄の性質上' 재판소의 심사에 적합하지 않다는 이유로 사법권이 미치지 않는다고 인정되는 예외사항이 있다. 이러한 예외를 정당화하기 위해 개발된 이론이 이른바 '통치행위 이론'과 '부분사회의 법리'이다.

1) 통치행위 이론

통치행위 이론은 '정치행위의 법리political question doctrine'라고도 하는데, 이에 따르면 국가통치의 기본과 관계되는 고도의 정치성을 지닌 국가행위에 대해서는 재판소의 법률적 판단이 이론적으로는 가능하더라도 사안의 성질에 따라 사법심사의 대상에서 배제해야 한다는 것이다. 헌법이나 법률의 명문 규정이 없는 이 통치행위 이론의 주요한 근거로는 자제설自制說과 내재적제약설이 있다. 자제설은 재판소가 이러한 통치행위에 대하여 판단할 수는 있으나 그로써 발생하는 정치적 혼란을 피하기 위하여 권한의 행사를 자제해야 한다고 주장한다. 반면 내재적제약설은 고도의 정치성을 지닌 사항을 국회 등 정치부문의 결정에 위임하는 것은 국민주권원리와 권력분립원리에 부합하는 것이므로 이는 헌법체제하에 있는 사법권에 내재하는 한계로서 이해해야 한다는 것이다.

통치행위 이론 관련 판결 — 도마베치사건
(苫米地事件, 최고재판소 1960년6월8일 대법정 판결)

사건 개요(위의 '내각의 중의원해산권 관련 판결'사건과 동일)

이는 요시다내각吉田內閣이 소집된지 얼마 되지 않은 제14회국회의 중의원을 — 내각불신임의 결의안이 가결되지 않았음에도 — 헌법 제7조에 근거하여 해산한데 대해(1952년), 위 해산에서 중의원직을 잃은 X(苫米地義三, 원고, 피항소인)가 국가에 대해 중의원의원의 지위확인 및 의원세비 청구의 소를 제기한 사건이다.

제1심은 내각의 해산권에 관해서는 정치적재량에 맡겨야 한다고 보면서도 해산절차상 일부 각료만의 찬성을 얻은 점은 헌법 제7조에 반하므로 해산이 무효라고 판단하여 X의 청구를 인용하였다. 제2심(동경 고등재판소)은 내각의 해산권에 관해서는 제1심의 판단을 인용하였지만, 각의결정 등 절차상 하자에 관해서는 제1심과 달리 이 사건에서 합법적인 내각의 조언과 승인이 존재한 것으로 해석하여, 해산이 유효하다고 판단하였다.

최고재판소의 판단

"일본국헌법은 입법, 행정, 사법의 삼권분립제도를 확립하여 사법권은 모두 재판소가 행사하도록 하고 있고(헌법 제76조 제1항) 또한 재판소법은 재판소가 일체의 법률상의 쟁송을 재판한다고 규정하고 있어(재판소법 제3조 제1항), 이에 따라 민사, 형사뿐만 아니라 행정사건에 관해서도 대상을 한정하지 않고 이른바 개괄적으로 사법재판소의 관할에 귀속하는 것으로 할 뿐만 아니라, 나아가 헌법은 모든 법률, 명령, 규칙 또는 처분이 헌법에 적합한지 여부를 심사, 결정하는 권한 역시 재판소에 부여하였다(헌법 제81조). 그 결과 국가의 입법, 행정의 행위는 그것이 법률상 쟁송으로 되는 한 위헌심사를 포함하여 모두 재판소의 재판권에 따르게 되었다.

그러나 우리 헌법상 삼권분립제도하에서도 사법권의 행사에 관해서는 스스로 일정한 한도에서의 제약을 면할 수는 없는바, 온갖 국가행위가 무제한적으로 사법심사의 대상이 된다고 즉단할 수는 없다. 국가통치의 기본에 직접적으로 관계되는 고도로 정치성을 지닌 국가행위와 같은 것은, 예컨대 그것이 법률상의 쟁송이고 그에 대한 효력의 판단이 법률상 가능한 경우에도, 재판소의 심사권 밖에 위치하고 그 판단은 주권자인 국민에 대하여 정치적 책임을 지고 있는 정부, 국회 등의 정치부문의 판단에 맡겨야 하며 최종적으로는 국민의 정치판단에 위임되어 있는 것으로 해석해야 한다. 사법권에 대한 이러한 제약은 결국 삼권분립의 원리로부터 유래하는 것이며 해당 국가행위가 가지는 고도의 정치성, 사법기관으로서의 재판소의 성격, 재판에 필연적으로 수반하는 절차상의 제약 등을 감안할 때, 특정한 명문의 규정은 없지만 사법권의 헌법상 본질에 내재하는 제약으로서 이해해야 한다.

중의원의 해산은 중의원의원으로 하여금 그 뜻에 반하여 자격을 상실하게 만들고 국가 최고의 기관인 국회의 주요 부분을 구성하는 중의원의 기능을 일시적이긴 하나 정지시키는 것이며 나아가 그에 이은 총선거를 통하여 새로운 중의원 및 새로운 내각성립의 계기를 마련하는 것으로 그 국법상의 의의가 중대할 뿐만 아니라, 해산은 많은 경우 내각이 그 중요한 정책 나아가서는 자신의 존속에 관하여 국민의 총의를 묻고자 하는 경우에 행해지는 것인바 그 정치상의 의의 또한 극히 중대하다. 따라서 중의원의 해산은 극도로 정치성이 높은 국가통치의 기본에 관한 행위이고 이러한 행위에 관해서는 그 법률상의 효력을 심사하는 일은 사법재판소의 권한 밖에 있다고 해석해야 한다는 것은 앞서 설시한 데 따르면 명백하다. 그리고 이 법리는 이 사건과 같이 해당 중의원의 해산이 소송의 전제문제로서 주장되고 있는 경우에도 마찬가지라고 할 것이고, 동일하게 재판소의 심사권의 밖에 있다고 하지 않을 수 없다." (상고기각)

최고재판소는 이 판결에서 국가의 통치문제에 대한 사법권의 한계를 헌법이 규정한 삼권분립제도 및 사법권의 본질로부터 정당화하였다. 일종의 내재적제약설에 근거한 통치행위 이론이다. 최고재판소는 이에 앞서 6개월 전에 내린 판결에서, 미일안보조약에 근거한 미군의 일본 주둔이 헌법 제9조에 위배되는가 여부는 고도의 정치성을 지닌 문제이기에 사법재판의 심사에 적합하지 않다고 보았다. "안전보장조약은 앞에서 말했듯이 주권국인 우리나라의 존립의 기초와 극히 중대한 관계를 지닌, 고도의 정치성을 띤 것으로 봐야 하고 그 내용이 위헌인지 여부의 법적 판단은 그 조약을 체결한 내각 및 이를 승인한 국회의 고도의 정치적 내지 자유재량적인 판단과 동전의 양면과 같은 관계를 가지는 측면이 적지 않다. 따라서 위의 위헌여부의 법적판단은 순 사법적 기능을 그 사명으로 하는 사법재판소의 심사에는 원칙적으로 친숙하지 않은 성질을 지니고 있고 따라서 얼핏 보기에도 지극히 명백하게 위헌, 무효임이 인정되지 않는 한 재판소의 사법심사권의 범위 밖에 존재하는 것이고, 이는 일차적으로 위 조약의 체결권을 가지고 있는 내각 및 이에 대하여 승인권을 가진 국회의 판단에 따라야 하며 궁극적으로는 주권을 가진 국민의 정치적 판단에 맡겨야 한다고 해석하는 것이 상당하다"(최고재판소 1959년 12월16일 대법정 판결).

이 두 판결에서 최고재판소는 통치행위 이론 및 국회 등 정치부문의 자유재량의 존중을 이유로 하여 국가행위에 대한 사법판단을 회피하였다. 그 후 통치행위 이론을 비판, 부정하는 주장도 제기되어 왔지만, 이 이론은 큰 틀에 있어 현재까지 일본의 재판소가 민감한 정치문제에 대한 심사를 회피하는 하나의 이론적 근거로 활용되어 오고 있다.

2) 부분사회의 법리

부분사회의 법리部分社会の法理는 자율적인 법규범을 가지고 있는 단체

즉 부분사회의 내부분쟁에 관해서는 그것이 일반 시민사회의 법질서와 직접 관계가 없는 한 해당 단체의 자주적, 자율적인 해결에 맡겨져야 하고 사법심사의 대상이 되지 않다고 하는 이론이다. 이는 국가 내에는 각자 고유의 자율성과 질서를 가지고 있는 복수의 '사회'가 존재하고 국가는 가능한 한 이러한 중간단체의 자율성은 존중해야 한다는 발상에 기초하고 있다.

일본의 최고재판소는 일찍이 지방의회, 국립대학 및 정당의 내부분쟁에 관한 판결에서 부분사회의 법리에 의거하여 이러한 분쟁에 대한 심사판단을 사법권의 범위에서 제외시켰다.

부분사회의 법리 관련 판결(1) — 지방의회
(최고재판소 1960년10월19일 대법정 판결)

사건 개요

Y촌의회 의원인 X 등(원고, 항소인, 상고인)은 조례개정안에 반대하고 의사議事를 혼란시켰다는 이유로 의회의 결의에 의해 3일간의 출석정지의 징계를 받았다. 해당 의회의 조례개정안은 출석정지 기간에 다수결로 가결되었다. X 등은 해당 징계결의가 "[징계의] 발의動議는 징벌사범懲罰事犯이 있은 날의 회의의 산회 또는 폐회 전에 제출되어야 한다"는 촌의회 회의규칙의 규정에 위반하여 효력이 없다는 취지로 소를 제기하였다.

제1심(니가타지방재판소)은 소를 각하하였고 제2심(동경고등재판소)은 징계기간이 도과하여 소의 이익이 존재하지 않다는 이유 등을 근거로 항소를 기각하였다.

최고재판소의 판단

"생각하건대 사법재판권이 헌법 및 기타 법률에 의해 그 권한에 속한다고

한 것 외에도 모든 법률상의 쟁송에 미친다는 점은 재판소법 제3조에서 명문으로 규정한 바 있으나, 여기서의 모든 법률상의 쟁송一切の法律上の争訟은 온갖 법률상의 다툼あらゆる法律上の係争이라는 뜻이 아니다. 한마디로 법률상의 쟁송이라고 하더라도 그 범위는 광범위하고 그 중에는 사안의 성질상 사법재판권의 대상 밖에 두어야 상당한 것이 있다. 왜냐면 자율적인 법규범을 가진 사회 내지 단체에 관해서는 해당 규범의 실현은 내부규율의 문제로서 자치적 조치에 맡기고, 반드시 재판을 하기에는 적당하지 않는 것이 있기 때문이다. 이 사건에 있어서 출석정지와 같은 징벌은 마침 이에 해당하는 것으로 해석하는 것이 상당하다." (상고 기각)

부분사회의 법리 관련 판결(2) ― 국립대학 (최고재판소 1977년3월15일 제3소법정 판결)

사건 개요

국립대학 경제학부 학부생 X1 등 6인(원고, 항소인, 상고인) 및 동 학부 전공과專攻科 학생 X2(원고, 항소인)는 A교수 담당의 수업을 이수하여 강의에 출석하였다. 학기 중 경제학부 학장 Y1는 A가 부정행위를 하였다는 이유로 수업정지의 조치를 취하고 학생들에 대해서는 대체 수업을 듣도록 지시하였다. 그러나 A는 수업을 계속하였고 X1 등과 X2도 수업에 끝까지 참석하고 시험을 거쳐 합격판정을 받았다. 대학 측은 X1 등에 대해 이러한 수업의 단위單位를, X2에 대해서는 전공수료를 인정하지 않았다.

X1 등은 학장 Y1 및 총장 Y2에 대하여 단위인정에 관한 부작위위법확인 또는 단위인증의무확인의 소를 제기하고, X2는 전공수료에 관한 부작위위법확인 또는 전공수료인증의무확인의 소를 제기하였다. 제1심(도야마지방재판소)은 국립대학의 단위인증 및 전공수료인증은 '특별관계에 있어서의 내부사항'에 해당하므로 사법심사의 대상이 아니라고 하였다. 항소심(나고야고등재판소 가

나자와지부)은 특별권력관계 내부의 사항이더라도 일반시민으로서의 권리의무에 관계되는 것은 사법심사의 대상에 속한다고 하면서, 학부의 수업단위의 인증은 시민법상의 권리의무에 관계되지 않으므로 X1 등의 항소를 기각하고 전공수료의 인증은 시민법질서에 관계되기에 X2의 해당청구에 관한 부분은 받아들여 제1심으로 환송하였다. 이에 대해 X1 등이 상고하였다

최고재판소의 판단

"재판소는 헌법에 특별한 규정이 있는 경우를 제외하고 모든 법률상의 쟁송을 재판하는 권한을 가지고 있지만(재판소법 제3조 제1항), 여기서의 모든 법률상의 쟁송一切の法律上の争訟은 온갖 법률상의 다툼あらゆる法律上の係争을 의미하는 것이 아니다. 즉 한마디로 법률상의 쟁송이라고 하더라도 그 범위는 광범위하고 그 중에는 사안의 성질상 재판소의 사법심사의 대상 밖에 두어야 상당한 것이 있고, 예컨대 일반시민사회 안에 있으면서 그와는 별개로 자율적인 법규범을 가진 특수한 부분사회에서의 법률상 다툼과 같은 것은 그것이 일반시민법질서와 직접적인 관계를 가지지 않는 내부적인 문제에 머무는 한에서는 그의 자주적인, 자율적인 해결에 맡기는 것이 타당하고 재판소의 사법심사의 대상으로는 되지 않는다고 해석하는 것이 상당하다(최고재판소 1960년10월19일 대법정 판결). 그리고 대학은 국공립과 사립을 불문하고 학생의 교육과 학술의 연구를 목적으로 하는 교육연구시설이고, 그 설치목적을 달성하기 위해 필요한 여러 가지 사정에 관해서는 법령에 특별한 규정이 없는 경우일지라도 학칙 등에 의해 이를 규율하고 실시할 수 있는 자율적인, 포괄적인 권능을 가지고 있으며 일반 시민사회와는 다른 특수한 부분사회를 형성하고 있으므로 이러한 특수한 부분사회인 대학에 있어서의 법률상의 다툼과 같은 것은 당연히 사법심사의 대상이 되는 것은 아니고, 일반 시민법질서와 직접적인 관계를 가지지 않는 내부적인 문제에 관하여서는 위의 사법심사의 대상에서 제외되어야 한다는 것은 앞서 설시한 바에 비추어 명백하다고 해야 할 것이다. [중략]

[대학에서] 단위수여(인증)라고 하는 행위는 학생이 해당 수업과목을 이수하여 시험에 합격한 것을 확인하는 교육상의 조치이고 졸업의 요건으로 되는 것이기는 하나 그 자체로 당연하게 일반시민법질서와 직접적인 관계를 가지는 것은 아니라는 점이 명백하다. 따라서 단위수여(인증)행위는 그것이 일반 시민사회법질서와 직접적인 관계를 가진다는 점을 인정할 수 있는 충분한 특단의 사정이 없는 한, 순전히 대학 내부의 문제로서 대학의 자주적인, 자율적인 판단에 맡겨야 하는 것이고 재판소의 사법심사의 대상이 되지 않는다고 해석하는 것이 상당하다." (상고 기각)

부분사회의 법리 관련 판결(3) — 정당
(최고재판소 1988년12월20일 제3소법정 판결)

사건 개요

정당 X(원고, 피항소인, 피상고인)는 간부로 활동했던 Y(피고, 항소인, 피상고인)를 제명하고 그에 따라 Y가 당의 임원 자격으로 거주하고 있던 정당 소유 주택의 인도明渡し를 구하는 소를 제기하였다. 제1심(동경지방재판소 하치오지八王子지부)은 정당이 내부의 당원에 대해 내린 처분의 적합성 여부는 원칙적으로 사법심사의 대상이 되지 않고, 이러한 처분의 절차가 현저하게 불공정하거나 정당내부의 절차규정에 위반하는 경우에 사법심사의 대상으로 될 수 있다고 하였다. 다만 이 사건은 이에 해당하지 않으므로 원고의 청구를 인용하였다. 제2심(동경고등재판소)은 비슷한 논리에 근거하여 피고의 항소를 기각하였다.

최고재판소의 판단

"정당은 정치상의 신조, 의견 등을 공통으로 가진 자가 임의로 결성한 정치결사이고, 내부적으로는 통상 자율적인 규범을 가지고 있으며 그 구성원인 당원에 대하여 정치적 충성을 요구하거나 일정한 통제를 시행하는 등의 자치권능을 가지고 있는 것으로, 국민이 그들의 정치적 의사를 국정에 반영시켜 실현시키기 위한 가장 유효한 매개체이고 의회민주주의를 지탱하는데 극히 중요한 존재라고 할 수 있다. 따라서 각 개인에 대해서는 정당을 결성하고 정당에 가입 또는 그로부터 탈퇴하는 자유를 보장함과 동시에, 정당에 대해서는 고도의 자주성과 자율성을 부여하여 자주적으로 조직, 운영할 수 있는 자유를 보장하지 않으면 안 된다. 다른 한편으로 위와 같은 정당의 성질, 목적에 비추어 보면 자유의사에 의해 정당을 결성하고 또는 그에 가입한 이상, 당원이 정당의 존립 및 조직의 질서유지를 위하여 자신의 권리나 자유에 일정한 제약을 받는 일이 있더라도 이 또한 당연하다고 할 것이다. 위와 같은 정당의 결사로서의 자주성을 감안하면, 정당의 내부적 규율권한에 속하는 행위는 법률에 특별히 규정이 없는 한 존중되어야 하므로 정당이 조직 내의 자율적 운영으로서 당원에 대해 내린 제명 및 기타 처분의 당부에 관해서는 원칙적으로 자율적인 해결에 맡기는 것이 상당하다. 따라서 정당이 당원에 대해 내린 처분이 일반시민법질서와 직접적인 관계를 가지지 않은 내부문제에 그치고 있는 이상 재판소의 심판권은 미치지 않는다고 해야 하고, 한편으로 위 처분이 일반시민으로서의 권리이익을 침해하는 경우일지라도, 위 처분의 당부는 해당 정당이 자율적으로 정한 규범이 공서양속에 반하는 등 특단의 사정이 없는 한 이러한 규범에 비추어서, 이러한 규범이 없을 경우에는 조리(條理)에 기초하여 그것이 적정한 절차에 따라 내려진 것인가가 판단되어야 하고, 그 심리도 이러한 점에 한정되어야 한다고 해야 할 것이다." (상고 기각)

그 밖에도 일본의 재판소는 종교단체, 변호사회, 노동조합 등 각종 자율적인 단체의 내부분쟁에 관한 사건에서 부분사회의 법리 또는 그와 유사한 논리를 인용하였다. 이러한 부분사회론에 대해서는 적어도 두 가지 유의할 점이 있다. 첫째, 부분사회를 구성하는 중간단체는 그 목적과 형태가 다양하고 예컨대 구성원이 단체가입과 탈퇴의 자유를 가지고 있는지 여부 등 그 구성원과의 관계 면에서도 큰 차이가 있다. 그럼에도 불구하고 부분사회의 법리 또는 단체의 자율성 존중이라는 이유에서, 각종 다양한 단체 내부의 분쟁에 대한 재판소의 개입여부를 일률적으로 판단할 수 있는가가 문제된다. 다음으로, 중간단체의 자율권의 보장과 그 구성원 개개인의 인권, 자유의 보장과의 관계이다. 중간단체의 자율성의 보장이 개인 또는 소수자를 억압, 희생하는 형태로 운영되는 것을 정당화할 수는 없다. 근대이후 입헌주의 체제가 국가권력을 통해 각종 중간단체로부터 개인을 해방시킨 역사를 밑바탕으로 하고 있는 점을 고려하면, 단체와 그 구성원의 관계도 결국 헌법이 정한 결사의 자유와 더불어 개인의 존중이라는 가장 근본적인 헌법이념에 비추어 조정되어야 하고, 필요시에는 사법기관 등을 통한 국가의 보다 적극적인 개입이 필요할 수밖에 없다[長谷部·憲法 p.412].

부록

부록(1)

일본국헌법11)

昭和21년(1946년) 11월3일 제정

일본 국민은 정당하게 선거된 국회의 대표자를 통하여 행동하고, 우리와 우리의 자손을 위하여 세계 모든 국민들과의 평화적 협력에 의한 성과와 우리나라 전 영토에 걸쳐서 자유가 가져오는 혜택을 확보하며, 정부의 행위에 의하여 또다시 전쟁의 참화가 일어나지 않도록 할 것을 결의하고, 이에 주권이 국민에게 존재하는 것을 선언하며, 이 헌법을 확정한다. 무릇 국정이란 국민의 엄숙한 신탁에 의한 것으로서 그 권위는 국민으로부터 유래하고, 그 권력은 국민의 대표자가 행사하며, 그 복리는 국민이 향수한다. 이는 인류보편의 원리이며 이 헌법은 이러한 원리에 입각한 것이다. 우리는 이에 반하는 일체의 헌법, 법령 및 조칙(詔勅)을 배제한다.

일본 국민은 항구적인 평화를 염원하고, 인간 상호관계를 지배하는 숭고한 이상을 깊이 자각하며, 평화를 사랑하는 세계 모든 국민의 공정과 신의를 신뢰하여 우리의 안전과 생존을 보유할 것을 결의하였다. 우리는 평화를 유지하고 전제와 예종, 압박과 편협을 지상으로부터 영원히 제거하려고 노력하고 있는 국제사회에서 명예로운 지위에 서고자 한다. 우리는 전 세계의 국민이 다같이 공포와 결핍으로부터 벗어나 평화롭게 생존할 권리를 가진다는 것을 확인한다.

우리는 어떠한 국가도 자국만을 생각하여 타국을 무시해서는 아니 되고, 정치도덕의 법칙은 보편적인 것으로서 이 법칙에 따르는 것은 자국

11) 일본국헌법의 번역은 헌법재판소 헌법재판연구원의 외국법령자료를 인용한 것임(https://ri.ccourt.go.kr/cckri/cri/world/selectLawList.do).

의 주권을 유지하고 타국과 대등한 관계에 서고자 하는 각국의 책무라고 믿는다.

일본 국민은 국가의 명예를 걸고 전력을 다하여 이 숭고한 이상과 목적을 달성할 것을 맹세한다.

제1장 천황

제1조 천황은 일본국의 상징이며 일본 국민 통합의 상징으로서, 이 지위는 주권을 가지고 있는 일본 국민의 총의에 기초한다.

제2조 황위(皇位)는 세습되며, 국회가 의결한 황실전범(皇室典範)이 정하는 바에 따라 계승한다.

제3조 천황의 국사에 관한 모든 행위는 내각의 조언과 승인을 필요로 하며, 내각이 그 책임을 진다.

제4조 ① 천황은 헌법이 정하는 국사(國事)에 관한 행위만을 하며, 국정(國政)에 관한 권한을 갖지 아니한다.

② 천황은 법률이 정하는 바에 따라 국사에 관한 행위를 위임할 수 있다.

제5조 황실전범(皇室典範)이 정하는 바에 따라 섭정을 둘 때에는, 섭정은 천황의 이름으로 국사에 관한 행위를 한다. 이 경우, 전조 제1항의 규정을 준용한다.

제6조 ① 천황은 국회의 지명에 따라 내각총리대신을 임명한다.

② 천황은 내각의 지명에 따라 최고재판소의 장인 재판관을 임명한다.

제7조 천황은 내각의 조언과 승인에 따라 국민을 위하여 다음의 국사에 관한 행위를 한다.

1. 헌법개정, 법률, 정령(政令) 및 조약의 공포
2. 국회의 소집
3. 중의원의 해산

4. 국회의원 총선거 시행의 공시
5. 국무대신 및 법률이 정하는 기타 관리의 임면과 전권위임장 및 대사, 공사의 신임장 인증
6. 대사(大赦), 특사(特赦), 감형, 형집행의 면제 및 복권의 인증
7. 영전의 수여
8. 비준서 및 법률이 정하는 기타 외교문서의 인증
9. 외국 대사 및 공사의 접수
10. 의식의 거행

제8조 황실에 재산을 양도하거나 또는 황실이 재산을 양수 혹은 하사(賜与)하는 것은 국회의 의결에 의하여야 한다.

제2장 전쟁의 포기

제9조 ① 일본 국민은 정의와 질서를 바탕으로 하는 국제평화를 성실하게 추구하며, 국권의 발동인 전쟁과 무력에 의한 위협 또는 무력행사는 국제분쟁을 해결하는 수단으로서는 영구히 이를 포기한다.
② 전항의 목적을 달성하기 위하여 육해공군 기타의 전력은 보유하지 아니한다. 국가의 교전권은 인정하지 아니한다.

제3장 국민의 권리 및 의무

제10조 일본 국민의 요건은 법률로 정한다.
제11조 국민은 모든 기본적 인권의 향유를 방해받지 아니한다. 헌법이 국민에게 보장하는 기본적 인권은 침해될 수 없는 영구적 권리로서 현재 및 장래의 국민에게 부여된다.
제12조 헌법이 국민에게 보장하는 자유 및 권리를 보유하기 위하여 국

민은 부단한 노력을 하지 않으면 아니 된다. 또한 국민은 이를 남용해서는 아니 되며 항상 공공의 복지를 위하여 이를 이용할 책임을 진다.

제13조 모든 국민은 개인으로서 존중된다. 생명, 자유 및 행복추구에 대한 국민의 권리에 관해서는 공공의 복지에 반하지 않는 한 입법 그 밖의 국정에서 최대한 존중되어야 한다.

제14조 ① 모든 국민은 법 앞에 평등하고 인종, 신조(信條), 성별, 사회적 신분 또는 문벌(門閥)에 의해 정치적, 경제적 또는 사회적 관계에서 차별받지 아니한다.

② 화족(華族) 기타 귀족제도는 인정하지 아니한다.

③ 영예, 훈장 기타 영전의 수여는 어떠한 특권도 수반하지 아니한다. 영전의 수여는 현재 이를 가지고 있거나 또는 장래 이를 받을 자의 일대(一代)에 한하여 그 효력이 있다.

제15조 ① 공무원을 선정하고 파면하는 것은 국민의 고유한 권리이다.

② 모든 공무원은 국민 전체를 위한 봉사자이며 일부를 위한 봉사자가 아니다.

③ 공무원 선거는 성년에 의한 보통선거가 보장된다.

④ 모든 선거에서 투표의 비밀은 침해되어서는 아니 된다. 선거인은 그 선택에 대해서 공적 또는 사적으로 책임을 지지 아니한다.

제16조 누구든지 손해의 구제, 공무원의 파면, 법률, 명령 또는 규칙의 제정, 폐지 또는 개정 그 밖의 사항에 관하여 평온하게 청원할 권리를 가지며, 누구든지 이러한 청원을 이유로 어떠한 차별대우도 받지 아니한다.

제17조 누구든지 공무원의 불법행위로 인하여 손해를 입었을 때에는 법률이 정하는 바에 따라 국가 또는 공공단체에 대하여 그 배상을 요구할 수 있다.

제18조 누구든지 어떠한 노예적 구속도 받지 아니한다. 또한 범죄로 인한 처벌의 경우를 제외하고는 그 의사에 반하는 노역을 당하지 아니한다.

第19条　사상 및 양심의 자유는 침해되어서는 아니 된다.

第20条　① 종교의 자유는 누구에 대해서도 이를 보장한다. 어떠한 종교단체도 국가로부터 특권을 받거나 정치적 권력을 행사해서는 아니 된다.

② 누구든지 종교적 행위, 축전, 의식 또는 행사에 참가할 것을 강제당하지 아니한다.

③ 국가 및 그 기관은 종교 교육 그 밖의 어떠한 종교적 활동도 해서는 아니 된다.

第21条　① 집회, 결사 및 언론, 출판 그 밖의 모든 표현의 자유를 보장한다.

② 검열은 해서는 아니 된다. 통신의 비밀은 침해해서는 아니 된다.

第22条　① 누구든지 공공의 복지에 반하지 아니하는 한 거주, 이전 및 직업선택의 자유를 가진다.

② 누구든지 외국에 이주하거나 또는 국적을 이탈할 자유를 침해받지 아니한다.

第23条　학문의 자유를 보장한다.

第24条　① 혼인은 양성의 합의에 의해서만 성립하고 부부가 동등한 권리를 가지는 것을 기본으로 하여 상호협력에 의하여 유지되어야 한다.

② 배우자의 선택, 재산권, 상속, 주거의 선정, 이혼과 혼인 및 가족에 관한 그 밖의 사항에 관해서는 법률은 개인의 존엄과 양성의 본질적 평등에 입각하여 제정되어야 한다.

第25条　① 모든 국민은 건강하고 문화적인 최저한도의 생활을 영위할 권리를 가진다.

② 국가는 모든 생활부문에서 사회복지, 사회보장 및 공중위생의 향상 및 증진을 위하여 노력하여야 한다.

第26条　① 모든 국민은 법률이 정하는 바에 의하여 그 능력에 따라 동등하게 교육을 받을 권리를 가진다.

② 모든 국민은 법률이 정하는 바에 따라 자신이 보호하는 자녀에게 보통교육을 받게 할 의무를 진다. 의무교육은 무상으로 한다.
第27조 ① 모든 국민은 근로의 권리를 가지며 의무를 진다.
② 임금, 근로시간, 휴식 그 밖의 근로조건에 관한 기준은 법률로 정한다.
③ 아동은 혹사되어서는 아니 된다.
第28조 근로자의 단결할 권리 및 단체교섭 그 밖의 단체행동을 할 권리를 보장한다.
第29조 ① 재산권을 침해해서는 아니 된다.
② 재산권의 내용은, 공공의 복지에 적합하도록 법률로 정한다.
③ 사유재산은 정당한 보상 하에 공공을 위하여 사용할 수 있다.
第30조 국민은 법률이 정하는 바에 따라 납세의 의무를 진다.
第31조 누구든지 법에서 정하는 절차에 의하지 아니하고는 그 생명 및 자유를 박탈당하거나 그 밖의 형벌을 받지 아니한다.
第32조 누구든지 재판소에서 재판을 받을 권리를 박탈당하지 아니한다.
第33조 누구든지 현행범으로 체포되는 경우를 제외하고는, 권한이 있는 사법관헌(司法官憲)이 발부하고 체포 이유가 되는 범죄를 명시한 영장에 의하지 아니하고는 체포되지 아니한다.
第34조 누구든지 이유를 지체 없이 고지 받고 또한 즉시 변호인에게 의뢰할 권리를 부여받지 아니하고는 억류 또는 구금되지 아니한다. 또한 누구든지 정당한 이유 없이는 구금되지 아니하며, 요구가 있으면 그 이유를 즉시 본인 및 그 변호인이 출석하는 공개 법정에서 제시하여야 한다.
第35조 ① 제33조의 경우를 제외하고는, 누구든지 정당한 이유에 근거하여 발부되고 수색 장소 및 압수 물건을 명시한 영장에 의하지 아니하고는 주거, 서류 및 소지품에 대하여 침입, 수색 및 압수당하지 않을 권리를 침해받지 아니한다.
② 수색 또는 압수는 권한을 가진 사법관헌이 발부하는 별도의 영장에

의하여 집행된다.

제36조 공무원에 의한 고문 및 잔혹한 형벌은 절대 금지한다.

제37조 ① 모든 형사사건에서 피고인은 공평한 재판소의 신속한 공개재판을 받을 권리를 가진다.

② 형사피고인은 모든 증인에 대하여 심문할 기회가 충분히 부여되며, 또한 자기를 위하여 공적 비용으로 강제절차에 따라 증인을 요구할 권리를 가진다.

③ 형사피고인은 어떠한 경우에도 자격을 가진 변호인에게 의뢰할 수 있다. 피고인이 스스로 이를 의뢰할 수 없는 때에는 국가가 선임하도록 한다.

제38조 ① 누구든지 자기에게 불리한 진술을 강요받지 아니한다.

② 강제, 고문 또는 협박에 의한 자백이나 부당하게 오래 억류 또는 구금된 후의 자백은 증거로 삼을 수 없다.

③ 누구든지 자기에게 불리한 유일한 증거가 본인의 자백인 경우에는 이를 이유로 유죄가 되거나 또는 형벌을 받지 아니한다.

제39조 누구든지 실행 당시에 적법하였던 행위 또는 이미 무죄가 된 행위에 대해서는 형사상 책임을 지지 아니한다. 또한 동일한 범죄에 대하여 중복하여 형사상의 책임을 지지 아니한다

제40조 누구든지 억류 또는 구금된 후 무죄재판을 받았을 때에는 법률이 정하는 바에 따라 국가에 그 보상을 청구할 수 있다.

제4장 국회

제41조 국회는 국권의 최고기관으로서 국가의 유일한 입법기관이다.

제42조 국회는 중의원(衆議院) 및 참의원(參議院)의 양원(兩院)으로 구성된다.

제43조 ① 양원은 전 국민을 대표하는, 선출된 의원으로 조직한다.

② 양원 의원 정수는 법률로 정한다.

제44조 양원의 의원 및 선거인의 자격은 법률로 정한다. 다만, 인종, 신조, 성별, 사회적 신분, 문벌, 교육, 재산 또는 수입에 의하여 차별하여서는 아니 된다.

제45조 중의원 의원의 임기는 4년으로 한다. 다만, 중의원 해산의 경우에는 임기 만료 전에 종료한다.

제46조 참의원 의원의 임기는 6년으로 하고, 3년마다 의원의 반수(半數)를 새로 선출한다.

제47조 선거구, 투표방법 기타 양원의 의원 선거에 관한 사항은 법률로 정한다.

제48조 누구든지 동시에 양원의 의원이 될 수 없다.

제49조 양원의 의원은 법률이 정하는 바에 따라 국고로부터 상당액의 세비를 받는다.

제50조 양원의 의원은 법률이 정하는 경우를 제외하고는 국회 회기 중에 체포되지 않으며, 회기 전에 체포된 의원은 그 소속 의원(議院)의 요구가 있으면 회기 중에 석방하여야 한다.

제51조 양원의 의원은 원내에서 한 연설, 토론 또는 표결에 관하여 원외에서 책임을 지지 아니한다.

제52조 국회의 정기회는 매년 1회 소집된다.

제53조 내각은 국회 임시회의 소집을 결정할 수 있다. 어느 한 원(院)의 총 의원 4분의 1 이상의 요구가 있으면 내각은 소집을 결정하여야 한다.

제54조 ① 중의원이 해산된 때에는 해산일로부터 40일 이내에 중의원 의원 총선거를 하고, 선거일로부터 30일 이내에 국회를 소집하여야 한다.
② 중의원이 해산된 때에는 참의원은 동시에 폐회된다. 다만, 내각은 국가에 긴급한 필요가 있을 때에는 참의원의 긴급집회를 요구할 수 있다.
③ 전항 단서의 긴급집회에서 채택된 조치는 임시조치로서 다음 국회 개

회 후 10일 이내에 중의원의 동의가 없을 경우에는 그 효력을 상실한다.

제55조 양원은 각각 그 의원의 자격에 관한 쟁송을 재판한다. 다만, 의원의 의석을 상실시키려면, 출석의원 3분의 2 이상의 다수에 의한 의결이 필요하다.

제56조 ① 양원은 각각 총 의원의 3분의 1 이상이 출석하지 아니하면 의사(議事)를 열어 의결할 수 없다.

② 양원의 의사는 헌법에 특별한 규정이 있는 경우를 제외하고는 출석의원의 과반수로 결정하고, 가부동수인 때에는 의장이 결정하는 바에 따른다.

제57조 ① 양원의 회의는 공개한다. 다만, 출석의원 3분의 2 이상의 다수로 의결한 때에는 비밀회의로 할 수 있다.

② 양원은 각각 회의의 기록을 보존하며, 비밀회의 기록 중에서 특히 비밀을 요한다고 인정되는 것 이외에는 이를 공표하고 일반에게 공개하여야 한다.

③ 출석의원 5분의 1 이상의 요구가 있으면, 각 의원의 표결을 회의록에 기재하여야 한다.

제58조 ① 양원은 각각 의장과 그 밖의 임원을 선임한다.

② 양원은 각각 회의와 기타 절차 및 내부의 규율에 관한 규칙을 정하고, 원내의 질서를 어지럽히는 의원을 징벌할 수 있다. 다만, 의원을 제명하려면 출석의원 3분의 2 이상의 다수에 의한 의결이 필요하다.

제59조 ① 법률안은 헌법에 특별한 규정이 있는 경우를 제외하고는 양원에서 가결되었을 때 법률로서 성립된다.

② 중의원에서 가결되었으나 참의원에서 이와 다른 의결을 한 법률안은 중의원에서 출석의원 3분의 2 이상의 다수로 다시 가결된 때에는 법률로서 성립된다.

③ 전항의 규정은 법률이 정하는 바에 따라 중의원이 양원의 협의회를 열도록 요구하는 것을 방해하지 아니한다.

④ 참의원이 중의원에서 가결한 법률안을 이송 받은 후 국회 휴회 기간을 제외하고 60일 이내에 의결하지 않을 때에는, 중의원은 참의원이 그 법률안을 부결한 것으로 간주할 수 있다.

제60조 ① 예산은 먼저 중의원에 제출하여야 한다.

② 예산에 관하여 참의원에서 중의원과 다른 의결을 한 경우, 법률이 정하는 바에 따라 양원의 협의회를 열어도 의견이 일치하지 않을 때 또는 중의원이 가결한 예산을 참의원이 이송 받은 후 국회 휴회 기간을 제외하고 30일 이내에 의결하지 않을 때에는 중의원의 의결을 국회의 의결로 한다.

제61조 조약 체결에 필요한 국회 승인에 대해서는 전조 제2항의 규정을 준용한다.

제62조 양원은 각각 국정에 관한 조사를 하고, 이에 관하여 증인의 출두 및 증언과 기록의 제출을 요구할 수 있다.

제63조 내각총리대신 그 밖의 기타 국무대신은 양원 내 의석 보유 여부에 관계없이 언제든지 의안에 관하여 발언하기 위하여 원(院)에 출석할 수 있다. 또한 답변 또는 설명을 위하여 출석을 요구받았을 때에는 출석하여야 한다.

제64조 ① 국회는 파면 소추를 받은 재판관을 재판하기 위하여 양원의 의원으로 조직하는 탄핵재판소를 설치한다.

② 탄핵에 관한 사항은 법률로 정한다.

제5장 내각

제65조 행정권은 내각에 속한다.

제66조 ① 내각은 법률이 정하는 바에 따라 그 수장인 내각총리대신 및 그 밖의 국무대신으로 조직된다.

② 내각총리대신 그 밖의 국무대신은 문민(文民)이어야 한다.
③ 내각은 행정권의 행사에 관하여 국회에 대해 연대 책임을 진다.
제67조 ① 내각총리대신은 국회의원 중에서 국회의 의결로 지명한다. 이 지명은 다른 모든 안건에 앞서서 한다.
② 중의원과 참의원이 서로 다른 지명 의결을 한 경우, 법률이 정하는 바에 따라 양원의 협의회를 열어도 의견이 일치하지 않는 때 또는 중의원이 지명 의결을 한 후 국회 휴회 기간을 제외하고 10일 이내에 참의원이 지명 의결을 하지 않을 때에는 중의원 의결을 국회의 의결로 한다.
제68조 ① 내각총리대신은 국무대신을 임명한다. 다만, 그 과반수는 국회의원 중에서 선임하여야 한다.
② 내각총리대신은 임의로 국무대신을 파면할 수 있다.
제69조 내각은 중의원에서 불신임 결의안을 가결하거나 또는 신임 결의안을 부결한 때에는 10일 이내에 중의원이 해산되지 아니하는 한 총사직을 하여야 한다.
제70조 내각총리대신이 결원인 경우 또는 중의원 의원 총선거 후 처음으로 국회 소집이 있는 때에는 내각은 총사직하여야 한다.
제71조 전 2조의 경우, 내각은 새로운 내각총리대신이 임명될 때까지 계속하여 그 직무를 수행한다.
제72조 내각총리대신은 내각을 대표하여 의안을 국회에 제출하고, 일반 국무 및 외교관계에 관하여 국회에 보고하며 행정각부를 지휘, 감독한다.
제73조 내각은 다른 일반 행정사무 이외에 다음과 같은 사무를 처리한다.

1. 법률의 성실한 집행과 국무의 총괄
2. 외교관계의 처리
3. 조약의 체결. 다만, 사전에 또는 경우에 따라서는 사후에 국회의 승인을 거칠 필요가 있다.
4. 법률이 정하는 기준에 따른 관리(官吏)에 관한 사무의 관장

5. 예산의 작성 및 국회 제출

6. 헌법 및 법률 규정의 실시를 위한 정령(政令)의 제정. 다만, 정령에는 특별히 법률의 위임이 있는 경우를 제외하고는 벌칙을 둘 수 없다.

7. 대사(大赦), 특사(特赦), 감형, 형집행의 면제 및 복권의 결정

第74조 법률 및 정령(政令)에는 모든 주임 국무대신이 서명하고, 내각총리대신이 연서(連署) 하여야 한다.

第75조 국무대신은 재임 중에 내각총리대신의 동의가 없으면 소추되지 아니한다. 다만, 이로 인하여 소추의 권리가 침해되지는 아니한다.

제6장 사법

第76조 ① 모든 사법권은 최고재판소 및 법률이 정하는 바에 따라 설치되는 하급재판소에 속한다.

② 특별재판소는 설치할 수 없다. 행정기관은 종심(終審)으로서 재판을 할 수 없다.

③ 모든 재판관은 양심에 따라 독립하여 직권을 행사하며, 헌법 및 법률에만 구속된다.

第77조 ① 최고재판소는 소송에 관한 절차, 변호사, 재판소의 내부규율 및 사법 사무처리에 관한 사항에 관하여 규칙을 정할 권한을 가진다.

② 검찰관은 최고재판소가 정하는 규칙에 따라야 한다.

③ 최고재판소는 하급재판소에 관한 규칙을 정할 권한을 하급재판소에 위임할 수 있다.

第78조 재판관은 심신의 장해로 인해 직무를 수행할 수 없다고 재판에 의하여 결정된 경우를 제외하고는, 공적인 탄핵에 의하지 아니하고는 파면되지 아니한다. 재판관의 징계처분은 행정기관이 할 수 없다.

第79조 ① 최고재판소는 그 장인 재판관 및 법률이 정하는 수의 그 밖

의 재판관으로 구성하고, 그 장인 재판관 이외의 재판관은 내각에서 임명한다.
② 최고재판소 재판관의 임명은 임명 후 처음으로 시행되는 중의원 의원 총선거에서 국민 심사에 회부하고, 그 후 10년을 경과한 후 처음으로 시행되는 중의원 의원 총선거에서 다시 심사에 회부하며 그 후에도 이와 같다.
③ 전항의 경우 투표자가 다수결로 재판관의 파면을 결정한 때에는, 그 재판관은 파면된다.
④ 심사에 관한 사항은 법률로 정한다.
⑤ 최고재판소 재판관은 법률이 정하는 연령에 이른 때에 퇴직한다.
⑥ 최고재판소 재판관은 모두 정기적으로 상당액의 보수를 받는다. 보수는 재임 중에 감액할 수 없다.
第80조 ① 하급재판소 재판관은 최고재판소의 지명자 명부에 따라 내각에서 임명한다. 그 재판관은 임기를 10년으로 하고 재임될 수 있다. 다만, 법률이 정하는 연령에 이른 때에는 퇴직한다.
② 하급재판소 재판관은 모두 정기적으로 상당액의 보수를 받는다. 보수는 재임 중에 감액할 수 없다.
第81조 최고재판소는 모든 법률, 명령, 규칙 또는 처분이 헌법에 적합한지 여부를 결정할 권한을 가지는 종심재판소이다.
第82조 ① 재판의 심리 및 판결은 공개법정에서 한다.
② 재판소가 재판관 전원일치로 공공질서 또는 선량한 풍속을 해칠 우려가 있다고 결정한 경우, 심리는 공개하지 아니 할 수 있다. 다만, 정치범죄, 출판에 관한 범죄 또는 헌법 제3장에서 보장하는 국민의 권리가 문제되는 사건의 심리는 항상 공개하여야 한다.

第7장 재정

第83조 국가의 재정을 처리하는 권한은 국회의 의결에 의하여 행사되어야 한다.

第84조 새로운 조세를 부과하거나 현행 조세를 변경할 경우에는 법률 또는 법률이 정하는 조건에 따라야 한다.

第85조 국비를 지출하거나 국가가 채무를 부담할 경우에는 국회의 의결에 의하여야 한다.

第86조 내각은 매 회계년도 예산을 작성하여 국회에 제출하고, 심의를 받고 의결을 거쳐야 한다.

第87조 ① 예측하기 어려운 예산의 부족을 충당하기 위하여 국회의 의결에 따라 예비비를 설치하고, 내각의 책임으로 이를 지출할 수 있다.
② 내각은 모든 예비비의 지출에 대하여 사후에 국회의 승인을 얻어야 한다.

第88조 모든 황실재산은 국가에 속한다. 모든 황실의 비용은 예산에 계상하여 국회의 의결을 거쳐야 한다.

第89조 공금 그 밖의 공적 재산은 종교상의 조직 및 단체의 사용, 편익, 유지를 위하여 또는 공적 지배에 속하지 아니하는 자선, 교육 및 박애 사업을 위하여 지출하거나 그 이용을 위하여 제공되어서는 아니 된다.

第90조 ① 국가의 수입, 지출의 결산은 모두 매년 회계검사원이 검사하고, 내각은 다음 연도에 그 검사보고와 함께 이를 국회에 제출하여야 한다.
② 회계검사원의 조직 및 권한은 법률로 정한다.

第91조 내각은 국회 및 국민에 대하여 적어도 매년 1회 정기적으로 국가의 재정상황에 관하여 보고하여야 한다.

제8장 지방자치

제92조 지방공공단체의 조직 및 운영에 관한 사항은 지방자치의 본래 취지에 따라 법률로 정한다.

제93조 ① 지방공공단체에는 법률이 정하는 바에 따라 그 의사기관(議事機關)으로서 의회를 설치한다.

② 지방공공단체의 장, 그 의회의 의원 및 법률이 정하는 그 밖의 공무원은 그 지방공공단체의 주민이 직접 선거한다.

제94조 지방공공단체는 그 재산을 관리하고 사무를 처리하며 행정을 집행하는 권한을 가지며 법률의 범위 내에서 조례를 제정할 수 있다.

제95조 하나의 지방공공단체에만 적용되는 특별법은 법률이 정하는 바에 따라 그 지방공공단체의 주민 투표에서 과반수의 동의를 얻지 못하면 국회는 이를 제정할 수 없다.

제9장 개정

제96조 ① 헌법의 개정은 각 원(院)의 총 의원 3분의 2 이상의 찬성으로 국회가 발의하고 국민에게 제안하여 승인을 받아야 한다. 이 승인에는 특별한 국민투표 또는 국회가 정하는 선거에서 시행하는 투표에서 과반수의 찬성을 필요로 한다.

② 헌법 개정에 대하여 전항의 승인을 거친 때에는, 천황은 이 헌법과 일체를 이루는 것으로서 국민의 이름으로 즉시 공포한다.

제10장 최고법규

제97조 헌법이 국민에게 보장하는 기본적 인권은 인류가 오랜 세월동안

자유획득을 위하여 노력한 성과이며, 이러한 권리는 과거 수많은 시련을 거쳐 현재 및 장래의 국민에게 침해할 수 없는 영구적 권리로서 신탁된 것이다.

第98조 ① 헌법은 국가의 최고법규로서, 이에 반하는 법률, 명령, 조칙(詔勅) 및 국무에 관한 그 밖의 행위의 전부 또는 일부는 효력이 없다.

② 일본국이 체결한 조약 및 확립된 국제법규는 이를 성실하게 준수할 필요가 있다.

第99조 천황 또는 섭정 및 국무대신, 국회의원, 재판관 그 밖의 공무원은 헌법을 존중하고 옹호할 의무를 진다.

제11장 보칙

第100조 ① 헌법은 공포일부터 기산하여 6개월을 경과한 날로부터 시행한다.

② 헌법을 시행하기 위하여 필요한 법률의 제정, 참의원 의원 선거 및 국회 소집 절차와 헌법을 시행하기 위하여 필요한 준비절차는 전항의 기일 전에 할 수 있다.

第101조 헌법 시행 시 참의원이 아직 성립되어 있지 않을 때에는 성립될 때까지 중의원이 국회로서의 권한을 행사한다.

第102조 헌법에 의한 제1기 참의원 의원 중 그 절반의 임기는 3년으로 한다. 그 의원은 법률이 정하는 바에 따라 정한다.

第103조 헌법 시행 시 재직 중인 국무대신, 중의원 의원 및 재판관과 그 밖의 공무원으로서 그 지위에 상응하는 지위가 이 헌법에서 인정된 자는 법률에 특별히 정한 경우를 제외하고는 헌법시행으로 인하여 당연히 그 지위를 상실하지는 아니한다. 다만, 헌법에 의하여 후임자가 선거 또는 임명되는 때에는 당연히 그 지위를 상실한다.

부록(2)

일본 최고재판소 재판관(2019년 6일 1일 현재)[12)]

성명	출생 연도	임명일	출신대학	직전 경력 등	담당 소법정
오오타니 나오토(大谷直人), 장관	1952년생	2015년 2월 17일	동경대학 법학부	오사카고등재판소 장관, 판사	제2소법정
야마모토 쓰네유키(山本庸幸)	1949년생	2013년 8월 20일	교토대학 법학부	내각 법제국 장관, 공무원	제2소법정
야마사키 도시미쓰(山崎敏充)	1949년생	2014년 4월 1일	동경대학 법학부	동경고등재판소 장관, 판사	제3소법정
아케가미 마사유키(池上政幸)	1951년생	2014년 10월 2일	도호쿠(東北)대학 법학부	오사카고등검찰청 검사장, 검사	제1소법정
고이케 히로시(小池裕)	1951년생	2015년 4월 2일	동경대학 법학부	동경고등재판소 장관, 판사	제1소법정
기자와카 쓰유키(木澤克之)	1951년생	2016년 7월 19일	릿쿄(立教)대학 법학부	동경변호사회 소속 변호사	제1소법정
간노 히로유키(管野博之)	1952년생	2016년 9월 5일	도호쿠대학 법학부	오사카고등재판소 장관, 판사	제2소법정
야마쿠치 아쓰시(山口厚)	1953년생	2017년 2월 6일	동경대학 법학부	와세다대학 법무연구과 교수	제1소법정
도쿠라 시부로(戸倉三郎)	1954년생	2017년 3월 14일	히토츠바시(一橋大学)대학 법학부	동경고등재판소 장관, 판사	제3소법정
하야시 게이이치(林景一)	1951년생	2017년 4월 10일	교토대학 법학부	주영국 대사, 외교관	제3소법정
미야자키 유코(宮崎裕子)	1951년생	2018년 1월 9일	동경대학 법학부	제1동경변호사회 소속 변호사	제3소법정
미야마 다쿠야(深山卓也)	1954년생	2018년 1월 9일	동경대학 법학부	동경고등재판소 장관, 판사	제1소법정
미우라 마모루(三浦守)	1956년생	2018년 2월 26일	동경대학 법학부	오사카고등검찰청 검사장, 검사	제2소법정
구사노 고이치(草野耕一)	1955년생	2019년 2월 13일	동경대학 법학부	제1동경변호사회 소속 변호사, 게이오기쥬쿠(慶応義塾)대학 법무연구과 교수	제2소법정
우가 가쓰야(宇賀克也)	1955년생	2019년 3월 20일	동경대학 법학부	동경대학 법학정치학 연구과 교수	제3소법정

12) 일본 최고재판소의 아래 홈페이지의 자료를 토대로 저자가 작성 (http://www.courts.go.jp/saikosai/about/saibankan/index.html).

참고문헌

단행본

芦部・憲法 ………………… 芦部信喜(高橋和之補訂)『憲法(第五版)』(岩波書店 2011年)

宇賀・行政法概説Ⅱ ……………… 宇賀克也『行政法概説Ⅱ(第三版)』(有斐閣 2011年)

兼子・裁判法 ……………………… 兼子一/竹下守夫『裁判法(第四版)』(有斐閣 1999年)

神橋・行政救済法 ……………………………… 神橋一彦『行政救済法』(信山社 2012年)

小林・憲法九条 …………………………………… 小林直樹『憲法九条』(岩波書店 1982年)

宍戸・憲法 ……………… 宍戸常寿『憲法 解釈論の応用と展開』(日本評論社 2011年)

高橋・立憲主義 …………………… 高橋和之『立憲主義と日本国憲法』(有斐閣 2005年)

高橋・憲法訴訟 …………………………… 高橋和之『体系 憲法訴訟』(岩波書店 2017年)

戸松・憲法訴訟 …………………………… 戸松秀典『憲法訴訟(第二版)』(有斐閣 2008年)

野中・憲法Ⅰ・Ⅱ ………………………………………………………………………………

…… 野中俊彦/中村睦男/高橋和之/高見勝利『憲法(第五版)Ⅰ Ⅱ』(有斐閣 2012年)

長谷部・憲法 ………………………………… 長谷部恭男『憲法(第四版)』(新世社 2008年)

樋口・憲法 ………………………………………… 樋口陽一『憲法(改訂版)』(創文社 1998年)

宮沢・憲法 ………………………………… 宮沢俊義『憲法(改訂第五版)』(有斐閣 1990年)

宮沢・国民代表の概念 ………………………………………………………………………

宮沢俊義「国民代表の概念」『憲法の原理』(岩波書店 1967年. 첫 발표는 1934年, p.185－225)

루소・사회계약론 ………………………………………………………………………………

Jean－Jacques Rousseau(이환 옮김), 『사회계약론』, 서울대학교출판문화원 1999년. 번역 일부 수정)

켈젠・순수법학 …………………………………………………………………………………

…… Hans Kelsen(윤재왕 역), 『순수법학』, 박영사 2018년. 번역 일부 수정)

LS憲法研究会編(민병로/손형섭 옮김)『일본판례헌법』, 전남대학교출판부 2011년)

논문

青井・憲法判例の変更 ……………………………………………………………………

青井未帆「憲法判例の変更」, 大石真/石川健治編『憲法の争点』(有斐閣 2008年),

p.288－289
上田・衆議院解散の根拠と限界 ……………………………………………………………………
………………… 上田健介「衆議院解散の根拠と限界」,『憲法の争点』, p.242－243
大石・違憲の争点を提起する適格 ……………………………………………………………
大石和彦 「違憲審査権の行使(3) 違憲の争点を提起する適格」,『憲法の争点』, p.278－279
大沢・法令違憲判決の効力 ……………………………………………………………………
……………………… 大沢秀介「法令違憲判決の効力」,『憲法の争点』, p.280－281
君塚・私人間における権利の保障 ……………………………………………………………
………………… 君塚正臣「私人間における権利の保障」,『憲法の争点』, p.66－67
北村・国家賠償 …………………………………………………………………………………
北村和生「国家賠償における違法と過失」, 芝池義一/小早川光郎/宇賀克也編 『行政法の争点(第三版)』(有斐閣 2004年) p.78－81
後藤・外国人の人権 …………… 後藤光男「外国人の人権」,『憲法の争点』 p.74－75
高井・幸福追求権 …………………… 高井裕之「幸福追求権」,『憲法の争点』 p.92－93
高橋・行政訴訟の原告適格 ……………………………………………………………………
…………………… 高橋滋「行政訴訟の原告適格」, 『行政法の争点』 p.114－115
日比野・現行憲法成立の法理 …………………………………………………………………
………………………… 日比野勤「現行憲法成立の法理」,『憲法の争点』 p.10－13
日野田・選挙権・被選挙権の性質 ……………………………………………………………
…………… 日野田浩行「選挙権・被選挙権の性質」,『憲法の争点』 p.182－183
松井・違憲審査基準論 …………………………………………………………………………
………………………… 松井茂記「違憲審査基準論」,『憲法の争点』 p.282－285
松本・特別権力関係と人権 ……………………………………………………………………
………………………… 松本和彦「特別権力関係と人権」,『憲法の争点』 p.72－73
室井・行政処分の範囲 …………………………………………………………………………
室井敬司「抗告訴訟の対象となる行政処分の範囲」,『行政法の争点』 p.108－111
和田・議員定数配分の不均衡 …………………………………………………………………
……………………… 和田進「議員定数配分の不均衡」,『憲法の争点』 p.184－185

판례평석

蛯原·判例評釋 ……………………………………………………………………………………

蛯原健介 「違憲判決の効力と再審開始決定」 長谷部恭男/石川健治/宍戸常寿編『憲法判例百選(第六版) Ⅱ』(有斐閣 2013年) p.428－429

葛西·判例評釋 ……………………………………………………………………………………

………… 葛西まゆこ 「生存権の性格—朝日訴訟」『憲法判例百選Ⅱ』 p.292－293

上村·判例評釋 ……………………………………………………………………………………

上村貞美 「言論の自由と名誉毀損における真実性の証明 — 「夕刊和歌山時事」事件」, 『憲法判例百選Ⅰ』 p.144－145

實原·判例評釋 ……………………………………………………………………………………

…………… 實原隆志 「被疑者の写真撮影と肖像権」, 『憲法判例百選Ⅰ』 p.40－41

建石·判例評釋 ……………………………………………………………………………………

建石真公子 「わいせつの概念の再構築— 「四畳半襖の下張」事件」, 『憲法判例百選Ⅰ』 p.124－125

原田·判例評釋 ……………………………………………………………………………………

原田一明 「国会議員の免責特権(2)—国会議員の発言と国家賠償責任」 『憲法判例百選Ⅱ』 p.376－377

吉田·判例評釋 ……………………………………………………………………………………

吉田栄司 「公労法適用下にある公務員等の労働基本権—全逓東京中郵事件」 『憲法判例百選Ⅱ』 p.308－309

米沢·判例評釋 ……………………………………………………………………………………

米沢広一 「教育を受ける権利と教育権—旭川学テ事件」 『憲法判例百選Ⅱ』 p.300－301

그 외 책 내용 중 일부는 아래와 같은 저자의 논문을 토대로 구성함

제1장 제2절/제2장 제3절: 강광문, 「일본국 헌법 제9조의 성립과 해석에 관한 일고찰」, 『법사학연구』(제54호), 한국법사학회, 2016년

제1장 제3절: 강광문, 「일본에서 독일 헌법이론의 수용에 관한 연구」, 『공법연구』(제41집 제3호), 한국공법학회, 2013년

제2장 제1절: 강광문, 「중국 현행 헌법의 계보에 관한 일고찰」, 『서울대학교 법학』(제55권 제2호), 서울대학교 법학연구소, 2014년

판례색인

[최고재판소]

[기타 재판소]

사항색인

ㅇ

저자소개

강광문(姜光文)

중국 북경대학 국제정치학부 법학학사
중국 중국정법대학 대학원 법률석사
중국 중륜변호사사무소 변호사
일본 동경대학 법학정치학연구과 법학석사
일본 동경대학 법학정치학연구과 법학박사
일본 동경대학 법학정치학연구과 특임연구원
미국 하버드대학 로스쿨 방문학자
現 서울대학교 법학전문대학원 부교수

논문: 〈일본에서 독일 헌법이론의 수용에 관한 연구〉, 〈일본 명치헌법의 제정에 관한 연구〉, 〈중국 현행 헌법 계보에 관한 일고찰〉, 〈현대 중국에서 법 이해에 대한 고찰〉, 〈일본국 헌법 제9조의 성립과 해석에 관한 일고찰〉 등 외
저서: 『중국법 강의』(박영사) 등 외

서울대학교 아시아태평양법 총서 1
일본 헌법과 헌법소송

초판발행 2020년 4월 15일

지은이 강광문
펴낸이 안종만 · 안상준

편 집 이승현
기획/마케팅 조성호
표지디자인 조아라
제 작 우인도 · 고철민

펴낸곳 (주) 박영사
서울특별시 종로구 새문안로3길 36, 1601
등록 1959. 3. 11. 제300-1959-1호(倫)
전 화 02)733-6771
f a x 02)736-4818
e-mail pys@pybook.co.kr
homepage www.pybook.co.kr
ISBN 979-11-303-3555-1 93360

정 가 18,000원